Terry Lamb

Edición y coordinación: Edgar Rojas
Diseño: K. M. Brielmaier
Diseño de la portada: Kevin R. Brown
Traducción al Español: Héctor Ramírez y Edgar Rojas
ISBN: 07387-0677-9

2005

ENERO
D	L	M	M	J	V	S
						1
2	3	4	5	6	7	8
9	10	11	12	13	14	15
16	17	18	19	20	21	22
23	24	25	26	27	28	29
30	31					

FEBRERO
D	L	M	M	J	V	S
		1	2	3	4	5
6	7	8	9	10	11	12
13	14	15	16	17	18	19
20	21	22	23	24	25	26
27	28					

MARZO
D	L	M	M	J	V	S
		1	2	3	4	5
6	7	8	9	10	11	12
13	14	15	16	17	18	19
20	21	22	23	24	25	26
27	28	29	30	31		

ABRIL
D	L	M	M	J	V	S
					1	2
3	4	5	6	7	8	9
10	11	12	13	14	15	16
17	18	19	20	21	22	23
24	25	26	27	28	29	30

MAYO
D	L	M	M	J	V	S
1	2	3	4	5	6	7
8	9	10	11	12	13	14
15	16	17	18	19	20	21
22	23	24	25	26	27	28
29	30	31				

JUNIO
D	L	M	M	J	V	S
			1	2	3	4
5	6	7	8	9	10	11
12	13	14	15	16	17	18
19	20	21	22	23	24	25
26	27	28	29	30		

JULIO
D	L	M	M	J	V	S
					1	2
3	4	5	6	7	8	9
10	11	12	13	14	15	16
17	18	19	20	21	22	23
24	25	26	27	28	29	30
31						

AGOSTO
D	L	M	M	J	V	S
	1	2	3	4	5	6
7	8	9	10	11	12	13
14	15	16	17	18	19	20
21	22	23	24	25	26	27
28	29	30	31			

SEPTIEMBRE
D	L	M	M	J	V	S
				1	2	3
4	5	6	7	8	9	10
11	12	13	14	15	16	17
18	19	20	21	22	23	24
25	26	27	28	29	30	

OCTUBRE
D	L	M	M	J	V	S
						1
2	3	4	5	6	7	8
9	10	11	12	13	14	15
16	17	18	19	20	21	22
23	24	25	26	27	28	29
30	31					

NOVIEMBRE
D	L	M	M	J	V	S
		1	2	3	4	5
6	7	8	9	10	11	12
13	14	15	16	17	18	19
20	21	22	23	24	25	26
27	28	29	30			

DICIEMBRE
D	L	M	M	J	V	S
				1	2	3
4	5	6	7	8	9	10
11	12	13	14	15	16	17
18	19	20	21	22	23	24
25	26	27	28	29	30	31

2006

ENERO
D	L	M	M	J	V	S
1	2	3	4	5	6	7
8	9	10	11	12	13	14
15	16	17	18	19	20	21
22	23	24	25	26	27	28
29	30	31				

FEBRERO
D	L	M	M	J	V	S
			1	2	3	4
5	6	7	8	9	10	11
12	13	14	15	16	17	18
19	20	21	22	23	24	25
26	27	28				

MARZO
D	L	M	M	J	V	S
			1	2	3	4
5	6	7	8	9	10	11
12	13	14	15	16	17	18
19	20	21	22	23	24	25
26	27	28	29	30	31	

ABRIL
D	L	M	M	J	V	S
						1
2	3	4	5	6	7	8
9	10	11	12	13	14	15
16	17	18	19	20	21	22
23	24	25	26	27	28	29
30						

MAYO
D	L	M	M	J	V	S
	1	2	3	4	5	6
7	8	9	10	11	12	13
14	15	16	17	18	19	20
21	22	23	24	25	26	27
28	29	30	31			

JUNIO
D	L	M	M	J	V	S
				1	2	3
4	5	6	7	8	9	10
11	12	13	14	15	16	17
18	19	20	21	22	23	24
25	26	27	28	29	30	

JULIO
D	L	M	M	J	V	S
						1
2	3	4	5	6	7	8
9	10	11	12	13	14	15
16	17	18	19	20	21	22
23	24	25	26	27	28	29
30	31					

AGOSTO
D	L	M	M	J	V	S
		1	2	3	4	5
6	7	8	9	10	11	12
13	14	15	16	17	18	19
20	21	22	23	24	25	26
27	28	29	30	31		

SEPTIEMBRE
D	L	M	M	J	V	S
					1	2
3	4	5	6	7	8	9
10	11	12	13	14	15	16
17	18	19	20	21	22	23
24	25	26	27	28	29	30

OCTUBRE
D	L	M	M	J	V	S
1	2	3	4	5	6	7
8	9	10	11	12	13	14
15	16	17	18	19	20	21
22	23	24	25	26	27	28
29	30	31				

NOVIEMBRE
D	L	M	M	J	V	S
			1	2	3	4
5	6	7	8	9	10	11
12	13	14	15	16	17	18
19	20	21	22	23	24	25
26	27	28	29	30		

DICIEMBRE
D	L	M	M	J	V	S
					1	2
3	4	5	6	7	8	9
10	11	12	13	14	15	16
17	18	19	20	21	22	23
24	25	26	27	28	29	30
31						

2007

ENERO
D	L	M	M	J	V	S
	1	2	3	4	5	6
7	8	9	10	11	12	13
14	15	16	17	18	19	20
21	22	23	24	25	26	27
28	29	30	31			

FEBRERO
D	L	M	M	J	V	S
				1	2	3
4	5	6	7	8	9	10
11	12	13	14	15	16	17
18	19	20	21	22	23	24
25	26	27	28			

MARZO
D	L	M	M	J	V	S
				1	2	3
4	5	6	7	8	9	10
11	12	13	14	15	16	17
18	19	20	21	22	23	24
25	26	27	28	29	30	31

ABRIL
D	L	M	M	J	V	S
1	2	3	4	5	6	7
8	9	10	11	12	13	14
15	16	17	18	19	20	21
22	23	24	25	26	27	28
29	30					

MAYO
D	L	M	M	J	V	S
		1	2	3	4	5
6	7	8	9	10	11	12
13	14	15	16	17	18	19
20	21	22	23	24	25	26
27	28	29	30	31		

JUNIO
D	L	M	M	J	V	S
					1	2
3	4	5	6	7	8	9
10	11	12	13	14	15	16
17	18	19	20	21	22	23
24	25	26	27	28	29	30

JULIO
D	L	M	M	J	V	S
1	2	3	4	5	6	7
8	9	10	11	12	13	14
15	16	17	18	19	20	21
22	23	24	25	26	27	28
29	30	31				

AGOSTO
D	L	M	M	J	V	S
			1	2	3	4
5	6	7	8	9	10	11
12	13	14	15	16	17	18
19	20	21	22	23	24	25
26	27	28	29	30	31	

SEPTIEMBRE
D	L	M	M	J	V	S
						1
2	3	4	5	6	7	8
9	10	11	12	13	14	15
16	17	18	19	20	21	22
23	24	25	26	27	28	29
30						

OCTUBRE
D	L	M	M	J	V	S
	1	2	3	4	5	6
7	8	9	10	11	12	13
14	15	16	17	18	19	20
21	22	23	24	25	26	27
28	29	30	31			

NOVIEMBRE
D	L	M	M	J	V	S
				1	2	3
4	5	6	7	8	9	10
11	12	13	14	15	16	17
18	19	20	21	22	23	24
25	26	27	28	29	30	

DICIEMBRE
D	L	M	M	J	V	S
						1
2	3	4	5	6	7	8
9	10	11	12	13	14	15
16	17	18	19	20	21	22
23	24	25	26	27	28	29
30	31					

Tabla de contenido

Nuevos conceptos para los signos del zodiaco

Los signos zodiacales representan características y rasgos que indican cómo opera la energía en nuestras vidas. Los signos cuentan la historia de la evolución y el desarrollo humano, y son necesarios para formar la complejidad de la experiencia total de la vida. De hecho, los doce signos están representados en nuestra carta astrológica.

Aunque las metáforas tradicionales para los signos —tales como Aries, el carnero— siempre son funcionales, estos conceptos también describen la gradual revelación del espíritu humano.

Aries: El iniciador, es el primero del zodiaco y define el concepto primario del comienzo de las cosas. Este ardiente arranque puede ser el empuje necesario para una nueva vida, pero el iniciador también aparece antes de que una situación esté lista para cambio y crea alteración.

Tauro: El mantenedor sostiene lo que Aries ha iniciado además de dar estabilidad y enfoque a la idea como un todo, aunque también puede haber una tendencia a tratar de mantener algo en su estado actual sin permitir nuevo crecimiento.

Géminis: El cuestionador busca determinar si las alternativas son posibles, y ofrece diversidad a los procesos que Tauro ha estabilizado. Sin embargo, cuestionar también puede guiar a la distracción, dispersando la energía y difundiendo la atención.

Cáncer: El protector provee las cualidades necesarias para el crecimiento y la seguridad, y estimula un conocimiento más profundo de las necesidades emocionales. Pero esta misma protección puede reprimir la individuación si se vuelve demasiado sofocante.

Leo: El legitimista dirige y centraliza las experiencias que provee Cáncer. Esta cualidad es poderosamente enfocada hacia el autoconocimiento, pero puede carecer de visión. Por lo tanto, el legitimista puede aferrarse con firmeza a puntos de vista o sentimientos que impiden nuevas experiencias.

Virgo: El modificador analiza las situaciones que Leo saca a la luz, y determina posibilidades de cambio. Aunque este cambio puede ser en nombre del mejoramiento, quizás conduzca a una insatisfacción con el Yo si no es dirigido en armonía con necesidades superiores.

Libra: El juez está constantemente comparando todo para asegurarse de que hay un cierto nivel de rectitud y perfección. Sin embargo, el juez también puede presentar alternativas severas que parecen ser frías o sin sentimiento.

Escorpión: El catalizador entra al juego de la vida para proveer la cualidad de transformación alquímica. El catalizador puede mezclar los ingredientes justo lo necesario para crear una poción curativa, o poner en marcha las cosas hasta un punto tan poderoso que se salen de control.

Sagitario: El aventurero se aleja de la dimensión de Escorpión para buscar lo que hay más allá del horizonte. El aventurero busca posibilidades que respondan las preguntas esenciales, pero puede olvidar el camino de regreso a casa.

Capricornio: El pragmatista intenta poner todo en su legítimo lugar y encontrar formas para hacer que la vida funcione bien. Puede enseñar lecciones de actitud práctica y determinación, pero es probable que se vuelva muy santurrón cuando carece de visión.

Acuario: El reformador busca formas de tomar lo que Capricornio ha construido y ponerlo al día. Sin embargo, también hay una tendencia a descartar lo original en favor de un nuevo plan que puede no tener la base estable necesaria para funcionar eficazmente.

Piscis: El visionario trae misticismo e imaginación, y desafía al alma a moverse más allá del plano físico e introducirse en el reino de lo que podría ser. El visionario puede traspasar el velo, regresando iluminado al mundo físico. El reto es evitar perderse en la ilusión de una realidad alterna.

Una ojeada al año 2006

Es tiempo de permanecer estables en nuestra propia dirección mientras los planetas mantienen su posición durante todo el año, la mayoría de los de movimiento lento permanecen en signos fijos, Tauro, Leo, Escorpión y Acuario. Tendremos el reto de saber qué conservar y qué cambiar —saber lo que en realidad apreciamos—. Esto se relaciona con la continua oposición de Saturno y Quirón, que comenzó en el otoño de 2003 y continuará hasta este año. Júpiter y Neptuno también interactúan con ellos, creando una estridente T que "se calienta" en febrero, mayo-julio, y noviembre. Sin embargo, este patrón es aliviado por los trinos de Saturno-Plutón y Júpiter-Urano. Los cuales sugieren que las soluciones a cuestiones palpitantes serán halladas a través de avances tecnológicos y una nueva disposición de intereses poderosas que llegan a la mesa de negociación.

Este año se inicia con el expansivo Júpiter en el transformativo Escorpión, donde permanecerá hasta noviembre 23. Podemos buscar que la sociedad muestre mayor interés en el significado más profundo de los asuntos que enfrentamos, y vea la inevitabilidad de los cambios que no ha querido considerar. Misterios, películas de suspenso y lo oculto aparecerán con mayor frecuencia en el cine y la televisión. A través de su contacto con Saturno y Quirón, Júpiter nos traerá un nuevo conocimiento de dilemas tales como el calentamiento y la contaminación del planeta, y tendrá un efecto amortiguador sobre la economía mundial. Sin embargo, el trino de Júpiter con Urano es prometedor para los adelantos tecnológicos que generan soluciones para estos problemas.

Saturno continuará su rumbo a través de Leo, mostrándonos dónde y cómo nos impedimos experimentar la felicidad. Esto también puede conducir a áreas superficiales donde necesitamos reducir nuestras actividades de placer para realizar cosas más importantes. El trino de Saturno con Plutón sugiere que cambios estructurales pendientes finalmente podrán presentarse, llevando a una mejor calidad de vida.

Quirón permanece en Acuario, enseñándonos cuánto debemos aprender para congeniar en grupos. Ya sea que estemos interactuando como ciudadanos del mundo, dedicándonos a deportes de equipo o contribuyendo a la sociedad, por medio de esta colocación podemos aprender a reconocer que debemos unirnos para superar los problemas que enfrentamos ahora, en lugar de enfrascarnos en el fanatismo, el partidismo o la parcialidad. Quirón está mostrándonos que sólo uniéndonos podremos vencer las dificultades.

Urano avanza a través de otros cuatro grados de Piscis este año, acercándose al cuadrado que formará con Plutón desde 2009. Incluso ahora, notamos esta interacción tomando forma en la creciente crisis en el suministro de petróleo. También tendremos la oportunidad de crecer personalmente por medio del sacrificio y la creencia en algo superior a nosotros mismos. No obstante, Urano nos mostrará la locura del extremismo el cualquier caso. A mayor escala, Urano está disolviendo sistemas que han sido establecidos sobre la base de una fe ciega, especialmente las facciones religiosas.

Neptuno ha estado en Acuario desde 1998, donde permanecerá este año, a través de lo cual veneramos la tecnología e independencia. Mientras Júpiter, Saturno y Quirón aumentan su conexión con Neptuno a través del año, veremos la brecha entre estos ideales y la realidad, motivándonos a mejorar el uso de la tecnología.

Plutón también sigue en Sagitario, señalando formas en que la verdad todavía está oculta de nosotros. Con un trino armonioso con Saturno, podremos hacer grandes cambios en nuestra comprensión de la verdad y la manera en que es presentada. Los medios de comunicación pueden instituir reformas niveladoras, pero ellas, al igual que nosotros, también podrían desarrollar estructuras rígidas basadas en una ideología en lugar de la evidencia.

Los eclipses empiezan a activar a Virgo-Piscis en marzo. El tema se convierte en la integración de lo que sabemos con las técnicas que podemos usar de forma práctica. No es suficiente ser espirituales ahora —debemos emplear nuestras buenas intenciones para ayudar a otros—.

Significados de los planetas

El Sol

El sol indica la predisposición psicológica que dominará sus acciones. Lo que vemos, y por qué, está dicho en la lectura de nuestro Sol. También muestra los patrones de energía básicos del cuerpo y la psique. De muchas formas, el Sol es la fuerza dominante en su horóscopo y su vida. Otras influencias, en especial de la Luna, pueden modificar la influencia del Sol, pero nada hará que nos apartemos del patrón solar básico. Siempre tenga en cuenta la influencia básica del Sol y recuerde que las otras influencias deben ser interpretadas en términos de él, especialmente cuando juegan un papel visible en su vida. Podemos pensar, soñar, imaginar y esperar mil cosas de acuerdo a la Luna y otros planetas, pero el Sol es lo que somos. Ser la mejor persona en términos del Sol es hacer que las energías actúen a lo largo del camino en el que tendrán la máxima ayuda de las vibraciones planetarias.

La Luna

La Luna indica el deseo de la vida. Cuando sabemos lo que queremos decir pero no podemos expresarlo por medio de palabras, es la Luna la que lo sabe y el Sol el que no puede decirlo. El éxtasis sin expresión, el dolor mudo, el sueño secreto, el cuadro esotérico de nosotros mismos que no podemos transmitir al mundo o que éste no comprende o valora —éstos son los productos de la Luna—. Cuando nos entienden mal, es nuestra naturaleza lunar, expresada en forma errónea a través del signo solar, la que se siente traicionada. Lo que sabemos sin el pensamiento —intuiciones, presentimientos, instintos— son los productos de la Luna. Los modos de expresión que sentimos, en realidad reflejan que su más profundo ser pertenece a la Luna: arte, letras, trabajo creativo de cualquier tipo; a veces amor y a veces oficio. Lo que siente como lo más profundo, es el producto de su Luna y del signo que ésta ocupó en el momento de su nacimiento.

Mercurio

Mercurio es la antena sensoria del horóscopo. Su posición por signo indica sus reacciones a visiones, sonidos, olores, sabores e impresiones táctiles, dando una clave para la actitud que tiene hacia el mundo físico que lo rodea. Mercurio es el mensajero a través del cual el cuerpo físico y el cerebro —regidos por el Sol— y la naturaleza interior —regida por la Luna— son mantenidos en contacto con el mundo exterior, que aparecerá ante nosotros de acuerdo al índice de la posición de Mercurio por signo en el horóscopo. Este planeta gobierna la mente racional.

Venus

Venus es la antena emocional del horóscopo. A través de este planeta, las impresiones llegan a nosotros del mundo exterior, al cual reaccionamos emocionalmente. La posición de Venus por signo en el momento del nacimiento, determina la actitud frente a estas experiencias. Mientras Mercurio es el mensajero que conecta las impresiones sensoriales —visión, olor, etc.— con la naturaleza básica de nuestro Sol y Luna, Venus es el mensajero que conecta las impresiones emocionales. Si Venus se encuentra en el mismo signo que el Sol, las emociones cobran importancia, y tienen una relación directa con nuestras acciones. Si está en el mismo signo que la Luna, las emociones se relacionan directamente con la naturaleza interior, aumentan la confianza en sí mismo, nos hacen sensibles a las impresiones emocionales, y con frecuencia indican que tenemos más amor en nuestro corazón que el que podemos expresar. Si Venus está en el mismo signo que Mercurio, las impresiones emocionales y sensoriales trabajan juntas; tendemos a idealizar el mundo de los sentidos y sensualizar el mundo de las emociones para interpretar emocionalmente lo que vemos y oímos.

Marte

Marte es el principio energético en el horóscopo. Su posición indica los canales en los cuales la energía será dirigida más fácilmente. Es el planeta a través del cual las actividades del Sol y los deseos de la Luna se expresan en acción. En el mismo signo que el Sol, Marte da abundante energía, a veces dirigida erradamente en temperamento, ira y disputas. En el mismo signo que la Luna, da una gran capacidad de hacer uso de los propósitos más íntimos, y hacer que los deseos interiores sean claros y prácticos. En el mismo signo que Venus, acelera las reacciones emocionales y nos hace actuar sobre ellas, incita pasión en el amor, y estimula una conciencia mundana de las realidades emocionales.

Júpiter

Júpiter es la antena para las oportunidades. Pone en consideración las oportunidades de la vida de acuerdo a la naturaleza básica de nuestro Sol y nuestra Luna. La posición del signo de Júpiter indica los lugares donde se buscarán, cómo se utilizarán, y la capacidad que se tiene para reaccionar y beneficiarse de ellas. Júpiter suele ser llamado erróneamente el planeta de la suerte. Es "suerte" en cuanto a que es el índice de oportunidad, pero su suerte depende menos de lo que le llega que de lo que hace con ello. En el mismo signo que el Sol o la Luna, Júpiter da una respuesta directa y por lo general efectiva a la oportunidad, y es probable que se manifieste como "suerte extrema". Si está en el mismo signo que Mercurio, las impresiones sensoriales son interpretadas oportunamente. Si se encuentra en el mismo signo que Venus, interpretamos las emociones de tal forma que las dirigimos a nuestro favor; los sentimientos trabajan en armonía con las oportunidades para el progreso que el mundo ofrece. Si está en el mismo signo que Marte, seguimos la oportunidad con energía, empuje, entusiasmo y valor. Aventúrese y ponga sus cartas sobre la mesa.

Saturno

Saturno indica la dirección que será tomada en la vida por el principio de conservación que, en su más alta manifestación, deja de ser puramente defensivo y se torna ambicioso. Nuestra defensa o ataque contra el mundo es mostrado por la posición de Saturno en el horóscopo del nacimiento. Si Saturno está en el mismo signo que el Sol o la Luna, predomina la defensa, y hay peligro de introversión. Entre más lejos esté Saturno del Sol, la Luna y el ascendente, mejor será para objetividad y extroversión. Si Saturno está en el mismo signo que Mercurio, hay una reacción seria y profunda frente a las impresiones sensoriales; generalmente esta posición acompaña a una mente profunda y eficaz. Si está en el mismo signo que Venus, una actitud defensiva frente a la experiencia emocional crea una aparente frialdad en el amor y dificultad con las emociones y relaciones humanas. Si se encuentra en el mismo signo que Marte, la confusión entre impulsos defensivos y agresivos puede crear una persona indecisa —o, si el Sol y la Luna son fuertes y la personalidad total está bien desarrollada, puede indicarse una persona equilibrada y tranquila de juicio y acciones moderados—. Si está en el mismo signo que Júpiter, la reacción frente a la oportunidad es moderada y equilibrada.

Urano

Urano se relaciona con creatividad, originalidad o individualidad, y su posición por signo en el horóscopo indica la dirección en la cual buscará expresarse. En el mismo signo que Mercurio o la Luna, Urano sugiere una conciencia aguda, una reacción rápida a las impresiones y experiencias sensoriales, o una mente activadora. En el mismo signo que el Sol, señala gran actividad nerviosa, una naturaleza impresionable, y una personalidad original, creativa o excéntrica. En el mismo signo que Marte, indica una actividad rápida, gusto por el movimiento veloz, o tal vez amor por el peligro. En el mismo signo que Venus, sugiere una reacción inusual a la experiencia emocional, idealismo, sensualidad, e ideas originales sobre el amor y las relaciones humanas. En el mismo signo que Saturno, indica sensatez; esta puede ser una posición práctica y creativa, pero a menudo genera un conflicto destructivo entre el espíritu práctico y la originalidad que puede terminar en tablas. En el mismo signo que Júpiter, Urano crea oportunidad, riqueza y los medios para conseguirla, y conduce a lo inventivo, ejecutivo y osado.

Neptuno

Neptuno se relaciona con las fuentes más profundas del subconsciente, la mentalidad heredada y la espiritualidad, indicando lo que damos por sentado en la vida. Neptuno en el mismo signo que el Sol o la Luna, señala que dominan las intuiciones y presentimientos —o ilusiones—; hay una necesidad de aferrarse rígidamente a la realidad. En el mismo signo que Mercurio, indica percepciones sensoriales agudas, una mente sensitiva y tal vez creativa, y una reacción estremecedora a la experiencia sensorial. En el mismo signo que Venus, revela una reacción idealista y romántica —o sentimental— a la experiencia emocional, además del peligro del sensualismo y un gusto por placeres extraños. En el mismo signo que Marte, indica energía e intuición que trabajan unidas para perfeccionar la vida —una de las señales de tener ángeles o demonios de nuestro lado—. En el mismo signo que Júpiter, describe una respuesta intuitiva a la oportunidad generalmente a lo largo de directrices prácticas y generadoras de dinero; una de las señales de seguridad o riqueza. En el mismo signo que Saturno, Neptuno indica defensa y ataque intuitivo en el mundo, generalmente exitosos, a menos que Saturno esté polarizado en el lado negativo; entonces hay peligro de tristeza.

Plutón

Plutón es un planeta de extremos —desde el nivel más bajo de violencia y criminalidad de nuestra sociedad, hasta las alturas que pueden lograr las personas cuando reconocen su importancia en el colectivo de la humanidad—. Plutón también gobierna tres misterios importantes —sexo, muerte y renacimiento— y los conecta entre sí. Un nivel de muerte simbolizado por Plutón es la muerte física de una persona, que ocurre para que ésta pueda renacer en otro cuerpo a fin de avanzar en su desarrollo espiritual. En otro nivel, el individuo puede experimentar una "muerte" de su antiguo ser cuando se da cuenta del significado más profundo de la vida; de este modo se convierte en alguien de "segundo nacimiento". En un horóscopo natal, Plutón señala nuestra perspectiva en el mundo, nuestro consciente y subconsciente. Debido a que muchas cualidades de Plutón se centran en los misterios más profundos, la posición de Plutón en cada casa, y aspectos de él, pueden mostrarnos cómo lograr un mayor entendimiento de la importancia del factor espiritual en nuestra vida.

Pronósticos

por Terry Lamb

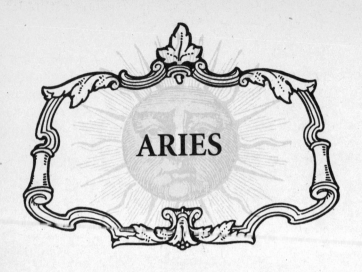

El Carnero
Marzo 20 a Abril 20

♈

Elemento:	Fuego
Cualidad:	Cardinal
Polaridad:	Yang/Masculino
Planeta Regidor:	Marte
Meditación:	Construyo de acuerdo a mis fuerzas
Piedra preciosa:	Diamante
Piedras de poder:	Jasper, cornalina, rubí
Frase clave:	Yo soy
Símbolo:	La cabeza del carnero
Anatomía:	Cabeza, cara, garganta
Color:	Rojo, blanco
Animal:	Carnero
Mitos/Leyendas:	Artemis, Jasón y el Vellocino de Oro
Casa:	Primera
Signo opuesto:	Libra
Flor:	Geranio
Palabra clave:	Iniciativa

Fortalezas y debilidades de su ego

Se encuentra en la línea de partida y listo para arrancar, preparado para lanzar un nuevo plan o explorar una nueva frontera. Esto se debe a que su signo es de fuego y cardinal; cardinal significa "primero", y usted es primero porque responde rápida y ansiosamente. Está en su mejor momento si sus reflejos deben entrar en juego, ya sean físicos, mentales o espirituales. Tiene una actitud de "hacerse cargo", no porque quiera ser el jefe, sino debido a que su inspiración respecto a lo que se debe hacer en una crisis es automática; no tiene que pensar para saber cómo actuar. En una emergencia puede mostrar genialidad, porque sus instintos naturales están listos para preservar la vida sin pensamiento o indecisión.

Sin embargo, en una situación en que se involucre un planeamiento, puede tener poca paciencia, especialmente cuando otros proponen sus ideas. Tiene dificultad con el proceso, y prefiere trabajar solo porque así nada interfiere en su iniciativa. No es extraño que no le guste trabajar en grupo a menos que sea absolutamente necesario. Los demás tienden a considerarlo dominante, incluso obstructivo, porque se enfoca más en terminar las cosas que en sosegar el entorno social.

La velocidad con que inicia la acción sólo es mejorada por el hecho de que Aries es un signo de fuego; debido a que el movimiento de este elemento es ascendente, usted aspira a nuevas alturas. Se mueve tan rápido como el fuego, generando proyectos e ideas a la velocidad de la luz. El lado negativo del signo cardinal y de fuego es la tendencia a actuar impetuosamente. Las acciones impulsivas a menudo son entendidas mal por otros y hieren la susceptibilidad de personas que lo rodean. Cuando la emoción se suma a su orientación, puede generar alegría y entusiasmo —o ira—. Aprender a introducir una pausa entre el impulso y la acción le dará el tiempo que necesita para reorientar sus fuerzas internas.

Proyectando su luz amorosa

Su expectativa en el amor es fresca, con ilusión, e incluso ingenua. Cada nueva relación está llena de esperanza; cuando se vuelve a enamorar es como si nunca hubiera sufrido por amor. Desafortunadamente, puede encontrar difícil permanecer en equilibrio en una relación, desarrollar un verdadero vínculo en el que los dos jueguen un mismo papel. Siempre que tenga una pareja dispuesta a dejarlo en el rol central, con el control en sus manos la mayor parte del tiempo, tendrá éxito en el amor.

Con otro Aries, puede surgir una ventaja competitiva; trate de canalizar eso en actividades divertidas —deportes o bromas— en lugar de la carrera, familia, lazos sociales o una lucha de poder entre los dos. Los nativos de Tauro le dan la base que necesita y la consistencia para continuar los vuelos de fantasía; no olvide apreciar el lado práctico de ellos cuando escudriñan sus esquemas. Se lleva bien con Géminis, charlando, moviendo en conjunto la mente y el cuerpo rápidamente; usted es el mejor de los amigos, pero debe cultivar cualidades que no surgen naturalmente para que su vida en común sea exitosa: actitud práctica, responsabilidad y sensibilidad. Cáncer es tan activo como Aries, pero usted tiene motivos diferentes y desea otros resultados; es conquista versus seguridad; honrar las necesidades de cada uno contribuirá mucho a crear armonía. Con Leo compartirá el entusiasmo por la vida; de seguro será un vínculo divertido y lleno de humor. Virgo complementa con análisis su enfoque proactivo; cada uno brinda una cualidad que el otro debe incorporar. Libra revela su sombra (recordándole que todos somos iguales) y trae el don de autoconciencia si usted está dispuesto a escuchar. Escorpión presenta otro lado de su propia naturaleza, un impulso motivado por la voluntad y emoción llama a la acción que complementa su enfoque competitivo. El sagitariano le sigue el ritmo, compartiendo su gusto por la aventura y tal vez sobrepasándolo; serán poesía en movimiento, con énfasis en el movimiento. Los capricornianos pueden parecerle demasiado serios, pero brindan la estructura que le permitirá tener éxito más allá de sus sueños más descabellados. Los nativos de Acuario comparten su naturaleza sociable, pero tendrá que estar dispuesto a aceptarles su lado más político. Piscis puede enseñarle sobre el mundo interior que le da inspiración, dirigiéndolo suavemente a su centro espiritual.

Su lugar en el mundo

Su gran energía e ingenio le servirán mucho en el mundo mientras avanza por su camino al éxito. Puede trabajar duro, aunque es mejor en actividades cortas e intensas que en las que requieren resistencia por un tiempo prolongado; sin embargo, puede realizar cualquiera, especialmente cuando está encantado con un proyecto. Carreras que sentirá naturales incluyen la de empresario, dirección de equipo, deportes y atletismo, actuación, servicios de emergencia, medicina (especialmente cirugía), metalistería, joyería, peluquería y ventas. Prospera en ambientes donde trabaja para o por sí mismo, pero tiene más éxito donde siente una ventaja competitiva con otros.

Puede triunfar en cualquier entorno en el que le den las riendas, pero es brillante en situaciones nuevas, por ejemplo, iniciar nuevos negocios, empresas pioneras y compañías que desarrollan ideas y conceptos. Un gran número de ideas fluye de su mente cuando le permiten tomar la delantera sin barreras. Podría surgir un obstáculo para el éxito si no escucha adecuadamente a otros (una debilidad común en Aries).

Lo mejor que puede hacer

Para dar lo mejor de nosotros, tenemos que superar nuestras debilidades. Aries tiene la tendencia a tropezar con su enfoque firme. La resolución es una gran cualidad; le da la capacidad de asumir roles de pionero, porque no es desanimado por la negatividad, dudas y críticas de otros. El don que posee para concentrarse sin distracción lo mantiene encarrilado. No obstante, hay ocasiones en que el aporte y la retroalimentación de otros son importantes. Es necesario estar abierto a las sugerencias, tener la mente y el oído receptivos a las ideas de los demás.

Siempre hay conceptos diferentes de cómo hacer algo, y a veces sus ideas no serán las mejores. No debe tener miedo de que sus planes se perderán, porque entre más escuche, más se ajustarán sus ideas con las necesidades de quienes lo rodean. Escuchar puede prevenir graves equivocaciones y evitar que usted tome las medidas impulsivas que son otro efecto de su singular enfoque. Siempre será de ayuda que sus acciones sean ejecutadas con sinceridad y las mejores intenciones. Si aprende a ampliar su perspectiva para observar las ideas de otras personas e incorporar las mejores en sus planes, ¡será un ganador a todo momento!

Herramientas para el cambio

A veces, para estar mejor, debemos reforzar nuestras áreas débiles a fin de ser realmente fuertes. Hay varias cosas que puede hacer para aumentar sus capacidades y lograr que sus esfuerzos sean más efectivos. Con su enfoque fijo de la vida, cualquier cosa que pueda hacer para difundir su atención o ver las cosas desde una perspectiva diferente a la suya, ayudará a asegurar que este enfoque funcione de manera genial. Para esto es necesario que cultive relaciones a largo plazo. Cualquier patrón consistente que establezca en el que escucha a las personas de confianza, desarrollará el hábito de tener en cuenta otros puntos de vista.

Para que en realidad comprenda a su pareja y amigos, tal vez debe estudiar psicología. Esto le permitirá penetrar en la naturaleza de personas que no comparten su personalidad apasionada. Llegará a entender más a los de tipo acuoso y cómo actuar con sus sensibilidades. Verá que es una ventaja la falta de pasión de quienes tienen una naturaleza de aire o tierra —la objetividad y la lógica son características favorables—. Si no es su estilo o simplemente no puede formalizar el vínculo con una persona, tal vez debería desarrollar una relación con una mascota. Podría emparejar su personalidad, y esto le ayudará a cultivar las mismas cualidades en sí mismo. La educación es el proceso de examinar puntos de vista alternos, y la enseñanza superior (tomar seriamente cualquier educación) lo forma para tener un liderazgo más maduro en el mundo cotidiano. Alejarse del "campo de batalla" de los sucesos diarios por medio de la meditación, reduce el estrés y la agresión además de darle una perspectiva lejana necesaria para tener ideas nuevas. El yoga es una forma de meditación más activa que induce la flexibilidad mental a través de la unión mente-cuerpo. Las posiciones que se inclinan hacia adelante desarrollan la receptividad, mientras las que se inclinan hacia atrás desarrollan la voluntad y la seguridad. Finalmente, llevar un diario escrito le mostrará un reflejo de sí mismo que puede ser invaluable al monitorear y catalizar su crecimiento personal. No debe esparcir sus fuerzas en todas estas direcciones a la vez —en lugar de eso, adoptar sólo una o dos nuevas herramientas y técnicas puede inclinar la balanza a su favor—.

Afirmación del año

Me gusta trabajar con otros para crear
más abundancia en mi vida.

Aries: el año venidero

Después de seis años de trabajar entre bastidores, y uno más poniendo al corriente a otros de sus nuevas actividades, está listo para recoger el fruto de todo su trabajo duro. Con Júpiter en Escorpión y su octava casa solar de recursos de otras personas hasta noviembre 23, encontrará que el dinero fluye más fácilmente. Incluso podría obtener ganancias inesperadas por el pago de un seguro o una herencia. Tal vez deba hacer una inversión para asegurar futuros ingresos. Si construye de manera correcta este año, tendrá un pináculo de éxito de tres años una vez que Júpiter entre a Sagitario el 23 de noviembre. Esta es su novena casa, así que no se sorprenda si también logra meterse a estrujones en un viaje a lugares lejanos.

Desde la posición en Leo, su quinta casa solar, Saturno continúa dirigiendo su atención a esfuerzos creativos; es tiempo de considerar sus actividades, pero también de mirar cómo y qué desea que sea su vida. Si cree que le falta significado, es el momento de reorientar su dirección para que se alinee con sus motivaciones más profundas. Tal vez descubra que los hijos son más importantes para usted este año. El romance también toma un matiz más serio.

Quirón pasa su segundo año en Acuario y su undécima casa de grupos y organizaciones, y continúa reflejando la necesidad de modificación y crecimiento en sus interacciones con los demás. Podría sentir el deseo de conocer parientes más lejanos, cambiar su rol en los grupos, o incluso dejar atrás una organización. Sin embargo, en general, tendrá la oportunidad de cambiar viejas costumbres que ya no funcionan en situaciones sociales.

Urano permanece en Piscis, trabajando silenciosamente en el fondo de su duodécima casa solar, y lo incita a darle más significado a su vida. Es probable que le pidan hacer sacrificios por otros —sacrificios que le costará trabajo justificar a quienes están fuera de la situación—. También podría inclinarse a actividades espirituales y una vida más tranquila.

Neptuno estará en Acuario y su undécima casa durante otro año. Desde 1998, ha estado estimulando su sentido de lo que es posible en situaciones colectivas. Ya sea que se sienta inspirado a iniciar un grupo propio o brindar sus esfuerzos a una organización promoviendo el bienestar de otros, el énfasis es el servicio. Es posible que se compenetre en una causa o se sacrifique demasiado; sin embargo, lo importante para usted es su compromiso con ella, y nada puede detenerlo cuando cree en algo.

Plutón continúa su curso transformativo a través de Sagitario y su novena casa solar de viajes, sitios del extranjero y educación superior. Ha estado experimentando cambios profundos desde 1995, los cuales han ampliado sus horizontes. Seguirá atraído por lugares lejanos y esfuerzos de la imaginación. Es probable que haya decidido seguir un nuevo camino en la vida, y tal vez requiera más educación. Sin importar qué forma esté tomando su transformación, se encuentra en un campo totalmente nuevo, un nuevo mundo, el que habitó hace diez años, en gran parte para su mejoramiento.

Los eclipses de Sol y Luna se han estado moviendo a través de Aries y Libra, creando muchos cambios en su vida, inesperados pero no necesariamente inoportunos. Aunque un último eclipse solar cae en Aries en marzo 29, el resto cae en Virgo y Piscis, su sexta y duodécima casa. Su vida se calmará cuando haya cambios internamente. También es probable que sea inspirado por el espíritu de contribución a compartir su interminable optimismo con los demás.

Si nació entre marzo 24 y abril 16, Saturno estará entrando en contacto con su Sol desde la quinta casa solar. En los cinco años pasados ha estado en una etapa privada de su vida. Sin embargo, desde el último julio, cuando Saturno entró a Leo, ha aplicado la inspiración que recibió ese período particular para infundir más productividad y significado a su vida. Ahora está comprometido activamente a crear una vida más feliz; esto puede involucrar menos tiempo para diversión o actividades de ocio habituales. Tal vez intente convertir un hobby en un medio de ocupación lucrativo, o quizás desarrolle un nuevo pasatiempo que le produzca algo de valor. Podría convertir una aventura amorosa en una relación o perder para siempre un lazo romántico frívolo. Sea cual sea su inclinación, el mayor interés es perseguir sus sueños, porque lo llevarán al lugar indicado en el momento apropiado. Sus acciones ahora preparan el terreno para su ascenso durante los diez años siguientes y jugarán un gran papel en el nivel de éxito que tendrá entonces, cuando llegue a un pináculo de treinta años. Las fechas clave en el ciclo de Saturno son enero 27, febrero 19, abril 5 y 24, junio 20, agosto 7, noviembre 16 y diciembre 5.

Si nació entre marzo 27 y abril 5, Urano está creando una mayor actividad interior en su vida desde la posición en Piscis y su duodécima casa solar. Tal vez se encuentre haciendo y diciendo cosas inusuales para usted —cosas que considera verídicas pero que no reconoció hasta que emergieron—. Podría tener "deslices freudianos" que revelan sus verdaderos sentimientos hacia sí mismo y los demás. Estas acciones incluso pueden conducirlo a una nueva ruta de vida cuando conozca cosas de sí mismo que antes ignoraba. También es probable que se sienta atraído por actividades espirituales; tendrá más deseos de alejarse del mundo periódicamente, ya sea en unas vacaciones, en un retiro espiritual propiamente dicho, o simplemente cerrando más a menudo la puerta de su espacio privado. Incluso podría experimentar una soledad forzosa, tal vez por una enfermedad o proyecto importante que lo obliga a reducir el contacto social. Sin importar cuál sea la fuente, está siendo guiado a hallar paz y curación interior. Entre más se deje llevar por fuerzas que lo conducen interiormente, más maravillosa será la experiencia. Los eventos relacionados con este ciclo ocurrirán cerca de marzo 1, junio 5 y 19, septiembre 5, noviembre 19 y diciembre 2.

Si nació entre el 5 y el 10 de abril, Neptuno estará contactando su Sol a través de un aspecto sextil armonioso desde la posición en Acuario y su undécima casa de actividades colectivas. Neptuno cambiará la cantidad y el tipo de interacción y actividad que experimenta en un ambiente de grupo —desde organizaciones y asociaciones en red, hasta parientes lejanos, su entorno social, e incluso sus afiliaciones biológicas o étnicas—. Es más probable que se sienta atraído por personas sobre la base de sus cualidades interiores en lugar de las semejanzas externas con usted. No será suficiente unirse a un grupo porque les gusta ir a bailar; también deseará que compartan su visión política o espiritual y otros intereses. Está buscando algo más profundo y saludable que antes, y dispuesto a hacer sacrificios para participar en un grupo que significa más para usted. Los ideales son muy. importantes ahora, y no quiere estar junto a personas desmotivantes. Quiere compartir apoyo y estímulo, estar con gente del mismo parecer que viva en un mundo de posibilidades como usted. Es probable que, con sus conceptos quiméricos de lo que puede ser real, podrían aprovecharse de tal situación. Observe a aquellos en quienes confía para discernir si sus nuevos amigos y conocidos son apropiados. Los momentos clave respecto a todo esto surgirán alrededor de enero 27, febrero 5, marzo 15, mayo 10 y 22, agosto 10, octubre 29 y noviembre 9.

Si nació entre el 13 y el 18 de abril, Plutón en Sagitario estará dándole un estímulo energético desde su novena casa. Plutón transforma, pero lo hace en la forma más armoniosa y edificante desde esta posición en su carta; con esta energía, podrá realizar grandes cosas el presente año, y se ampliará su panorama para dar cabida a sueños más grandes que los que ha experimentado en el pasado. Póngale atención a esos sueños, incluso si parecen ser irrealizables, porque tiene cerca de veinte años para llevarlos a cabo. No tenga miedo de hacer proyectos y fijar objetivos a largo plazo, pues ahora está llegando al pináculo de la vida, mientras Plutón avanza por la parte superior de su carta. Debido a que le toma 250 años moverse alrededor del zodiaco, no todo el mundo tiene esta oportunidad. Este año se le facilitará tener una visión de conjunto y tomar medidas para que se ubique en su nuevo camino. Podrá reunir los recursos que necesita con relativa facilidad, y encontrará el apoyo de otros. Esta nueva ruta lo llevará a tener mayor aprecio, alegría y entusiasmo por la vida. Puede sentirse inspirado a ayudar a los demás mientras experimenta la magnanimidad del universo. Tal vez enseñe o simplemente comparta el amor que siente por estar vivo. Las fechas clave en este ciclo son marzo 17 y 29, junio 16, septiembre 4 y 16, y diciembre 18.

Si nació entre marzo 19 y 21 o abril 19 y 21, los planetas principales le están dando un descanso, al menos en lo que concierne al Sol. Sin embargo, es muy probable que tenga oportunidades de crecer a través de contactos con otros planetas en su carta. Júpiter, el planeta de empresa y educación, toca todos los grados cada año, así que tiene asegurada mucha acción que lo mantendrá ocupado. Puede emplear este tiempo para hacer cambios e ir a lugares con poca dirección u oposición de fuerzas externas en su vida. Y nunca está de más descansar y divertirse —rara vez tenemos suficiente de eso en nuestra agitada vida moderna—.

Aries/Enero

Puntos planetarios clave

Asuntos de la carrera y con figuras de autoridad que surgieron al final del año siguen con usted a través de enero mientras Venus permanece retrógrado todo el mes. Es tiempo de retrasar el avance en los planes y proyectos profesionales. En lugar de eso, mire hacia adelante, planee, y termine lo que todavía tiene pendiente. Tiene dieciocho meses para cumplir los objetivos que está fijando ahora, así que relájese y deje que las cosas surjan gradualmente. Este puede ser el comienzo de algo grande si lo toma seriamente.

Salud y bienestar

Ahora tiene una manera de pensar muy seria, pero no deje que el énfasis en progresar le impida llevar un estilo de vida saludable. Ignorar esto podría conducir a una debilidad inmunológica en marzo.

Relaciones en la vida y el amor

Las relaciones son un poco inestables este mes, y no sólo para usted. Previos retos con los hijos o parejas románticas llegan a un punto decisivo en enero 27, pero tiene la oportunidad de atenuar las cosas antes de que surjan los problemas el 17 de este mes.

Finanzas y éxito

Mientras Júpiter se pone en contacto con Neptuno el 27 de enero, usted está revisando qué tan bien le ha ido respecto a cumplir los sueños que configuró hace nueve años. Después de un otoño agitado, está mirando lo que queda por realizar en los siguientes cuatro años, que incluyen un pináculo, así que lo mejor podría aún estar por venir. El año venidero será primordial en lo que puede crear este tiempo, y recibirá las primeras indicaciones de los asuntos que forjarán su éxito. En el corto plazo, las tensiones continúan asociadas con las finanzas mientras estira los recursos para sus objetivos, pero ya se están liberando. Tendrá ideas de cómo hacer las cosas en enero 15, 18, 23 y 27.

Días favorables 1, 2, 5, 6, 7, 10, 11, 15, 16, 25, 26, 29, 30

Días desafiantes 12, 13, 14, 20, 21, 27, 28

Aries/Febrero

Puntos planetarios clave

Las tensiones en el trabajo se liberan ahora cuando Venus regresa a su movimiento directo en febrero 3. Las relaciones se establecerán en su nuevo patrón, y usted puede continuar con otros intereses. Las emociones de la segunda mitad de enero siguen mientras el Sol y Mercurio desencadenen nuevos patrones. Del 1 al 5 de febrero, Mercurio trae nueva información que trae soluciones. Con los contactos del Sol del 5 al 19, podrá lanzarse a la acción para realizar sus objetivos.

Salud y bienestar

Entrará a un período de dos meses de vulnerabilidad en la salud en febrero 8, cuando Mercurio pasa a Piscis y su duodécima casa. Aunque podría involucrar el cuidado de alguien más que se encuentra enfermo, tal vez este u otro factor ponga una carga adicional sobre usted que termina enfermándolo. Un resfriado o gripe estará en plena marcha en la comunidad en marzo, pero su exposición empezará antes. Cuídese siguiendo su rutina de buena salud y coma bien. También es revitalizante sacar tiempo para disfrutar una película o noche de diversión.

Relaciones en la vida y el amor

Una vez que Venus empiece de nuevo a moverse hacia adelante el 3 de febrero, se cierra la ventana de renovación de sus relaciones, y sus vínculos con otros se fijan en un nuevo tipo de estabilidad durante los siguientes dieciocho meses. Aunque el énfasis ha estado en la relación con jefes y colegas profesionales, los lazos parentales también podrían estar involucrados. Ahora tendrá más actividad social, ya sea por negocios u ocio. Sus contactos le darán un nuevo conocimiento que lo conducirá a un entendimiento más profundo de lo que quiere en la vida y cómo conseguirlo, especialmente en febrero 1.

Finanzas y éxito

Estará más ocupado que nunca la primera semana del mes, con nuevas situaciones que surgen y descuadran su horario. Pero las siguientes dos semanas le darán el respiro que necesita para ponerse al día. Febrero 19 es una fecha crítica, después de la cual se reduce la presión.

Días favorables 2, 3, 6, 7, 11, 12, 21, 22, 25, 26

Días desafiantes 8, 9, 10, 16, 17, 23, 24

Aries/Marzo

Puntos planetarios clave

Pausas planetarias interrumpen el mes mientras Mercurio, Júpiter y Plutón cambian de dirección. Alrededor de marzo 2, surgen obstáculos de la nada cuando Mercurio merma ritmo en su duodécima casa. El día 4, el período retrógrado de cuatro meses de Júpiter señala un tiempo en el que será beneficiosa la reducción de gastos. El recorrido de cinco meses hacia atrás de Plutón se inicia el 29 de marzo, al mismo tiempo que el último eclipse solar en su signo. Ellos le darán poder para hacer cambios que ha deseado durante muchos años.

Salud y bienestar

Las actividades podrían acumularse sobre usted hasta marzo 25, originando una disminución de su resistencia a las enfermedades, especialmente el día 2 de este mes. El prevaleciente virus retrógrado de Mercurio podría afectarlo si ignora su necesidad de sueño y buena nutrición.

Relaciones en la vida y el amor

El eclipse solar en marzo 29 en su signo acentúa el impacto que usted tiene sobre otras personas. Al ser más consciente de esto, se inclina a actuar con mayor sensibilidad frente a las necesidades de los demás, pero sin embargo sigue adelante porque a la larga todo se resolverá.

Finanzas y éxito

Este es el tiempo para que fije su propósito en cuanto a la misión que quiere realizar en el presente año, pues Urano inicia su nuevo ciclo en marzo 1. Entre más enfatice el servicio a otros, más exitosa y satisfactoria será su iniciativa. Tiene sentido pensar en esto como parte de un proceso que comenzó en 2003. El 11 de este mes, nueva información reforzará su sentido de dirección y deseo de actuar cuando Marte contacte a Urano. El eclipse lunar en marzo 14 también lo impulsa a la acción.

Días favorables 1, 2, 5, 6, 7, 10, 11, 12, 20, 21, 25, 26, 29, 30

Días desafiantes 8, 9, 15, 16, 17, 22, 23, 24

Aries/Abril

Puntos planetarios clave

Ha tenido que ser muy productivo desde el pasado noviembre, cuando Saturno empezó a moverse hacia atrás por su quinta casa. La liberación de esta carga extra llega en abril 5 —o al menos se habrá acostumbrado al mayor nivel de actividad—. Esto se relaciona con eventos que ocurrieron alrededor de noviembre 22 del año anterior y enero 27 de este año. Varios proyectos incompletos requieren su atención inmediata hasta abril 17. Aunque es bueno para apagar incendios, incluso usted puede sentirse un poco abrumado este tiempo.

Salud y bienestar

Es probable que este mes haga en casa rutinas de ejercicios grabadas en video, debido a todo el trabajo que tiene ahora. No deje que esos detalles menores absorban todo su tiempo y atención —siga su usual rutina de fitness, o mejórela un poco si se ha perdido del camino—. Estará más propenso a accidentes en abril 13.

Relaciones en la vida y el amor

Las relaciones sentimentales se tornan más desafiantes después de abril 18, cuando Venus se pone en contacto con Urano en esta fecha y con Plutón en abril 30. Los sucesos del 18 de abril se relacionan con los de fin de mes, así que no crea que todo acabó si llega a mediados del mes sin tropiezo. Hay un asunto que ahora parece trivial, pero requiere mayor atención y un estudio más profundo para ser resuelto. Es probable que esto involucre ira y respuestas emocionales.

Finanzas y éxito

Los asuntos económicos quedan en segundo plano porque el trabajo y la vida familiar cobran mayor importancia. No olvide "cuidar su jardín financiero" cuando sea necesario, o surgirán problemas posteriormente. Se estará moviendo en una trayectoria estable hacia el éxito en un período de dos años, y no deseará problemas ahora que detengan su progreso. La paciencia es la clave.

Días favorables 2, 3, 6, 7, 8, 16, 17, 18, 21, 22, 25, 26, 29, 30

Días desafiantes 4, 5, 11, 12, 13, 19, 20

Aries/Mayo

Puntos planetarios clave

Debido a que Marte, Júpiter y Urano forman un gran trino en el cielo a comienzos de mayo, se le presentará una oportunidad de realización financiera y emocional. Aunque parezca que esto llega de forma totalmente inesperada, en realidad se relaciona con sucesos ocurridos alrededor de noviembre 27 del año anterior. Esta oportunidad no llegará sin esfuerzo, pero será recompensada empezando el final del verano y hasta el otoño. Esto da impulso a la trayectoria que ha estado siguiendo como parte de un ciclo de éxito de veinte años que comenzó en mayo de 2000. Si piensa en esto términos, verá un hilo común que conecta los eventos que se presentan este mes, y podrá responder de manera resuelta. Las fechas clave son mayo 4 a 5, y 22. Sabrá mucho más acerca de lo que quiere al final de este mes, y luego sabrá naturalmente lo que debe hacer.

Salud y bienestar

No se sentirá en control de sucesos y circunstancias de su vida este mes, mientras los planetas interactúan con intensidad. Aunque esto puede sacarlo de sus rutinas, haga todo lo posible para adoptar buenos hábitos en lo que debe hacer: utilice las escaleras en lugar del ascensor, practique la respiración profunda mientras espera en la fila, y vaya al restaurante de comidas rápidas saludables.

Relaciones en la vida y el amor

Sus relaciones personales fluirán armoniosamente este mes, dirigiéndose hacia algo especial alrededor de mayo 26. Tome la iniciativa de hacer de esta una fecha especial.

Finanzas y éxito

Hay tanto sucediendo este mes, que es difícil conservar una mente comercial mientras pasa la mayor parte de su tiempo respondiendo a situaciones que surgen. Aunque es bueno en eso, no deje que la marea de eventos le impida ocuparse de la logística, como pagar facturas y llevar cuentas. Por un error pagará más que el precio usual.

Días favorables 4, 5, 14, 15, 18, 19, 22, 23, 27, 28, 31

Días desafiantes 1, 2, 3, 9, 10, 16, 17, 29, 30

Aries/Junio

Puntos planetarios clave

Sus finanzas —y sus recursos en un sentido más amplio— han estado restringidas este año, pero hay un giro positivo cuando se repite el patrón de cruz fija en el presente mes. Tiene la oportunidad de contar con dinero en efectivo alrededor de junio 7, cuando Venus en contacto máximo con Júpiter lo atrae a su bolsillo. Esto puede venir con apoyos secretos o demandas arregladas previamente puestas en su favor por personas de su círculo social, —desde la familia hasta parejas románticas y grupos—. Todo esto es parte del progreso que ha estado teniendo para alcanzar sus metas globales —las establecidas desde 1997 a 2000—. Ahora todas se están integrando en un gran crescendo de actividad y manifestación. No pierda la fe si esto se siente abrumador en ocasiones.

Salud y bienestar

Su vitalidad física es alta este mes, especialmente alrededor de junio 16, cuando el Sol entra en oposición con Júpiter. No exceda sus capacidades, sobre todo en junio 17.

Relaciones en la vida y el amor

Usted es dotado en lo que se refiere a respuestas rápidas y apropiadas para desarrollar situaciones, y esos tipos de eventos le están sucediendo a las personas que lo rodean. Acuden a usted por apoyo, sabiendo dónde radica su pericia. Es de ayuda que no esté tan afectado por los patrones planetarios del presente mes, pero tales personas enfrentan circunstancias difíciles que no pueden ser superadas fácilmente. Realice lo que pueda, pero no se haga responsable. Evite comportamientos arriesgados en los encuentros románticos.

Finanzas y éxito

Este no es un buen tiempo para actividades de alto riesgo, debido al contacto de Marte con Saturno, Quirón y Júpiter en junio 17, 18 y 19. Podría perder una buena cantidad de dinero en inversiones que escoge en estos días, a menos que haya una forma de reducir el riesgo significativamente por medio de conocimiento superior.

Días favorables 1, 2, 10, 11, 14, 15, 19, 20, 23, 24, 27, 28, 29

Días desafiantes 5, 6, 7, 12, 13, 25, 26

Aries/Julio

Puntos planetarios clave

Desde julio 4 el último período retrógrado de Mercurio revela la necesidad de reparaciones en casa, incluyendo las relaciones. Sin embargo, las situaciones no serán complicadas por problemas compuestos, y los malentendidos se superarán con pocas consecuencias. Habrá grandes avances después de julio 28, cuando Mercurio recobra el movimiento directo.

Salud y bienestar

Deseará divertirse este mes, y debería hacerlo, pues Marte atraviesa su quinta casa de diversión y juegos. Deportes y citas —incluso unas vacaciones— lo revitalizarán, y ahora tiene el tiempo para hacer estas cosas. Después de julio 22 trabajará más duro, así que disfrute esto mientras dure.

Relaciones en la vida y el amor

Surgen problemas de comunicación y reviven asuntos no resueltos en las relaciones personales, especialmente en julio 5 y 14. Este es un buen tiempo para que entre en contacto con los factores ocultos de su carácter, porque están afectando la forma en que otros se sienten respecto a usted. Escuchar atentamente a sus seres queridos ahora le ayudará a crecer mientras afianza su vínculo con ellos. También tendrá la oportunidad de ayudar a otros a salir de un conflicto en un evento de grupo alrededor de julio 30. Puede ser llamado a meditar, o tal vez sólo a ser una buena caja de resonancia.

Finanzas y éxito

Tenga cuidado de no correr riesgos financieros alrededor de julio 5, cuando Marte tiene un contacto desafiante con Neptuno. El juego (por dinero), incluyendo la especulación en los mercados, probablemente no tendrá éxito debido a que su juicio será perjudicado por factores ocultos. Después de julio 6 termina el período retrógrado de Júpiter y su producción de ingresos se normaliza. Con un flujo de dinero constante restablecido, su vida se volverá más tranquila y pronosticable.

Días favorables 7, 8, 9, 12, 13, 16, 17, 20, 21, 25, 26

Días desafiantes 2, 3, 4, 10, 11, 22, 23, 24, 30, 31

Aries/Agosto

Puntos planetarios clave

El ciclo de Neptuno alcanza su punto de culminación en agosto 10, trayendo la manifestación plena de retos de grupos y organizaciones. Esta es un área donde ha estado haciendo sacrificios constantes, probablemente desarrollando trabajo de voluntario. La presión está en ser más productivo que lo usual cuando pase esta fecha. Observe lo que sucederá en agosto 7, y hágase cargo de sus cosas, porque está fijando el tono para un nuevo ciclo anual de Saturno. Este planeta apoya su productividad creativa y dirige su atención a formas en las cuales puede hacer su vida más feliz y significativa. Piense en términos de lo que quiere hacer durante el año siguiente para construir una vida mejor y hacer un plan. Sus acciones ahora producirán grandes resultados en doce años.

Salud y bienestar

Inflamaciones, lesiones y cortaduras son más posibles que lo usual mientras Marte avanza por su sexta casa. Las fechas más críticas son agosto 12 y 29, cuando hace contacto con Urano y Plutón. Si hay una cirugía pendiente, lo mejor es evitar tenerla en estas fechas.

Relaciones en la vida y el amor

Problemas en grupos y organizaciones podrían presentársele alrededor de agosto 10, y tal vez lo que está sucediendo ahora es difícil de arreglar. Si espera unos días, surgirán nuevos hechos que terminarán la confusión.

Finanzas y éxito

Muchas actividades sociales —tal vez unas vacaciones o un evento especial— apretarán sus finanzas todo el mes. Esto no es malo, sólo algo para planear. Todo esto es parte de un proceso de desarrollo a largo plazo en respuesta a su deseo de tener una vida más interesante y significativa. Los sucesos relacionados ocurrirán todo el mes, del 2 al 27 de agosto.

Días favorables 4, 5, 8, 9, 12, 13, 16, 17, 18, 21, 22, 23, 31

Días desafiantes 6, 7, 19, 20, 26, 27, 28

♈ Aries/Septiembre ♈

Puntos planetarios clave

El trabajo y la salud cobran gran importancia cuando los planetas se amontonan en su sexta casa. Esto alcanza un punto culminante alrededor de septiembre 7, cuando Plutón se torna directo, termina el ciclo de Urano y se presenta el eclipse lunar. Mercurio y Venus ejercen su influencia durante todo el mes para ayudarlo a comprender lo que sucede y responda fructíferamente.

Salud y bienestar

Nunca hubo un mejor tiempo para enfocarse en su bienestar, pues los planetas se agrupan en sus casas de salud. En realidad, si ha ignorado el raro síntoma o dolor persistente, es probable que descubra lo que ocurre cuando surja algo más evidente. Es tiempo de que aplique su buena voluntad para intentar nuevas cosas en esta área y recuperar el equilibrio. Los eventos clave se presentarán todo el mes, pero especialmente del 3 al 9 de septiembre.

Relaciones en la vida y el amor

Notará que otros parecen más agresivos que lo usual después de septiembre 6, cuando Marte entre a su séptima casa. Esto podría ser en respuesta a un pasado comportamiento de su parte, o debido a señales sutiles de frustración que está transmitiendo. Una respuesta fría y no reactiva producirá los mejores resultados; sin embargo, los asuntos planteados pueden ser válidos y tal vez vale la pena considerarlos.

Finanzas y éxito

La tensión entre sus ideales y lo que hace para ganar dinero surgirá en septiembre 24, cuando Júpiter se conecta con Neptuno por tercera y última vez. Cuando se presentó esto inicialmente en enero, fue inspirado a buscar nuevas metas, y ahora tiene la posibilidad de ver qué tan bien le ha ido. Aunque este es el último contacto, es sólo un paso más en el proceso de realizar sus ideales —uno que produjo algunos resultados pero no la enchilada completa—.

Días favorables 1, 5, 6, 9, 10, 13, 14, 17, 18, 19, 27, 28, 29

Días desafiantes 2, 3, 4, 15, 16, 22, 23, 24, 30

Aries/Octubre

Puntos planetarios clave

Las tensiones que han aumentado en diversas situaciones a través del año tienen una liberación importante este mes cuando los planetas se alinean en posiciones armoniosas hasta octubre 15. Observe bien lo que ocurre en octubre 5, 15 y 22. Un suceso aparentemente inofensivo podría convertirse en una dificultad más grande a finales del mes, la cual dejará una estela en su vida hasta diciembre 9.

Salud y bienestar

El énfasis en su octava casa hace de este un gran período para mejorar los procesos transformativos en su vida. Si hay algunas cosas en su perfil de bienestar que quiere cambiar, desde la congestión del hígado hasta patrones de personalidad, este es el tiempo apropiado para hacerlo. Activar el cambio tiene la ventaja adicional de dirigir la energía lejos de donde no quiere que vaya. Limpiezas herbales, baños purificantes y de lodo, masaje profundo de tejidos, acupuntura y curación energética son algunas técnicas que puede usar. Una vez que Mercurio entre a Escorpión en octubre 1, podrá iniciar el proceso.

Relaciones en la vida y el amor

Los planetas en armonía son sentidos principalmente en su vida social, donde las dificultades en grupos son resueltas con la ayuda de unos amigos. Esto involucra la mediación de varias personas para abrir los canales de negociación y acuerdo. Las fechas clave son octubre 3, 10, 13, 18 y 19.

Finanzas y éxito

Las finanzas y deudas pasan a primer plano cuando los planetas de movimiento rápido se agrupan en su octava casa a finales del mes. Eventos en octubre 5, 15 y 22 alimentarán un proceso a largo plazo que afecta su flujo de ingresos. Este es el resultado de pasados esfuerzos y es probable que incluya un proyecto que genera ganancias pero no se ajusta a sus capacidades y formas de trabajar. Los retos creados serán máximos hacia octubre 28, cuando Mercurio inicie su período retrógrado de tres semanas.

Días favorables 1, 2, 3, 6, 7, 10, 11, 15, 16, 25, 26, 29, 30

Días desafiantes 12, 13, 14, 20, 21, 27, 28

🐏 Aries/Noviembre 🐏

Puntos planetarios clave

Con Mercurio retrógrado hasta noviembre 17 en su octava casa, estará abierto a los procesos transformativos del mundo. Esto puede ser desde un secreto que cambia su vida, hasta un nuevo conocimiento espiritual y refinanciar su casa. El énfasis está en los retos que ha enfrentado todo el año, en cierta medida un último hurra si los maneja eficazmente. Desde noviembre 23 el universo se siente más amable. Júpiter entra a Sagitario y su novena casa. Esto armoniza totalmente con su energía ariana y lo llena de inspiración para realizar la búsqueda en su vida.

Salud y bienestar

Este es un buen mes para trabajar en la cura de viejas heridas, lesiones y tejido cicatrizado. El masaje profundo de los músculos libera adherencias y cicatrices de tejidos blandos que limitan la movilidad y la flexibilidad. Su campo de energía está particularmente abierto a los beneficios de la curación energética, pues Marte hace trino con Urano en noviembre 8.

Relaciones en la vida y el amor

Cambios en su comprensión del universo tienen también un efecto en sus relaciones. Sin embargo, esto no viene sin desnudar un poco el alma. Tal vez deba enfrentar sus propios errores y fragilidades, pero si está dispuesto a hacerlo, la fricción que experimentó en grupos u organizaciones se disipará dramáticamente. Las fechas más armoniosas para tales interacciones son noviembre 1, 8, 11, 14 y 22.

Finanzas y éxito

Ya puede sentirlo venir —el tiempo en que empezará a alcanzar la nueva cúspide en su ciclo de éxito personal—. El año venidero, iniciando oficialmente en noviembre 23, será una combinación de preparación final y manifestación del objetivo que ha estado buscando durante los ocho años pasados, desde que Júpiter estuvo por última vez en su signo. Este será un año para circular, viajar y expandir sus horizontes. Suena divertido, ¿cierto?

Días favorables 2, 3, 6, 7, 8, 21, 22, 25, 26, 30

Días desafiantes 12, 13, 14, 20, 27, 28

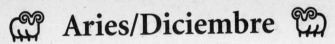

Aries/Diciembre

Puntos planetarios clave

Enseñanza, viajes, publicaciones, educación superior, crecimiento espiritual —esto se encuentra en primer plano ahora y durante el año siguiente—. Seis planetas ejercen su influencia aquí, dándole un gran estímulo a los asuntos relacionados. Este es un tiempo apropiado para tomar unas vacaciones en lugares rurales, del extranjero o remotos. También puede aprovechar este período para impulsar su carrera y planes educacionales.

Salud y bienestar

Aunque usualmente no es una persona soñadora, este mes puede ser la excepción. En realidad, estará más propenso a accidentes y lesiones debido a ello. Necesita tiempo para alejarse y recuperar el equilibrio. Si prefiere no alejarse, al menos aíslese del mundo cerrando la puerta cuando entre a su espacio sagrado.

Relaciones en la vida y el amor

No hay mucho de qué quejarse, pero reconoce que podría ser más feliz y también contribuir más a la felicidad de otros, mientras Saturno inicia su período retrógrado en diciembre 5. Este es un período ideal para renovar su compromiso de conectarse más con los hijos y otros seres queridos —no sólo en lo abstracto, sino acordando una actividad que les permita pasar tiempo juntos regularmente—. Llevar a su hijo a la práctica de baloncesto, a su hija a las lecciones de baile, o reunirse con la pareja romántica para cenar los miércoles —son inversiones en las relaciones que conducen a la realización—.

Finanzas y éxito

Incluso si está gozando un período lejos, saque tiempo en diciembre 18 para pensar en lo que desea realizar durante el año venidero. Aquí es cuando empieza en nuevo ciclo anual de Plutón, y con Júpiter uniéndose a él este año en Sagitario, usted será capacitado enormemente para alcanzar sus metas.

Días favorables 1, 4, 5, 8, 9, 10, 18, 19, 23, 24, 27, 28, 31

Días desafiantes 6, 7, 13, 14, 15, 20, 21, 22

Tabla de Acciones de Aries

Estas fechas reflejan los mejores—pero no los únicos—días para el éxito en dichas actividades, según su signo solar.

	ENE	FEB	MAR	ABR	MAY	JUN	JUL	AGO	SEP	OCT	NOV	DIC
Mudanza						3-28	29-31	1-10				
Iniciar un curso					20-31	1, 2						
Ingresar a un club	23-31	1-8										
Pedir un aumento	29, 30		5-31	1-5	3-29							
Buscar trabajo	4-22							28-31	1-30	2		
Buscar ayuda profesional	20, 21, 25	16, 17, 21	15-17, 20	11-13, 16	9, 19, 14	5-7, 10	2-4, 7-9	5, 26-28	1, 22-24	20, 21, 25	16, 17, 21	13-15, 18
Buscar un préstamo	22-24	18-20	18, 19	14, 15	11-13	8, 9	5, 6	1-3, 29	25, 26	22-24	18-20	16, 17
Ver un doctor		9-28	26-31	1-30	1-4		27-31	1-30	1			
Iniciar una dieta							27-31	1-12				
Terminar una relación			13, 14	12, 13								
Comprar ropa								11-31	1-5			
Hacerse un maquillaje			29, 30	16-30	1-28							
Nuevo romance							25-27	13-31	1-5, 30	1-23		
Vacaciones	25, 26	21, 22	20, 21	16-18	14, 15	10, 11	7-9	4, 5, 31	1, 27-29	25, 26	17-30	8-27

El Toro
Abril 20 a Mayo 21

Ⴒ

Elemento:	Tierra
Cualidad:	Fija
Polaridad:	Yin/Femenino
Planeta regidor:	Venus
Meditación:	Confío en mí mismo y en los demás
Piedra preciosa:	Esmeralda
Piedra de poder:	Diamante, ágata azulada, cuarzo rosado
Frase clave:	Yo tengo
Símbolo:	Cabeza del toro
Anatomía:	Garganta, cuello
Color:	Verde
Animal:	Ganado
Mitos/Leyendas:	Isis y Osiris, Cerridwen, Toro de Minos
Casa:	Segunda
Signo opuesto:	Escorpión
Flor:	Violeta
Palabra clave:	Conservación

Fortalezas y debilidades de su ego

Usted es tan fuerte, consecuente y firme, que a veces se siente como una roca, consigo mismo y con los demás. Esto se debe a su naturaleza terrosa y fija. Como signo fijo, responde a las fuerzas del mundo que lo rodea tratando de conservar el status quo; prefiere que las cosas sean las mismas. Cuando hace algo, trata de que tenga la mayor duración posible; por eso es conocido como el arquitecto o constructor; usted estabiliza, tranquiliza, construye y solidifica. Se resiste al cambio porque éste desestabiliza las cosas. Sin embargo, también debe recordar que finalmente todo se acaba. El cambio crea un desorden temporal, pero puede generar una nueva y mejor estabilidad si es dirigido sabiamente. Volviéndose un maestro del cambio, dominará su propia capacidad para crear estructuras duraderas.

Por ser un signo de tierra, mira lo inmediato y lo práctico. Primero piensa en su entorno físico y tangible, y la seguridad física —tener suficiente dinero, una casa resistente, ropa bien hecha y comida nutritiva— es muy importante para usted. Tiene el don para las artes, habilidades mecánicas y capacidad para trabajar con objetos tridimensionales. Ya sea que tenga disposición para trabajar en carros o lo haga bien en la costura, se siente inclinado a producir y ejemplificar belleza en lo que hace; un auto que ronronea suavemente es tan agradable para un mecánico como lo es para un tejedor una alfombra finamente tejida. Pero un lado negativo de su naturaleza puede ser la tendencia a olvidar las necesidades y cualidades interiores que hacen más agradable el mundo material. Si permanece preocupado por las finanzas, no podrá disfrutar la seguridad que posee; en el peor de los casos, podría sentir que nunca hay suficiente para estar satisfecho. Cultivando el conocimiento de lo que en realidad es importante, tal como el amor y la salud, pondrá a un lado naturalmente su necesidad de comodidad material.

Proyectando su luz amorosa

Desea crear cosas que duren, y las relaciones sentimentales no son la excepción. Puede tomarle tiempo compenetrarse con la pareja, aprender a confiar, pero está para durar mucho tiempo en la unión. No hace compromisos a la ligera, ni mucho menos los rompe de esa forma. Para usted, la estabilidad económica es esencial en una relación, y durará en comprometerse si no está seguro de que hay una sólida base material.

Los arianos pueden parecerles un tanto impulsivos, pero desde luego lo motivan y llenan de ideas inspiradoras. Otro nativo de Tauro comprenderá su necesidad de un enfoque pausado de la vida, pero juntos podrían estancarse. Géminis lo guiará a experiencias que nunca creyó posibles, y usted será mejor para este signo, pero la charla del geminiano podría molestarlo en ocasiones. Cáncer comparte su aprecio por la seguridad y brinda energía emocional a su unión, pero no serán conocidos por su actitud aventurera como pareja. Tal vez no le guste la búsqueda de atención de Leo, pero la alegría y generosidad que brinda lo tranquilizará. Virgo es un compañero fiel y leal que comparte sus valores y ve el mundo como usted; su productividad y apoyo mutuo pueden emplearse para construir una relación sólida. Libra dirige su atención a la elegancia y armonía; comparten el gusto por la estética, y juntos pueden explorar las muchas expresiones de la belleza práctica y cultural. Los nativos de Escorpión pueden parecer sus castigadores, pero en realidad le enseñan el otro lado de su propio carácter —la necesidad de reconocer la transformación como un elemento de verdadera estabilidad—. Los sagitarianos, con su impetuosidad y amplio enfoque, parecen tener poco en común con usted, hasta que reconoce que también se interesan en los principios que le dan valor a la vida. Capricornio brinda una perspectiva amplia y comprensión mundana a sus capacidades pragmáticas para que tenga éxito el lado comercial de su relación, pero no ignore las necesidades emocionales subyacentes. Podría sentirse molesto por la fascinación de Acuario por el mundo social y político, pero comparten un enfoque racional que les permite resolver cualquier problema. La ternura de Piscis le hace fácil confiar en los nativos de este signo, pero su terquedad ocasional puede ser difícil para ellos.

Su lugar en el mundo

Se siente tan bien manipulando el mundo físico, que sus habilidades son solicitadas en cualquier empresa. Su gran aptitud mecánica se ajusta a cualquier ocupación que requiera una capacidad motriz altamente desarrollada, desde los deportes hasta la carpintería y la modistería. También tiene un refinado sentido de la belleza que puede ser expresado de maneras más simbólicas, tales como la parte de diseño de cualquier campo, desde la moda o arquitectura, hasta paisajismo y planeamiento urbano. Su interés en las finanzas lo llevará a desarrollar capacidades en la administración de dinero, ya sea que las aplique en teneduría de libros o entre a mundos más conceptuales de contabilidad y mercados. La planificación financiera, empréstitos o hipotecas, servicios de seguros o la banca también pueden brindarle satisfacción. Debido a su deseo de predicción económica, se sentirá mejor en un empleo con sueldo fijo y buenas ganancias, que en una condición de pago más esporádico.

Lo mejor que puede hacer

Antes de estar en su mejor situación, Tauro, primero debe asegurarse de haber superado su miedo al cambio. Su estabilidad lo convierte en una roca para pararse cuando todo lo demás está moviéndose —un puerto en una tormenta—. Cuando establece algo, todos saben que durará. Sin embargo, el cambio es parte de la vida, y si experimenta todo cambio como demasiado arriesgado, se está resistiendo al flujo del universo y haciendo las transformaciones más difíciles cuando lleguen. Es cierto que no todo debe cambiar sólo porque alguien lo considera así, y su tarea es determinar cuáles cambios son buenos y cuáles deberían ser realizados. No obstante, tiene que ser amigo del cambio, o no podrá tomar decisiones sabias al respecto. Debe saber que su seguridad no proviene de la naturaleza de su entorno o de cuánto dinero tiene en el banco, sino de cómo maneja lo que la vida le presenta. Posee un don para crear estructuras firmes y bases duraderas. Si puede darle flexibilidad al movimiento y combinación a su constancia sólida como una roca, tendrá lo mejor de ambos mundos y se sentirá más cómodo.

Herramientas para el cambio

Su pragmatismo mundano y capacidad para hacer que las cosas crezcan y se multipliquen, desde jardines hasta cuentas bancarias, tiene sus encantos, pero para evitar que se vuelva demasiado materialista o quede esclavo de la rutina, debe elevar su conciencia a otros niveles para crear el equilibrio. En el centro de este proceso está la necesidad de introducir en la mezcla la mente, el corazón y el espíritu sin descuidar el cuerpo físico. Una de las mejores formas de cultivar y mantener este equilibrio es introducirse en el estudio de las artes liberales, que se enfoca en enseñar la técnica dialogal y da un alto valor a la averiguación crítica. Se podría decir que estos métodos en sí amplían la mente, pero esta educación va más allá hasta abarcar la filosofía, historia, lenguaje, cultura y teoría —escalones para crear una mente amplia y un poderoso proceso analítico—. Para acentuar su énfasis natural en los valores, la filosofía es especialmente útil, porque nuestros valores están basados en lo que creemos. El estudio de la historia da profundidad a su conocimiento permitiéndole ver los ritmos de la evolución humana y cómo actúan en los sucesos actuales y la conducta individual. También se puede beneficiar "alegrándose"; podría poner a funcionar su buen sentido del humor tomando una clase en stand-up comedy, o simplemente metiéndose regularmente en un mundo de comedia. Obras, películas y comedias de situación en televisión pueden enseñarle a reírse de sí mismo y reconocer que los obstáculos que caen en su camino no señalan el fin del mundo. La meditación también puede alejarlo de las preocupaciones de la vida cotidiana. Se beneficiará al meditar en un jardín o desarrollando una "meditación a ojo abierto", que puede ser hecha mientras trabaja en el huerto o jardín (o en otra actividad tranquila) si mantiene el enfoque adecuado.

Todos los signos de tierra necesitan contrarrestar su tendencia natural hacia la inmovilidad dedicándose conscientemente a un programa de actividad física. Si no realiza trabajo físico como parte de su vida laboral, es importante compensar eso haciendo ejercicio antes o después. Aunque podría inclinarse por el entrenamiento de fuerza, los ejercicios aeróbicos y de flexibilidad son más importantes para usted. El yoga brinda una mezcla de los tres, o puede realizarlos como prácticas separadas a través de otros medios. Le gustan las caminatas porque se siente bien al aire libre y además tranquilizan el alma. Los pilates funcionan con los músculos centrales y estimulan la alineación apropiada. El baile puede ser especialmente agradable para su espíritu creativo. Sin importar lo que escoja, debe significar algo para usted y ser una práctica que pueda convertir en un hábito saludable.

Afirmación del año

Puedo escuchar a los demás y así hacer modificaciones.

Tauro: el año venidero

Este año sus relaciones tendrán un alto perfil, mientras Júpiter transita por su séptima casa solar. Si trabaja en un campo donde es bueno el "contacto con más personas", será un período de mayor prosperidad para usted. Incluso puede encontrar nuevas oportunidades de asociación, y esto también se aplica a su vida personal. Es probable que tenga una o más relaciones personales nuevas —¡tal vez deba escoger de una lista de candidatos viables!—. Su pareja actual puede traerle más prosperidad o enseñarle algo nuevo. Probablemente se sentirá bien en la vida, ya que este tiempo también es un pináculo personal. Las cosas que inició hace seis años, si las ha desarrollado constantemente, darán el fruto de felicidad y satisfacción interior.

Saturno está en Leo y su cuarta casa solar, dirigiendo la atención a su vida privada y familiar. Pueden haber proyectos de mantenimiento aplazados o reparaciones que debe llevar a cabo este año —aquellos que suministran servicios básicos pero son invisibles y por ende brindan poca satisfacción, como retechado o la reinstalación de alambres—. Podría considerar que el lugar donde vive es muy limitante para sus planes futuros, por eso tal vez decidirá que es tiempo de mudarse. Es probable que deba cumplir con mayores responsabilidades familiares.

Quirón pasa su segundo año en Acuario, enseñándonos a todos cómo ser mejores compañeros de equipo. En su décima casa solar, lo reta a superar obstáculos de prejuicio que tiene en su visión del mundo, para que vea cómo todas las personas son igualmente dignas de la oportunidad de experimentar los placeres más finos de la vida. Esto no desvirtúa que cada uno de nosotros tiene algo único para ofrecer, o que todos debemos trabajar por esas experiencias. Cuando vea la vida como un campo de juego nivelado, abrirá las puertas en su carrera y profesión gracias a su actitud más abierta.

Urano está en el punto medio de su tránsito en Piscis y su undécima casa solar. Unicidad es la palabra clave: quiere hacer algo excepcional. Esto no es una acción vacía tomada a la ligera, especialmente para usted; tiene una visión más profunda de lo que puede ser. Ve un mundo nuevo y diferente que está a la vuelta de la esquina si lo adoptamos, basado en los ideales que todos promulgan pero no parecen llevar a la práctica. Usted es una voz de cambio altruista para el cual se sacrificará gustosamente si puede imbuir a otros de su visión.

Neptuno está una vez más en Acuario y su décima casa solar. Desde 1998, ha seguido una trayectoria hacia una profesión más profunda y significativa que finalmente reemplace el trabajo o la carrera que tenía antes de este tiempo. Siempre que no quede atrapado en una operación poco confiable o un esquema de rápido enriquecimiento, se beneficiará de este tránsito.

Plutón en Sagitario y su octava casa solar está trayendo modificaciones a la forma en que maneja las finanzas, especialmente donde usa los recursos de otros. Podrían ocurrir eventos financieros transformativos, desde recibir una gran herencia o ganarse la lotería, hasta perderlo todo en la bolsa de valores. Un enfoque equilibrado con un firme sentido de responsabilidad es clave para los cambios que se le avecinan.

Este año los eclipses oscurecen Virgo y Piscis, y su quinta y undécima casa recibirán esta influencia. Su vida social estará bajo la lupa, y podría cambiar de dirección ahí de algún modo, tal vez iniciando un romance, uniéndose a una nueva organización o dedicándose a otro deporte. La diversión estará presente, y la vida será más significativa en el tiempo en que los eclipses salgan de estas áreas en 2007.

Si nació entre abril 24 y mayo 16, Saturno está contactando directamente su Sol desde la cuarta casa solar. Desde julio del año pasado, su vida privada y familiar ha requerido más atención. Puede estar en una etapa tranquila de su vida laboral (incluso desempleado), o tener mayores responsabilidades con la familia que lo mantienen en su hogar más tiempo. Este es un período de relativo anonimato, pero sin embargo lleno de actividad para usted, porque está trabajando duro para desarrollar una nueva base que resistirá los retos de los siguientes treinta años. La base literal —su casa— puede necesitar cambios estructurales dramáticos, o tal vez decida mejorarla por gusto. Una persona mayor en su familia podría requerir más cuidado, o es probable que su hogar necesite más atención de algún modo. También podría pasar más tiempo mirándose interiormente, descubriendo las claves de sus patrones de conducta arraigados profundamente, de tal forma que pueda mejorarlos. Enfrentar de lleno estos asuntos siempre es lo mejor en lo que tiene que ver con Saturno, y al final de año la situación estará sorteada o resuelta totalmente. Los eventos relacionados ocurrirán alrededor de enero 27, febrero 19, abril 5 y 24, junio 20, agosto 7, noviembre 16 y diciembre 5.

Si nació entre abril 22 y mayo 1, Urano en Piscis traerá la oportunidad para un cambio armonioso desde su undécima casa solar. La gente hace que el mundo gire, y sus contactos con personas serán esenciales este año. Si hace un esfuerzo constante para involucrarse socialmente con otros, encontrará una mina de oro de nuevas opciones y oportunidades. Incluso si su trabajo no depende directamente de hacer contactos, nuevos conocidos traerán más ideas, perspectivas y técnicas. La palabra clave es innovación, y tendrá la oportunidad de cambiar su vida y la forma en que trabaja. Podría estar en posición de recibir un premio, reconocimiento, o avanzar en su carrera gracias a esfuerzos pasados. Es probable que se destaque como una voz para el progreso, pues ve fallas en los sistemas probados que lo rodean. Las causas humanitarias pueden tocar las fibras de su corazón, y tal vez se dedique al trabajo voluntario que haga del mundo un mejor lugar para vivir. Si da énfasis a las experiencias nuevas y acecha lo inesperado, podrá obtener el máximo beneficio de este evento planetario. Marzo 1, junio 5 y 19, septiembre 5, noviembre 19 y diciembre 2 son fechas importantes en el ciclo de Urano.

Si nació entre el 5 y el 10 de mayo, Neptuno en Acuario despertará el deseo de un significado más profundo en la vida y la carrera. Podría sentirse atrapado por su situación laboral actual, y querer inyectarle más creatividad a lo que hace. Tal vez encuentre que no es necesario cambiar de cargo —en lugar de eso, su sentido de propósito y significado se profundizará en el trabajo que ya tiene—. Incluso si abandona la labor que ha hecho en el pasado para seguir un camino totalmente nuevo, el significado es al menos tan importante como el dinero para usted. No tendrá el beneficio pleno del contacto con Neptuno, a menos que se asegure de que su trabajo cumple con su necesidad más profunda de significado y propósito. También es posible encontrar propósito fuera del lugar de trabajo, con pasatiempos, un pequeño negocio por horas o actividades de ocio; adicionar más variedad a su vida puede ser todo lo que se requiere. La espiritualidad y su idea de una fuerza superior también pueden estar desarrollándose, pues ve más razones para hacerlas parte de su vida. Los puntos cruciales en su experiencia con Neptuno sucederán alrededor de enero 27, febrero 5, marzo 15, mayo 10 y 22, agosto 10, octubre 29 y noviembre 9.

Si nació entre el 13 y el 18 de mayo, sentirá presión para hacer cambios dramáticos cuando Plutón entre en contacto con su Sol desde la octava casa solar. Las finanzas y la forma en que las maneja necesitan ser transformadas. Tal vez sus ingresos han aumentado vertiginosamente; esto significa que debe desarrollar nuevas capacidades de administración financiera para usar sabiamente tales recursos. Si sus ingresos se han reducido o se incrementaron las deudas, tendrá que disminuir los gastos y desarrollar un nuevo presupuesto para evitar un tiempo difícil. Todos los tránsitos de Plutón tienen que ver con el poder personal, y asumir la responsabilidad es el primer paso para obtenerlo y tener más control sobre su propia vida. Tal vez encuentre que estudios del funcionamiento interior del comportamiento humano le ayuden a enfrentar su nuevo mundo, ya sea a través de la psicología, los misterios ocultos, la astrología o el I Ching. Procesos transformativos pueden fascinarlo ahora, mientras lucha a brazo partido con su capacidad de cambiar bajo presión. La energía de Plutón será sentida más fuertemente alrededor de marzo 17 y 29, junio 16, septiembre 4 y 16, y diciembre 18.

Si nació entre abril 20 y 23 o mayo 19 y 22, los planetas están dándole un descanso este año, al menos en lo que se refiere a su Sol; esto significa que sus esfuerzos para lograr su siguiente gran objetivo(s) no serán obstaculizados, pero tampoco serán guiados. A veces un obstáculo nos desvía de la pérdida o el daño; por lo tanto, es bueno estar más vigilante al escuchar su voz interior, porque los otros planetas en su carta le hablarán ahí. Siempre es conveniente usar este tiempo para introducir un poco más de ocio a una vida agitada, o enfrentar un gran proyecto cuando es más fácil de realizar.

Tauro/Enero

Puntos planetarios clave

Júpiter se pone en contacto con Neptuno el 27 de enero, con efectos relacionados en enero 15, 18, 23 y 27 activados por otros planetas. Esto señala una nueva fase en la carrera o profesión que inició en 1997. Ahora nuevas personas llegan a su vida y tal vez pueden unirse a usted en una empresa; sin embargo, tendrá que elegir cuáles son apropiadas. Debido a que Venus es retrógrado durante el mes, las personas encontradas ahora pueden ser menos convenientes sin importar qué tan buenas parezcan. Tendrá mucho de dónde escoger cuatro años más antes de alcanzar la cima. Su inquietud surge de tener que decir no o hacerlas esperar hasta estar seguro acerca de su dirección.

Salud y bienestar

Si puede evadirse este mes, reducirá enormemente la presión que siente por el trabajo y las relaciones. Necesita una perspectiva tranquila después de enero 14 para mantener en equilibrio su vida, cuando alguien trate de descentrarlo. Incluso un fin de semana largo servirá si eso es todo lo que puede manejar, pero no se quede en casa —vaya a un lugar que le permita lograr cierta visión sobre los eventos actuales en su vida—.

Relaciones en la vida y el amor

Ha estado meditando cómo estar en contacto con más personas en nuevos grupos y lugares de reunión, para avivar sus expectativas y aumentar su interacción social. Investigue y experimente con nuevos contactos a lo largo del mes. Al final de éste, tendrá algunas ideas de con quién unirse. Los asuntos en las relaciones se aclararán después de enero 17.

Finanzas y éxito

No deje que otros lo empujen a algo antes de estar listo. Esto es una señal segura de que sus ofrecimientos no enfrentarían un escrutinio más profundo. Si ignora su radar interno, surgirán problemas en mayo, agosto y noviembre, y pueden durar mucho más tiempo. Esto se relaciona con los obstáculos que se encontró el último otoño.

Días favorables 3, 4, 8, 9, 12, 13, 14, 17, 18, 19, 27, 28

Días desafiantes 1, 2, 15, 16, 22, 23, 24, 29, 30

Tauro/Febrero

Puntos planetarios clave

La primera semana es muy activa porque Mercurio y el Sol dan los toques finales a la situación que ha estado enfrentando desde el otoño. Mercurio trae un nuevo entendimiento de todos los cambios que ha experimentado. Aunque se acentuaron el verano pasado, se relacionan con una transformación lenta que está haciendo en su carrera y vida familiar. Ahora puede moverse más firmemente hacia esos objetivos. Después de información dada del 1 al 5 de febrero, tendrá dos semanas tranquilas para ponerse al día. El énfasis está en su vida personal, pero la situación en el trabajo tiene que ver con lo que sucede ahí.

Salud y bienestar

Los viajes son más llamativos, ya sea para negocios o placer, y no es muy tarde para tomar esas vacaciones que aplazó. Es un tiempo ideal para alejarse de todo, ojalá durante varios días. Las actividades en la naturaleza tranquilizarán su alma y le darán una energía restauradora. Aunque ahora no está muy vulnerable a las enfermedades, podría experimentar una pesadez que es evitada durmiendo y haciendo ejercicio.

Relaciones en la vida y el amor

Debido a que Venus retorna a su movimiento directo en su novena casa, es un buen tiempo para escribir cartas a personas en lugares lejanos con quienes la comunicación ha disminuido. La actividad social aumenta en febrero 8, especialmente en escenarios públicos y de grupo.

Finanzas y éxito

Después de febrero 17, cuando Marte entra a su segunda casa, los gastos se incrementan, pero probablemente porque está yendo de compras. Hay artículos que deseaba tener que de repente parecen más importantes, pero puede ser sólo porque se siente lo suficientemente audaz para finalmente gastar el dinero. Sea cual sea la motivación, un mínimo de disciplina hará de esto una aventura inocente. El 5 de febrero empieza un nuevo ciclo de un año que generará crecimiento espiritual y la realización de deseos. A pesar de las tensiones de su situación actual, queda sintiéndose optimista —una buena forma de iniciar el año—.

Días favorables 1, 4, 5, 8, 9, 10, 13, 14, 15, 23, 24, 27, 28

Días desafiantes 11, 12, 18, 19, 20, 25, 26

Tauro/Marzo

Puntos planetarios clave

Inactividades planetarias significan transiciones en perspectiva y dirección, y este será el tema para marzo. Después de la intensidad de sucesos que se inició el otoño pasado, tuvo la oportunidad de redirigir fuerzas en el camino deseado el mes anterior. Ahora es tiempo de dejar que los planetas hagan el trabajo por usted mientras responde a lo que previamente puso en marcha. El nuevo ciclo de Urano, que se inicia en marzo 1, influencia posiblemente los cambios sociales que quiere generar en su vida. Piense en lo que desea y haga un plan.

Salud y bienestar

Experiencias y sucesos lo inspirarán a tener un enfoque más saludable de la vida alrededor de marzo 29. Sus nuevos métodos podrían incluir un tipo diferente de fitness, dieta o programa de crecimiento interior.

Relaciones en la vida y el amor

El área de mayor iniciativa para usted este mes son las relaciones sociales, pero no espere resultados en seguida. Mercurio estará en trino con Júpiter todo el mes, pero debido a que su movimiento es retrógrado, los resultados se demorarán; cuando lleguen, serán más poderosos. Si es desairado cuando se acerca a la gente con sus ideas, no tome esto como un "no" definitivo. Regrese después de marzo 25 con un recuerdo sutil de su propósito, y tendrá un recibimiento más cálido.

Finanzas y éxito

Marzo 14 y 15 traen indicaciones de lo que está por venir con los sueños que empezó a perseguir el 27 de enero. Este es un buen período para estar atento a las oportunidades y discernimientos que provienen de otros, porque presagian los resultados concretos que se manifestarán después. El cambio de dirección de Plutón en marzo 29 lo motivará más para seguir adelante en una idea profesional o comercial con más potencial de ingresos. Este es el momento de comenzar la transición.

Días favorables 3, 4, 8, 9, 13, 14, 22, 23, 24, 27, 28, 31

Días desafiantes 10, 11, 12, 18, 19, 25, 26

Tauro/Abril

Puntos planetarios clave

Es como si una gran carga estuviera siendo levantada de sus hombros cuando Saturno recobra el movimiento directo en abril 5. Ha estado trabajando más duro sin aparente progreso o reconocimiento desde noviembre 22 del año pasado, pero ese esfuerzo entre bastidores ha evitado que otras personas lo interrumpan o le pongan obstáculos en su camino. Ahora puede avanzar, pero todavía en su forma discreta. El primer año de este proceso de dos años terminará en agosto 7.

Salud y bienestar

Después de abril 16, anhelará alejarse más que nunca mientras Mercurio sigue al Sol en su duodécima casa, y es buena idea sucumbir al deseo. Este es uno de esos raros períodos en que recarga sus baterías. Sin embargo, eso no significa holgazanear o trabajar más duro entre bastidores; significa regresar a su centro y renovar el enfoque de las cosas, reafirmando la disciplina, si es necesario, para seguir las rutinas de salud y buena forma física.

Relaciones en la vida y el amor

Si alguien en su vida se ha alejado, déjelo, pues no estará en esa situación para siempre, aunque todavía pasarán tres meses antes de que regrese a usted sin reserva. Si interfiere en el proceso, tomará más tiempo.

Finanzas y éxito

En abril 8 será informado del hecho de que sus finanzas necesitan más atención que la usual, pues salen a la luz situaciones que ignoraba debido a la reciente intensidad de sucesos. Saque tiempo para ponerse al día y revisar sus cuentas y portafolios. Encontrará errores y tendrá que arreglarlos, pero no son irreversibles. Las fechas clave son abril 13, 18 y 30.

Días favorables 1, 4, 5, 9, 10, 19, 20, 23, 24, 27, 28

Días desafiantes 6, 7, 8, 14, 15, 21, 22

Tauro/Mayo

Puntos planetarios clave

Este es un mes lleno de acción para usted —que no es lo que prefiere, pero cuando involucra ganancias, definitivamente se esfuerza en la situación—. Un gran trino con Marte, Júpiter y Urano apoya sus planes, y usted experimenta avances inesperados, especialmente al comienzo del mes. Esto impulsa la vida a un ritmo rápido que continúa hasta mayo 14. Tal vez sienta que tocó el borde de un acantilado después de eso, pero los procesos acaban de empezar a desarrollarse con sutileza mientras los períodos retrógrados de Quirón y Neptuno se activan en mayo 15 y 22. Hay un tema común en todos estos eventos que se relaciona con algo ocurrido en noviembre 27 del año anterior y el ciclo de veinte años que se inició en mayo de 2000.

Salud y bienestar

Las rutinas de su vida cotidiana no tienen que ser interrumpidas si incorpora patrones saludables en el flujo de sucesos. Sin embargo, todavía necesita sacar tiempo para construir el depósito de chi en su centro que le evita estresarse. Diríjase a su jardín y arranque maleza, o escuche música relajante mientras trabaja para mantener esas ondas alfa fluyendo en su cerebro.

Relaciones en la vida y el amor

Ahora podría aprovechar el apoyo de las personas cercanas a usted, pero tal vez están ocupadas en sus propios torbellinos de actividad, especialmente del 4 al 14 de mayo. En tal caso, simplemente saque tiempo para apoyarse emocionalmente con los demás de vez en cuando.

Finanzas y éxito

Parece que nunca cumplirá todas las obligaciones que de repente están frente a usted mientras experimenta los efectos de demasiado éxito en el momento. La primera mitad del mes será agitada, con una lista larga de cosas por hacer. No obstante, la segunda mitad le dará más ratos de descanso. No deje que la magnitud del trabajo lo haga menos efectivo —sólo mire lo que tiene justo en frente en el momento y hágalo antes de mirar lo que sigue en la lista—.

Días favorables 1, 2, 3, 6, 7, 8, 16, 17, 20, 21, 24, 25, 26, 29, 30

Días desafiantes 4, 5, 11, 12, 13, 18, 19, 31

Tauro/Junio

Puntos planetarios clave

A pesar de su actitud alegre, este mes surge un dilema difícil relacionado con las obligaciones en el hogar y la carrera. Ha estado haciendo sacrificios para cumplir los deseos de su jefe o adelantar su carrera. Sin embargo, ahora las necesidades de sus seres queridos lo llaman a casa urgentemente, y no puede ignorarlas. ¿Cuáles va a cumplir? Claramente, deben ser hechas algunas modificaciones para equilibrar su vida pública y personal, y el lado privado está ocupando más de su tiempo ahora. Hacer la transición es difícil, pero puede encontrar ayuda y apoyo. Este patrón es más fuerte del 17 al 22 de junio.

Salud y bienestar

Sus niveles de energía no están al tope este mes, así que la clave es "actual con calma". Responda a lo que su cuerpo le dice, porque él está escuchando a la conjunción Marte-Saturno en su cuarta casa. Gran parte de su energía es empleada en sus tareas familiares, pero aun así necesita la revitalización y renovación que brinda el ejercicio. Caminar es una excelente rutina ahora, pues lo saca de la casa —lo más importante de todo—.

Relaciones en la vida y el amor

Aunque otras personas necesitan apoyo en casa, no siempre tiene que suministrarlo usted. Si alguien requiere atención por problemas de salud, puede contratar gente que lo ayude, para que tenga el descanso necesario además de tiempo alejado de la vida pública.

Finanzas y éxito

En el contexto del proceso a largo plazo de fortalecimiento financiero que ha desarrollado desde 1995, podrá "tomar el poder" alrededor de junio 16, cuando el Sol se pone en contacto con Plutón en sus casas de dinero. Es probable que haya una afluencia de dinero, de sus propios esfuerzos o como un préstamo o legado. Esto es conveniente después de los cambios que experimentó en junio 5.

Días favorables 3, 4, 12, 13, 17, 18, 21, 22, 25, 26, 30

Días desafiantes 1, 2, 8, 9, 14, 15, 27, 28, 29

Tauro/Julio

Puntos planetarios clave

El alto nivel de actividad que experimentó el mes pasado será historia en julio 5, pero todavía hay cosas que se deben terminar mientras Mercurio retrocede en su tercera casa del 5 al 28 de julio. También puede ser incomodado por actividad en su vecindario o sucesos que involucran hermanos. Sin embargo, debido a que este movimiento retrógrado no es complicado por otros contactos planetarios, las soluciones para los dilemas que surgen deberían ser sencillas. Esta es una oportunidad de oro para ordenar la casa, metafórica y literalmente.

Salud y bienestar

Se sentirá más enérgico después de julio 21, cuando Marte entra a su quinta casa. Es un tiempo apropiado para tomar unas vacaciones —y abrir espacio en su horario para más actividades deportivas—. Incluso si lo que desea hacer es relajante y sencillo, tal como trabajar en el jardín o dar una caminata en las colinas, tener al lado uno o dos amigos aumentará su placer exponencialmente, lo cual es tan importante para la salud como una buena dieta.

Relaciones en la vida y el amor

Después de julio 6, cuando Júpiter vuelve a su movimiento directo, se disipan circunstancias inusuales en su vida y regresa a la normalidad. Habrá un frenesí de actividad alrededor de esta fecha y luego un sentimiento de avanzar. Esto tiene que ver con un proceso de desarrollo positivo que inició hace cuatro meses.

Finanzas y éxito

Alrededor del 30 de julio estará bien dejar que las actividades en casa lo alejen del trabajo. Lo necesitan, y simplemente deberá confiar en la buena voluntad de sus colegas y jefes para atravesar este período. Minimice problemas potenciales siendo claro respecto a lo que está haciendo y por qué.

Días favorables 1, 10, 11, 14, 15, 18, 19, 22, 23, 24, 27, 28

Días desafiantes 5, 6, 12, 13, 25, 26

Tauro/Agosto

Puntos planetarios clave

Tendrá mucho que hacer este mes cuando situaciones en casa y el trabajo lleguen a un punto decisivo alrededor de agosto 10, pero hay un gran número de actividades y eventos contribuidores del día 2 al 27. Esta es una situación compleja que requiere un esfuerzo consistente para atravesarla; sin embargo, a la larga lo beneficiará económicamente. Fije bien su propósito para lo que planeará y hará en agosto 7, el inicio del ciclo anual de Saturno. Esto abre la segunda etapa del proceso de dos años de reestructuración de su vida familiar, lo cual involucra esfuerzo adicional de su parte, pero genera una base más segura y cómoda para lanzar su más reciente escalada al éxito, que tendrá su cúspide en trece años.

Salud y bienestar

Actividades deportivas podrían terminar en choques y lesiones mientras Marte avanza por su quinta casa. Esto es más probable en agosto 12 y 29.

Relaciones en la vida y el amor

Su vida familiar es una colmena de actividad. Se encuentra en la cúspide de nuevas posibilidades, y su vida privada es intensa mientras sus planes son trazados y cumplidos. Está en el punto medio del proyecto general, y ahora tiene el impulso para hacer un esfuerzo concentrado a fin de lograr un progreso más visible. Esto no estará libre de obstáculos, pero usted esperaría eso con un trabajo de esta naturaleza.

Finanzas y éxito

Parece que ahora las actividades en el trabajo y en el hogar son igualmente absorbentes —y ambas requieren demasiado de usted en agosto—. Este puede ser el tiempo apropiado para que modifique la realidad de su carrera delegando más cosas a otros o dando un aporte constructivo en un proceso de ajuste de carga laboral.

Días favorables 6, 7, 10, 11, 14, 15, 19, 20, 24, 25

Días desafiantes 1, 2, 3, 8, 9, 21, 22, 23, 29, 30

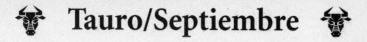 Tauro/Septiembre

Puntos planetarios clave

Los esfuerzos que emprendió en enero para crear una carrera ideal para sí mismo están pasando a una nueva fase mientras el ciclo que los incitó se desvanece. Júpiter y Neptuno hacen su tercer y último contacto dinámico en septiembre 24, y le dan dos meses más antes de que se sienta listo para un nuevo reto y acercamiento al éxito. Ha puesto la mayor atención a sus relaciones y la forma en que apoyan su camino. Esto puede haber terminado en una sociedad comercial o el apoyo de personas cercanas a usted mientras continúa su ruta hacia el éxito.

Salud y bienestar

Estará más propenso al estrés después de septiembre 6, cuando Marte entra a su sexta casa. Tiene más presión en el trabajo y la vida se ha complicado fuera de él. Marte aquí sugiere que cortaduras, dolores de cabeza, inflamaciones y lesiones laborales son más probables. Sin embargo, también lo vigoriza, y si usted no exagera, el ejercicio constante ahora contribuirá mucho a mantenerlo en equilibrio.

Relaciones en la vida y el amor

Los hijos o el romance tienen la atención ahora que los planetas se agrupan en su quinta casa. Sucesos emocionantes, tal vez desafiantes, ocurrirán del 3 al 9 de septiembre, pero usted se encuentra preparado para la contienda. Su corazón y mente se dirigen a proyectos en su hogar y vida personal más que lo usual durante los siguientes dos meses, terminando a finales de octubre. Puede evitar parte de la gran actividad que ocurrirá ocupándose de los preliminares ahora.

Finanzas y éxito

Las barreras financieras cederán alrededor de septiembre 4, cuando Plutón recobra el movimiento hacia adelante. Ha estado trabajando en crear mayor estabilidad desde finales de marzo, y ahora los resultados son más evidentes. Pruebas de su nueva realidad se presentarán en septiembre 16 y 22, haciéndolo consciente de que hay más espacio para crecimiento.

Días favorables 2, 3, 4, 7, 8, 11, 12, 15, 16, 20, 21, 30

Días desafiantes 5, 6, 17, 18, 19, 25, 26

Tauro/Octubre

Puntos planetarios clave

Ha trabajado duro este año para satisfacer las expectativas de otros de tal forma que pueda conseguir lo que quiere. Este mes empieza a ver algunos resultados, con más trabajo agradable y satisfactorio además de reconocimiento por sus esfuerzos constantes. Aunque los obstáculos que ha estado reduciendo en todo el año todavía existen en menor forma, las puertas planetarias se abrirán este mes para traerle progreso más visible ganado mucho más fácilmente.

Salud y bienestar

Su nivel de energía será alto y su salud buena, especialmente hasta octubre 15. Este es un buen tiempo para recibir consejos de quienes pueden darle nuevas ideas para hacerlo aun mejor. Podría beneficiarse al reestructurar sus metas de salud para el año siguiente. Incluir a un amigo o compañero de ejercicios en su plan hará más fácil desarrollarlo.

Relaciones en la vida y el amor

Si parece que tiene otro trabajo de tiempo completo ocupándose de su hogar y deberes familiares, eso es Saturno ejerciendo su influencia. Ha estado asumiendo más responsabilidad ahí, y eso lo aleja del trabajo que ha hecho en su carrera desde 1998. Aunque tiene otro año de este proceso de tira y empuje, ahora esto se torna mucho más fácil. Es bueno que recuerde que la felicidad y seguridad personal y familiar son el objetivo del progreso profesional. Escuche lo que las personas más cercanas a usted tienen que decirle a comienzos del mes. Aunque comentado ligeramente, es importante para ellas, y serán más insistentes después de octubre 28. Las fechas clave para escuchar son octubre 5, 15, 22 y 24.

Finanzas y éxito

La oportunidad para trabajo más satisfactorio llegará este mes, volviéndose parte de su deseo a largo plazo de crear una carrera que le brinde más realización. Ha estado haciendo sacrificios para construir esta nueva realidad, y ahora ve algunos resultados.

Días favorables 1, 4, 5, 8, 9, 12, 13, 14, 17, 18, 19, 27, 28, 31

Días desafiantes 2, 3, 15, 16, 22, 23, 24, 29, 30

Tauro/Noviembre

Puntos planetarios clave

Las relaciones pasan a primer plano cuando los planetas se agrupen en su séptima casa. En su profesión tendrá más contactos con clientes que lo usual. Otros contactos también serán numerosos, y posiblemente contenciosos, cuando Marte entre en juego. Mercurio retrógrado aumenta la probabilidad de malentendidos, pero también de clarificación de las comunicaciones. El nuevo ciclo de Júpiter comienza en noviembre 23, iniciando un año de mayor prosperidad para usted. También podría dejar atrás algunas fuentes de ingresos para seguir con otras que prometan mejores ganancias por las inversiones o sus esfuerzos. Este es el primero de cuatro años en que estará en la cima de su actividad.

Salud y bienestar

Hacer ejercicio con un amigo es la mejor forma de pasar todo el mes, porque ahora se siente más sociable. También es un buen tiempo para buscar consejos médicos y de salud, especialmente en noviembre 14, 21, 22 y 27.

Relaciones en la vida y el amor

Es un excelente período para resolver asuntos en las relaciones personales, mientras Mercurio está retrógrado en su casa de asociaciones. Influencias debilitantes, tales como factores inconscientes o presiones de la carrera y la familia, pueden ser vistos con conciencia y de este modo lograr acuerdos. Noviembre 15 es especial para el amor.

Finanzas y éxito

Todo el año ha estado trabajando duro por sus metas a largo plazo, y este mes la presión se intensifica de nuevo, con el énfasis en sus interacciones con los demás. Esto podría significar más tráfico de influencias en un negocio, un trato comercial importante, incluso una nueva sociedad. Confusión, desavenencias y desorganización son posibles mientras se adapta al mayor nivel de actividad. Espere hasta después de noviembre 17 para firmar contratos. Las mejores fechas son noviembre 21 y 22.

Días favorables 1, 4, 5, 9, 10, 13, 14, 15, 23, 24, 28, 29

Días desafiantes 11, 12, 18, 19, 20, 25, 26, 27

Tauro/Diciembre

Puntos planetarios clave

Aunque es el final del año, para usted es el inicio de otro con mayor prosperidad y más expectativas. Los planetas de movimiento rápido se unen a Júpiter y Plutón en su octava casa, generando una explosión de recursos que fluyen hacia usted. Ha estado trabajando desde 1995 para llegar a donde está, y ahora inicia el período de resultados de cuatro años mientras Júpiter se encuentra en la parte superior de su carta. Puede maximizar el potencial del año venidero fijando en diciembre 18 el propósito de crear las cosas que más desea, mientras Plutón comienza su nuevo ciclo anual. Este es un plan audaz que promoverá sustancialmente el plan más profundo que tiene para su vida.

Salud y bienestar

Está listo para un tiempo libre en el que pueda recargar sus baterías, y alejarse del ambiente doméstico parece apropiado después de diciembre 18. Este mes tiene mucha energía, pero podría sobreestimar sus capacidades físicas, especialmente en deportes de equipo. Las fechas clave son diciembre 3, 9 a 11, y 15.

Relaciones en la vida y el amor

Proyectos y personas en casa ocuparán más de su tiempo alrededor de diciembre 5, cuando Saturno inicia su período retrógrado. Este es el comienzo de cinco meses de esfuerzo concentrado que debería ser dirigido a aumentar su estabilidad y rejuvenecer su ser interior. Gran parte de lo que le ocurre ahora es invisible para quienes no están cerca de usted, aunque esta parte de su vida esté llena de crecimiento.

Finanzas y éxito

Las limitaciones que maneja en casa son apoyadas por el ciclo de riqueza al que está entrando ahora. Habrá un estímulo o sobrepaga entre el 9 y el 11 de diciembre que fijará el tono para el año, pero no debería confiar en resultados así de buenos constantemente. Habrá altibajos durante el año con un gran estímulo el siguiente otoño, así que tenga en cuenta eso al hacer planes.

Días favorables 2, 3, 6, 7, 11, 12, 20, 21, 22, 25, 26, 29, 30

Días desafiantes 8, 9, 10, 16, 17, 23, 24

Tabla de Acciones de Tauro

Estas fechas reflejan los mejores —pero no los únicos— días para el éxito en dichas actividades, según su signo solar.

	ENE	FEB	MAR	ABR	MAY	JUN	JUL	AGO	SEP	OCT	NOV	DIC
Mudanza						28-30	1-3, 25	11-27				
Iniciar un curso						3-27	29-31	1-10				
Ingresar a un club		9-28	26-31	1-15								
Pedir un aumento		27, 28		6-30	1-3, 29-31	1-23						
Buscar trabajo	23-31	1-8							13-30	1-26	19-30	
Buscar ayuda profesional	22-24, 27	18-20, 23	18, 19, 22	14, 15, 19	11-13, 16	8, 9, 12	5, 6, 10	1-3, 6, 7	2-4, 25	1, 22-24	18-20, 23	16, 17, 20
Buscar un préstamo	25, 26	21, 22	20, 21	16-18	14, 15	10, 11	7-9	4, 5, 31	1, 27-29	25, 26	21, 22	18, 19
Ver un doctor				16-30	1-19				12-30	1-26	19-30	1-7
Iniciar una dieta									12-30	1		
Terminar una relación				12, 13								
Comprar ropa								27-31	1-30			
Hacerse un maquillaje				27, 28	5-19, 29		23-25	6-30	24-31	1-16, 18		
Nuevo romance							10, 11	6, 7				
Vacaciones	3-22, 27	3-28	1-5, 22	19, 20	16, 17	12, 13	10, 11	6, 7	2-4, 30	1, 27, 28	23, 24	11-31

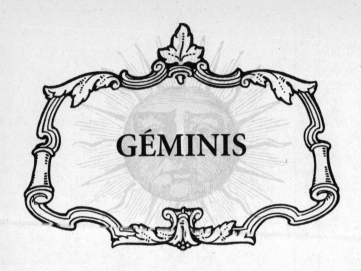

GÉMINIS

Los Gemelos
Mayo 21 a Junio 21

♊

Elemento:	Aire
Cualidad:	Mutable
Polaridad:	Yang/Masculino
Planeta regidor:	Mercurio
Meditación:	Exploro mi mundo interior
Piedra preciosa:	Turmalina
Piedra de poder:	Ametrina, citrina, esmeralda, espectrolite, ágata
Frase clave:	Yo pienso
Símbolo:	Columnas de la dualidad, los gemelos
Anatomía:	Manos, brazos, hombros, pulmones, nervios
Color:	Colores brillantes, naranja, amarillo, magenta
Animal:	Monos, pájaros parlantes, insectos voladores
Mitos/Leyendas:	Peter Pan, Castor y Pollux
Casa:	Tercera
Signo opuesto:	Sagitario
Flor:	Lila del valle
Palabra clave:	Versatilidad

Fortalezas y debilidades de su ego

Usted fluye con las brisas de la vida, explorando cada escondrijo de experiencia; es su naturaleza de aire mutable lo que expresa —su deseo de conectarse—. Su lado mutable le da flexibilidad; se mueve alrededor de los obstáculos en lugar de pasar a través o sobre ellos. Prefiere evitar el enfrentamiento, y confía en su gran capacidad social para tranquilizar a los demás. Puede ser un experto negociador, encontrando las palabras apropiadas para aliviar sentimientos alterados, con su habilidad al usar la mente. Es mejor para llevar algo hasta el fin que para comenzar algo nuevo debido a que sigue los impulsos de otros, conectando los puntos o integrando los datos que los demás le presentan; completa procesos y los integra. Por su deseo de evitar la fricción, puede terminar revisando los datos para que se ajusten a la situación, pero esto no proviene de una intención mezquina o mañosa de su parte. También puede ponerse divagador y nervioso cuando las circunstancias lo abruman; si esto ocurre, tiende a charlar desordenadamente para distraerse.

Por ser un signo de aire, es un asimilador y comunicador; se mueve rápidamente de pensamiento a pensamiento o lugar a lugar, absorbiendo nuevos datos e impresiones y luego compartiéndolos mientras viaja a sus futuras paradas. Habla, diseminando sus hallazgos más recientes, usando el diálogo como una fuente de descubrimiento. Sin embargo, la comunicación no es la única forma de conectarse, y también vincula personas con objetos en el comercio, personas entre sí en negociaciones o facilitaciones, ideas con estudiantes en la educación, o palabras con forma en la escritura. Debido a su curiosidad, sabe un poco de muchas cosas y adquiere habilidades rápidamente. Esto se suma a su versatilidad, que es un don en el mundo actual. Como un respiro de aire fresco, brinda objetividad a una sala; cuando emociones fuertes pueden impedir un acuerdo, usa su lógica e intelecto en disputas y dificultades. Ya sea que esté motivando a un amigo para que piense mejor de sí mismo, o enseñando cómo ocurre una reacción química en un salón de clases, sus discernimientos son una valiosa contribución.

Proyectando su luz amorosa

Usted es el compañero ideal, Géminis, porque le encanta relacionarse con quienes lo rodean; siempre siente que su experiencia es mejor si hay alguien a su lado. Lo más significativo es la capacidad para comunicarse, y se inquieta frente a alguien que no quiere hablar de todo. Sin embargo, su deseo de disfrutar todo lo que encuentra hace que sus relaciones sean breves, ignorando la profundidad que puede desarrollar en algo a más largo plazo.

Aries tiene la chispa para encender el fuego de su curiosidad, y los dos estarán en muchas aventuras juntos. El nativo de Tauro calma su veleidad y le da una perspectiva de sentido común. Otro geminiano será un compañero fiel, compartiendo su don de la charla y el gusto por la experimentación. Conocerá más sus sentimientos con Cáncer, quien también puede beneficiarse por su enfoque más racional de la vida. Leo disfruta el ajetreo social tanto como usted, inspira sus acciones con ideas, y trae a su vida un espíritu de diversión. Aprecia la lógica fría de los nativos de Virgo porque también es parte de su naturaleza, pero ambos deben aprender a superar la tendencia a evitar los retos de la vida. Libra, otro signo de aire, apoya su visión del mundo y valora lo vitales que son las relaciones sociales; enriquecerán sus vidas mutuamente con la habilidad para comunicarse. Escorpión tiene un pozo profundo de emoción que, una vez apreciado, puede llevarlo a nuevas alturas de pasión, mientras le ayuda a este signo a aligerarse. El sagitariano le muestra cuán valioso es aferrarse a una cosa; sin el nativo de este signo tal vez no permanecerá suficiente tiempo en un lugar para construir un éxito duradero. Capricornio brinda sabiduría apacible que parece limitante pero calma los nervios. Los acuarianos son convenientes a su lado en eventos sociales y pueden abrirse paso tan bien como usted; cada uno comprende el valor de las relaciones a granel, pero pueden fallar en la intimidad si no comparten sus sentimientos. Los nativos de Piscis mostrarán los sentimientos abiertamente y le darán un reflejo fiel del lado emocional de la relación, mientras usted les brinda una visión objetiva.

Su lugar en el mundo

La comunicación es probablemente la capacidad más importante que tenemos como humanos. Debido a que es su fuerte, siempre podrá abrirse paso con poca dificultad, sin importar qué carrera escoja. Escribir es una de las mejores formas de usar sus destrezas, posiblemente en el periodismo, la escritura técnica o la ficción, para nombrar algunas opciones. Puede aprender idiomas tan rápidamente que encuentra la traducción como una actividad que no exige mayor esfuerzo y es valiosa en los negocios y la educación. Enseñar satisface su curiosidad, al igual que su deseo de compartir con otros su entendimiento. El márketing y las relaciones públicas también son buenas áreas para que se exprese, pues tiene una percepción natural de lo que la gente piensa y quiere. Su habilidad al usar las manos sugiere que le irá bien en campos como la peluquería, reparación de computadores, música (tocando un instrumento), o trabajos orientados a los detalles tales como el procesamiento de palabras o la costura.

Lo mejor que puede hacer

Para dar lo mejor de sí, Géminis, debe asegurarse de que su gusto por la exploración y experimentación no lo vuelva divagador e ineficaz. Posee un maravilloso talento para el descubrimiento; siempre está buscando algo que no conocía o no había hecho antes, y hay muchas cosas que caen en esas categorías. Por tal razón, es posible que esté tan ocupado examinando algo nuevo, que no saca tiempo para expresar lo que ha aprendido o aplicar esas lecciones en su vida cotidiana. Si todo lo que está haciendo es recibir información, ésta se distorsiona en lugar de ser integrada, y tal desorganización interna conduce al caos externo. Esto también puede generar estrés, que a su vez causa enfermedades. Para evitarlo, simplemente debe mermar su ritmo de actividad —darle a su curiosidad un descanso de vez en cuando—. Esto le dará tiempo para compartir con otros —un proceso que en sí induce la integración de los datos que ha reunido—. Finalmente, le permite lograr la maestría.

Herramientas para el cambio

A diferencia de Tauro, quien necesita elevar la energía, usted necesita centrarse. Tiene la tendencia a dispersarse y perder efectividad cuando expresa demasiado su naturaleza geminiana. De este modo, lo más importante para usted es desarrollar la capacidad de crear y conservar el enfoque. Puede empezar elaborando objetivos, que le dan un enfoque a largo plazo que opera debajo de sus procesos de toma de decisiones cotidianos y provee pautas y apoyo. Harán más fáciles las decisiones individuales, y encontrará que requiere menos esfuerzo permanecer en la misma dirección. Desarrolle sus objetivos en armonía con los ciclos planetarios. Fije metas mensuales en Luna nueva; metas anuales en su cumpleaños y el solsticio de invierno, y use los ciclos de más largo plazo para planear acciones de gran alcance. El ciclo de Júpiter es de doce años; debido a que usted se encuentra en el sexto año de este ciclo, piense en lo que quería hacer hace cinco años y ponga por escrito tales objetivos. Por ahora puede ver cómo se están desarrollando esas ideas, o podría empezar a desarrollarlas si las había dejado a un lado.

Suena extraño para un Géminis, pero también puede beneficiarse entrenándose en las comunicaciones. Típicamente, su forma de conversar comunica información, no la expresión de la personalidad propia. La preparación en comunicación puede enseñarle a tener una interacción más satisfactoria personalmente y enfatizar la expresión de los sentimientos, con los que tal vez necesita entrar en contacto. La charla no lo conecta con la gente, y puede darse cuenta de la diferencia y decidir unirse realmente con los demás por medio de una comunicación refinada.

Otra cosa que puede hacer para calmar su ser interior es dedicarse a actividades artísticas y creativas no verbales. Nadie cuestiona su destreza, pero se beneficiará al aprender a canalizar su creatividad en algo orientado más visual o activamente. El teatro, la pintura, el trabajo con piedras preciosas, vidrios de color, cerámica y esculturas, para nombrar algunas ocupaciones, pueden ayudarle a tranquilizarse y revigorizar su espíritu. Trabajar con la tierra o entrar en contacto con productos tangibles, por ejemplo a través de la costura y las artes manuales, también son excelentes fuentes de equilibrio. Finalmente, el ejercicio físico también ayudará a centrarlo. El ejercicio lleva energía a la parte inferior del cuerpo cuando el enfoque son los pies, como en el baile, los aeróbicos con steps, y correr o caminar. Además es de ayuda la meditación para concentrarse y estabilizar energías.

Afirmación del año

Mejorar mis hábitos traerá beneficios a largo plazo.

Géminis: el año venidero

El énfasis este año radica en completar actividades y proyectos en los que ha trabajado hasta siete años, mientras los planetas se estimulan entre sí desde su tercera, sexta y novena casa. Júpiter avanzará a través de Escorpión hasta noviembre 23, iluminando su sexta casa solar. Este es un buen tiempo para que componga su estilo de vida para mejorar su salud y bienestar. También puede encontrar una oportunidad para ampliar su potencial carrera si está dispuesto a hacer el trabajo sin reconocimiento requerido para realizar una tarea importante. Generalmente se sentirá bien este año —enérgico y vigoroso—. No deje que esos sentimientos le den una falsa seguridad acerca de dificultades pasadas no resueltas. Es posible que aumente de peso si no mantiene un enfoque disciplinado cuando el terreno sea fácil. Cuando Júpiter entre a Sagitario en noviembre 23, se iluminará su vida en lo que tiene que ver con las relaciones. Busque más actividad de asociación —tal vez un compromiso romántico o un acuerdo comercial para enriquecer su vida en los años venideros—.

Saturno pasará otro año en Leo y su tercera casa. Está descubriendo limitaciones en la forma en que piensa, y tal vez en su educación y estilo de comunicación. Puede aumentar su carisma mejorando estos aspectos por medio de una mayor formación en áreas débiles. Si es escritor, maestro o comerciante, es probable que encuentre sus esfuerzos en estas áreas menguados o más difíciles, pero enfrentar tales problemas lo hará más fuerte.

Quirón está en Acuario y su novena casa solar. Esto se conecta con la permanencia de Saturno en la tercera casa y le trae una nueva conciencia de sus debilidades. Ambas casas tienen que ver con educación —dándola o recibiéndola—. Podría sentirse atraído por la gran tarea de obtener un nuevo grado o diploma. Tal vez decida ampliar sus horizontes más allá de la educación superior —viajes, estudio de sí mismo y exploraciones espirituales logran el mismo objetivo—.

Urano en Piscis estimula nueva vida durante otro año en su décima casa solar. La libertad nunca ha sido más importante para usted —la libertad de pensar por sí mismo, de dirigir sus propias actividades y vivir por sus propios valores—. Puede estar en el proceso de efectuar esto. Para los demás su dirección tal vez parece no tener un norte, pero para usted está perfectamente justificada por un deseo interior profundo y un nuevo sentido de propósito que surgió desde 2002.

Neptuno continúa haciendo su tránsito de catorce años a través de Acuario, su novena casa solar. Ha estado convirtiendo ideales en metas, llegando más allá de los confines de la vida que había encontrado aceptables hace diez años. Desde 1998, se ha estado trazando un nuevo camino que realizará sus ideales igualitarios y humanitarios. Esto puede involucrar educación superior, viajes o la exploración de otras lenguas y culturas. Tal vez decida apartarse de la lucha de la civilización para examinarla desde lejos.

Plutón está en Sagitario y su séptima casa. Desde que este planeta entró a Sagitario en 1995, usted ha experimentado una total transformación en la forma en que se ve a sí mismo, mientras conoce más cómo son realmente las otras personas. En particular, se ha vuelto sensible a los juegos de poder y manipulaciones sutiles. Seguirá aprendiendo más acerca del equilibrio de poder entre usted y otros, y conocerá más la naturaleza humana a medida que avance este año.

Los eclipses pasan a Virgo y Piscis este año, cayendo en marzo y septiembre; abren nuevos capítulos en su vida y su zona de comodidad a través de la cuarta y décima casa. Puede encontrar que es el momento de hacer ese cambio de carrera esperado hace mucho tiempo, o mudarse a un sitio mejor.

Si nació entre mayo 25 y junio 17, Saturno está contactando su Sol desde la tercera casa. Este es un período para ampliar sus horizontes mentales, pero primero debe reconocer las limitaciones que se impone a sí mismo desde su propia mente. Puede encontrar que hace gimnasia mental para evitar pensar en algo que considera amenazante; o tal vez decida que quiere mejorar sus opciones teniendo más educación en un área crítica. Podría asumir un importante proyecto mental. Incluso es probable que se sienta inspirado para tomar un entrenamiento de escucha activa, ya que escuchar es un ingrediente clave, a menudo ausente, para una buena comunicación. Lo que abra su mente a nuevas formas de ver las cosas cumplirá la promesa del encuentro con Saturno de este año. Debido a que la tercera casa rige a los hermanos y parientes más lejanos, puede ser desafiado de algún modo por las personas que llenan esos roles en su vida. Podrían pedirle que asuma más responsabilidad —tal vez más de la que le corresponde—. Las fechas importantes en el ciclo de Saturno son enero 27, febrero 19, abril 5 y 24, junio 20, agosto 7, noviembre 16 y diciembre 5.

Si nació entre mayo 28 y junio 6, Urano en su décima casa reta sus elecciones de carrera. Se ha sentido descontento con algunos aspectos de su profesión, tal vez por un tiempo tan largo como diez años. Sin embargo, sus sentimientos se han vuelto prioridad desde 2003. Ahora es el tiempo del cambio; si quiere ser el maestro de su transformación, debe enfrentarla de lleno y dar los pasos para mitigar efectos negativos que llegan a usted de otros. Por ejemplo, quizás ve que su potencial no será reconocido al estar desempleado. Actualizar la hoja de vida y revisar los cargos ejercidos son formas de poner las cosas a su favor. Si está insatisfecho con su línea de trabajo, una búsqueda espiritual honesta puede evitar que sabotee inconscientemente su puesto actual, dándole el respiro que necesita para crear algo nuevo. Si "llena" sus sentimientos de miedo al cambio o de un sentido de complacencia, Urano puede afectar negativamente su vida con las medidas que otros toman. Esta es la forma en que el universo lo equilibra con su camino natural, lo cual es a veces una bendición cuando no sabemos qué hacer. Los eventos relacionados con el ciclo de Urano ocurrirán cerca de marzo 1, junio 5 y 19, septiembre 5, noviembre 19 y diciembre 2.

Si nació entre el 6 y el 11 de junio, Neptuno en Acuario le traerá nuevas aventuras desde la posición que tiene en su novena casa solar. Su mente está llena de visiones del futuro y la forma de recrear su vida. Tal vez aspire a viajar a lugares exóticos o a matricularse en la universidad de sus sueños. Lo más importante será la necesidad de inyectarle más creatividad a su vida, incluso si eso significa crear una empresa para labrar su propio lugar en el mundo. Los estudios espirituales pueden cobrar más importancia ahora que sucumbe ante el encanto de los misterios de la vida. Quiere expandir su conciencia, y esto puede hacerse de muchas formas, desde la práctica de la meditación hasta el paracaidismo. Es probable que se aprovechen de usted bajo los contactos de Neptuno. Al viajar, asegúrese de cuidar bien todas sus pertenencias; será más vulnerable cuando esté confundido o desorientado, así que planee bien las cosas. También es posible que aparezca un obstáculo vago que bloquee su camino; para quitarlo, revise su propósito: ¿en realidad desea lo que se ha propuesto realizar, al menos en la forma en que lo está buscando? Es probable que la respuesta sea "no"; convierta la respuesta en "sí", y el bloqueo será despejado. Las fechas clave en el ciclo de Neptuno son enero 27, febrero 5, marzo 15, mayo 10 y 22, agosto 10, octubre 29 y noviembre 9.

Si nació entre el 14 y el 19 de junio, Plutón en Sagitario le dará una nueva conciencia de sus relaciones. Probablemente ha sentido cambios en sus lazos estrechos por un tiempo, ya que las experiencias plutonianas, poderosas como son, pocas veces nos toman por sorpresa. Quienes lo rodean se están quitando las máscaras, revelando partes de sí mismos que han estado inactivas o reprimidas; y mientras ellos cambian, debe aceptar los cambios —y cambiar usted mismo—. Aunque tales avances pueden ser inquietantes, a la larga son un alivio, porque usted y sus amigos íntimos son llevados al equilibrio a través de estos cambios. Mientras la tensión y el desorden fueron creados para mantener las cosas balanceadas, ahora el equilibrio es conservado naturalmente. Puede tener un suspiro de tranquilidad, aunque tal vez su mundo es dramáticamente distinto del que percibía antes. Tales cambios podrían ocurrir en sociedades comerciales y amistades estrechas —cualquiera con quien tenga un compromiso, sea o no expreso—. Surgirán asuntos en torno a los niveles de compromiso y el equilibrio del poder. Es probable que le pidan hacer una promesa más profunda en una relación a largo plazo, o se acabará una relación existente desde hace mucho tiempo. Responder con flexibilidad a la transformación le permitirá sacar el mejor partido de ella. Las fechas asociadas con este ciclo son marzo 17 y 29, junio 16, septiembre 4 y 16, y diciembre 18.

Si nació entre mayo 22 y 24 o junio 20 y 21, no hay contactos planetarios con su Sol este año. Sin embargo, esto no significa que tiene un año libre. Otros planetas o puntos en su carta sin duda están siendo contactados; aunque pueden no ser tan importantes como un contacto con su Sol, tales vínculos son de todos modos significativos —pero pueden ser más fáciles de manejar porque no son tan abrasadores como los contactos con su Sol—. Además, un "año libre" es un período en el que puede realizar sus objetivos con relativamente pocos obstáculos. No obstante, debe motivarse por sí mismo, pues los planetas no estarán ahí para empujarlo a iniciar nuevas experiencias.

Géminis/Enero

Puntos planetarios clave

Con una gran cruz en los signos fijos en el cielo ahora, el manejo de la salud y el estrés son asuntos clave en este mes agitado por las consecuencias de los retos del último otoño. Antes sólo estuvo apagando incendios, pero ahora es tiempo de mirar la raíz del problema y hacer algunas elecciones difíciles. Aunque no es fácil enfrentar la realidad, podrá cambiar su vida para bien si no le huye a la situación y decide asumirla. Dese tiempo y espacio para conseguir esto.

Salud y bienestar

Tiene tanto pendiente ahora, que ni siquiera está seguro de que recordará respirar. Desde el último octubre ha estado en marcha acelerada —tal vez debido a mucho éxito—. La mejor forma de cuidar su salud y evitar un debilitamiento del sistema inmune que lo dejaría inactivo días e incluso meses, es renegociar sus fechas tope. Esto le permitirá relajarse y continuar con las rutinas que lo mantienen saludable, desde el ejercicio hasta la meditación y la diversión.

Relaciones en la vida y el amor

Las negociaciones son importantes este mes, y habrá mucho espacio para que cambie su posición, porque la vida lo tiene en espera con Venus retrógrado en su octava casa. Tendrá que depender de su base de confianza y buenos sentimientos cuando incomode un poco a otras personas. Ellas pueden enfrentar esto, y usted podrá satisfacer sus propias necesidades.

Finanzas y éxito

Este mes el éxito radica en finalizar lo que comenzó. Con la gran cruz cayendo en sus casas de terminación, está inundado de trabajo administrativo y todas las consecuencias de sus pasadas iniciativas. Pedir ayuda, contratar un trabajador temporal y delegar tareas, son opciones para que atraviese con éxito este tiempo. Las tensiones serán más fuertes en enero 15, 18, 23 y 27.

Días favorables 1, 2, 5, 6, 7, 10, 11, 15, 16, 20, 21, 29, 30

Días desafiantes 3, 4, 17, 18, 19, 25, 26, 31

Géminis/Febrero

Puntos planetarios clave

La primera semana de este mes está llena de actividad que lo mantiene distraído, pero si pone atención, el universo estará en modo receptivo en febrero 5, en el inicio del nuevo ciclo anual de Neptuno. Este es el tiempo de "pensar en los deseos", además del momento de fijar nuevas metas espirituales. Otros contactos planetarios en febrero 1, 5, 6, y 19 lo impulsarán hacia esos objetivos.

Salud y bienestar

Este es un buen mes para relajarse, con el Sol en su novena casa de viajes. Un viaje de vacaciones puede liberarlo de las preocupaciones de la vida cotidiana y renovar la fuerza que quita la sobre-estimulación. Ir a una metrópoli extranjera, o al menos desconocida, es justo lo que necesita. Visite museos, vaya a ver una obra, o haga un recorrido por una parte histórica de la ciudad. Haga ejercicio para tener una experiencia totalmente rejuvenecedora.

Relaciones en la vida y el amor

Las finanzas de su pareja hacen un giro positivo, o al menos muestran señales de recuperación. Está bien ayudar un poco, pero no rescatar. Un buen consejo, si es pedido, es mejor que una ayuda económica directa. Aunque las comunicaciones son difíciles hasta febrero 5, surgen muchas cosas buenas de lo que es revelado si tiene una visión amplia.

Finanzas y éxito

Las presiones económicas son liberadas cuando Venus se torne directo en febrero 3. Ha manejado los gastos adicionales, o al menos tiene un plan para hacerlo. Tiene dieciocho meses para desarrollar la estrategia que concibe ya sea fortalecer su cartera de inversiones o salir de deudas. No divulgue un incidente que ocurre después de febrero 7. Esto podría seguir oculto y aparecer de nuevo en marzo para requerir más energía que la que merece.

Días favorables 2, 3, 6, 7, 11, 12, 16, 17, 25, 26

Días desafiantes 1, 13, 14, 15, 21, 22, 27, 28

Géminis/Marzo

Puntos planetarios clave

Si cambios en la carrera lo cogen por sorpresa este mes, podrá hacer una transición tranquila a la siguiente y mejor situación, pues Mercurio, Júpiter y Urano interactúan armoniosamente. Están ligados a acciones que usted inicia alrededor de marzo 11, que no resultarán exactamente como se pensaba —pero todo eso es para bien—.

Salud y bienestar

Giros inesperados de eventos podrían desviarlo en sus esfuerzos de llevar una vida más saludable. Sin embargo, podrá retomar el rumbo después de interrupciones menores. Tal vez esté más propenso a accidentes y lesiones alrededor de marzo 11, cuando Marte se pone en contacto con Urano desde su signo, así que asegúrese de permanecer concentrado en ese tiempo.

Relaciones en la vida y el amor

Se siente como un período de victoria o fracaso, y está preparado para luchar mientras el eclipse lunar desencadena sus elecciones en el hogar versus la carrera. Este evento podría incitarlo a cambiar de casa o trabajo, o tal vez ambos. Sin embargo, no tiene que tomar medidas draconianas. Este cambio ha estado pendiente por mucho tiempo, y a menos que sea tarde, puede empezar a trabajar en ello más gradualmente que lo que cree.

Finanzas y éxito

Evite la charla frívola en relación con su carrera o profesión, porque podría alejar a un aliado o amigo. No haga promesas que no está seguro de cumplir respecto a las fechas tope o su experiencia y capacidades. No obstante, si puede responder rápidamente a la necesidad repentina y grave de otra persona, se beneficiará enormemente durante años. Póngale atención al nuevo ciclo de Urano, que empieza en marzo 1; le permitirá liberarse de viejas limitaciones en los negocios y conseguir lo que en realidad quiere si se atreve a buscarlo.

Días favorables 1, 2, 5, 6, 7, 10, 11, 12, 15, 16, 17, 25, 26, 29, 30

Días desafiantes 13, 14, 20, 21, 27, 28

Géminis/Abril

Puntos planetarios clave

En abril 8 tendrá una llamada relacionada con eventos que ocurrieron el 11 de marzo, cuando otros, probablemente en el lugar de trabajo, le darán una respuesta significativa y tal vez desagradable. Puede mitigar esto si confiesa su parte en la situación, especialmente si lo hace antes del 8 de abril. Otros sucesos de importancia se presentarán cerca del 13, 18 y 30 de este mes. La idea es asumir la responsabilidad apropiada.

Salud y bienestar

Organizarse es la clave para estar en paz consigo mismo, como lo enseña el feng shui. Con Saturno avanzando directo en su tercera casa, y Júpiter todavía retrocediendo a través de la sexta casa, este es su camino más rápido para tener más tiempo libre empleado en diversión, deporte y salud. Mientras tiene una buena escabullida, invite amigos para hacerla divertida, pero no interrumpa sus rutinas y hábitos saludables.

Relaciones en la vida y el amor

Incluso si recibe crítica constructiva de otros este mes, puede aprovecharla si usa tales comentarios para mejorar la forma en que interactúa con el mundo. Quienes brindan consejos no están tratando de hacerle daño, sólo quieren ayudar. Puede atenuar las cosas con medidas que tomará en abril 19 y 20.

Finanzas y éxito

Después de cinco meses de intensa actividad y estudio, es tiempo de organizarse para que pueda encontrar esos papeles importantes que perdió. Aun mejor, ¿por qué no crear un sistema para permanecer organizado? Saturno retorna al movimiento directo el 5 de abril, así que ahora puede ponerse al día. Esto también lo invita a crear estructuras preventivas, de tal forma que no tenga que pasar tanto tiempo enfrentando el caos periódicamente.

Días favorables 2, 3, 6, 7, 8, 11, 12, 13, 21, 22, 25, 26, 29, 30

Días desafiantes 9, 10, 16, 17, 18, 23, 24

Géminis/Mayo

Puntos planetarios clave

Le gustaría aislarse y realizar su trabajo, pero hay eventos que lo hacen salir de su cueva e interrumpen su paz mental. El patrón de la gran cruz fija de enero se repite en mayo y tiene una reverberación de ese tiempo. Sin embargo, hay oportunidades de oro este mes que lo hacen más valioso cuando un gran trino de Marte-Júpiter-Urano se forma en las casas de dinero y trabajo. Es bueno que vea esto como parte de un hilo que se desencadenó en mayo de 2000, cuando comenzó una nueva iniciativa. La innovación es la palabra clave ahora que Urano entró en juego.

Salud y bienestar

Este no es el mejor tiempo para planear unas vacaciones, especialmente unas que incluyan lugares desconocidos o viajes a larga distancia, pues Quirón y Neptuno empiezan los períodos retrógrados en su novena casa. En lugar de eso, tome minidescansos, porque su deseo de alejarse para el reaprovisionamiento anual es fuerte ahora.

Relaciones en la vida y el amor

Este es un gran período para relacionarse con otras personas —especialmente nuevos contactos—. Si su vida sentimental no tiene norte, este mes es ideal para conocer una posible pareja, así que salga y circule.

Finanzas y éxito

Se beneficiará al ver como oportunidades cambios repentinos en su mundo laboral. Otros pueden llegar a usted con noticias alarmantes que toma como un llamado a la acción. Este no es un tiempo para alejarse, pero ratos sin interrupción pueden ser muy buenos para el lado creativo de su actividad y lo ayudan a centrarse. Los eventos serán más separados después de mayo 14.

Días favorables 4, 5, 9, 10, 18, 19, 22, 23, 27, 28, 31

Días desafiantes 6, 7, 8, 14, 15, 20, 21

Géminis/Junio

Puntos planetarios clave

Hay mucho para estar tenso en este mes, pero debe relajarse para hacer buen uso de las energías. Urano y Plutón están activados en este período, en junio 1, 5, 16 y 19. Debido a que los planetas lo afectan directamente, estas serán fechas clave, invocando cambios en la carrera, la relación y la forma en que se ve y presenta. En junio 19 Urano se torna retrógrado, iniciando la prueba de cinco meses de las nuevas ideas que usted empezó a desarrollar alrededor de marzo 1. Aunque sus planes pueden parecer muy ambiciosos, incluso abrumadores, mientras trata de llevarlos hasta el fin, son emocionantes, y los completará con éxito si se concentra en ellos. El proceso de prueba acaba en noviembre 19.

Salud y bienestar

Aunque las actividades en otras áreas son tentadoras, no descuide las nuevas rutinas de salud y ejercicio que ha estado probando. Si desvía su atención a actividades mentales, perderá su equilibrio energético y la capacidad de permanecer concentrado. Un ritmo constante, tal como treinta minutos en la mañana antes de iniciar su día, será beneficioso.

Relaciones en la vida y el amor

La culminación del ciclo anual de Plutón ocurre en junio 16, revelando el cambio que se ha estado fraguando en sus relaciones cercanas. Esto no tiene que ser un conflicto, aunque podría serlo. Sin importar cómo se exprese, la transformación es el resultado conocido —una parte del proceso que Plutón ha representado en su vida desde 1995—. Los sucesos de ahora se relacionan con los de marzo 29 y abril 16.

Finanzas y éxito

Su nivel de actividad aumenta hasta un extremo febril cuando se vuelve a configurar la gran cruz formada en enero y mayo. Aunque un poco más débil, también es más sostenida, durando del 4 al 22 de junio. Esto acentúa su necesidad de responder a lo que otras personas le presentan, lo cual requiere que piense rápidamente para encontrar prioridades, responsabilidades y oportunidades. Delegue y sea lo más organizado posible para que nada salga mal.

Días favorables 1, 2, 5, 6, 7, 14, 15, 19, 20, 23, 24, 27, 28, 29

Días desafiantes 3, 4, 10, 11, 16, 17, 18, 30

Géminis/Julio

Puntos planetarios clave

Usted propondrá nuevas soluciones para los continuos cambios y retos que enfrenta en su carrera y relaciones, mientras Venus transita por su signo y entra en contacto con Urano y Plutón en julio 5 y 14. Su forma cordial de presentarse facilita el proceso.

Salud y bienestar

Asuntos de salud en los que ha estado trabajando durante los últimos cuatro meses finalmente dan un giro cuando Júpiter recobra el movimiento hacia adelante en julio 6. Ha tenido la oportunidad de desarrollar una nueva rutina y una perspectiva renovada y más optimista de su bienestar, y ahora esto arroja resultados evidentes. ¡Siga adelante!

Relaciones en la vida y el amor

Tal vez no pueda hacer todo bien, pero su cociente de encanto será alto hasta julio 17, mientras Venus está en su signo. Si hay un tema sensible que necesita abordar con alguien cercano y querido, este es un mes apropiado para ello, siempre y cuando evite los días 5 y 14.

Finanzas y éxito

Alrededor de julio 30 será penosamente consciente de cuánto más debe avanzar para lograr sus objetivos —e incluso puede cuestionar si son las metas apropiadas—. Aunque es bueno estar alerta a la necesidad de cambiar, no significa que al encontrar un obstáculo debe alterar el rumbo automáticamente; puede tratar de resolver el problema, buscando formas de superarlo. Esto fortalece su carácter mientras transmite al universo un mensaje acerca de sus intenciones. Si se da cuenta de que en realidad necesita cambiar, este es un buen tiempo para hacerlo.

Días favorables 2, 3, 4, 12, 13, 16, 17, 20, 21, 25, 26, 30, 31

Días desafiantes 1, 7, 8, 9, 14, 15, 27, 28, 29

Géminis/Agosto

Puntos planetarios clave

Parece que está teniendo estrés en las áreas importantes de su vida —carrera, hogar, relación— y siente duda de sí mismo. Esto tiene que ver con los volátiles planetas de Marte, Urano y Plutón contactándose entre sí en los signos que más lo afectan. Si espera antes de responder a los sucesos, descubrirá que cambia su percepción de cuán significativos son. Será menos probable que dramatice demasiado la situación para sí mismo. Las fechas clave son agosto 13 y 29.

Salud y bienestar

Lesiones en casa son probables si dispersa su atención, especialmente alrededor de las fechas mencionadas atrás. Reducirá el estrés y será más eficiente si intenta hacer una cosa a la vez. Esto mantendrá su mente despejada, y usted estará más saludable y enérgico.

Relaciones en la vida y el amor

Tenga cuidado de no sacar en el hogar su frustración con la situación de su carrera, porque podría perder el apoyo que considera tan importante ahora. Peor aun, podría sabotearse a sí mismo y terminar con problemas en ambas áreas. En lugar de eso, trate de ser totalmente consciente de cómo se siente respecto a lo que sucede en el trabajo y sea claro en cuanto a sus prioridades. Se ha estado sintiendo confinado y rebelde, y eso estará más en su mente en agosto 12 y 13. Si alguien en casa desafía su autoridad, tome la posición de un miembro de equipo en lugar de la de padre o jefe, y el problema desaparecerá.

Finanzas y éxito

Ha puesto su mirada en una meta que llevará su carrera en una nueva dirección o lo ayudará a colocar otra base para su siguiente ascenso a la cúspide. La fecha para esto es agosto 7, cuando inicia el nuevo ciclo de Saturno. Fije su propósito y escriba sus planes preliminares respecto a cómo logrará sus objetivos. Ha estado pensando en esto al menos un año, o tal vez trabajando en el asunto —ahora es tiempo de que se ocupe de sus objetivos plenamente—.

Días favorables 8, 9, 12, 13, 16, 17, 18, 21, 22, 23, 26, 27, 28

Días desafiantes 4, 5, 10, 11, 24, 25, 31

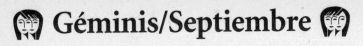 Géminis/Septiembre

Puntos planetarios clave

Ha tenido algunas situaciones delicadas que surgen a medida que avanza hacia una carrera más satisfactoria, especialmente en marzo, abril y junio. Las influencias del hogar y la familia en su dirección son evidentes ahora apoyando o minando sus esfuerzos, y lo impulsan con nuevo vigor y conocimiento. Las fechas clave para esto son septiembre 3 a 9, 15 y 16, 22 y 25.

Salud y bienestar

El enfoque que ha tomado para mejorar su salud en los pasados ocho a diez meses está dando resultados visibles en términos de vitalidad y reducción o eliminación de síntomas. Los resultados positivos producen en usted beneficios menos tangibles, tales como el optimismo basado en el sentido de realización que tiene. Esto puede conducirlo a éxitos en otras áreas de su vida.

Relaciones en la vida y el amor

Los asuntos que hayan estado latentes en sus relaciones familiares y personales salen a la superficie ahora, especialmente hasta septiembre 9, cuando los planetas forman un patrón intenso en su cuarta, séptima y décima casa. Usted siente la urgencia de declarar su libertad del pasado —especialmente de los mensajes que recibió en la infancia—. No quiere que ninguna autoridad lo oprima. Los sucesos ahora confirman su resolución de dar pasos dramáticos, pero después podría lamentar medidas tomadas apresuradamente.

Finanzas y éxito

Multiplicará su éxito si se enfoca en actividades y eventos sociales después de septiembre 7. Esa puede no parecer la mejor forma de extender su red de amigos y colegas, pero lo será este mes. Además de divertirse, se topará con las personas indicadas. El trabajo duro ahora producirá resultados en noviembre y coloca la base para éxitos en los siguientes dos años.

Días favorables 5, 6, 9, 10, 13, 14, 17, 18, 21, 22, 23, 26, 27, 28

Días desafiantes 4, 5, 10, 11, 24, 25, 31

Géminis/Octubre

Puntos planetarios clave

Sus esfuerzos educacionales del pasado están empezando a dar resultados en forma de horizontes más amplios y nuevas oportunidades. Algo de su pasado que lo ha retenido seguirá durante el año siguiente, pero la situación será mucho más manejable.

Salud y bienestar

Se beneficiará al poner mucha atención a las señales de su cuerpo todo el mes, pero especialmente en octubre 5, 15, 22 y 24. El 28 de octubre, cuando Mercurio empiece sus tres semanas de movimiento hacia atrás, su cuerpo comenzará a hablar más fuerte. Escuchándolo en la primera parte del mes y respondiendo a lo que dice, podrá evitar síntomas más dramáticos y los problemas subyacentes en noviembre y diciembre. Puede ser ventajoso buscar la perspectiva y el apoyo de prácticos médicos para ver lo que sucede.

Relaciones en la vida y el amor

Este mes tendrá más tiempo para hacer lo que más le gusta —socializar—. Desde fiestas hasta cenas con amigos y una noche romántica con su pareja, gozará de la alegría de lo que ha sido una experiencia rara para usted este año —relajación y aprecio por la vida junto con las personas que ama—.

Finanzas y éxito

Su nuevo nivel de preparación abre puertas, y puede lanzar planes creativos que ha tenido pendientes por muchos años. Este es un excelente tiempo para sacar del armario esos planes y sorprender a sus jefes y colegas con ideas novedosas. Las mejores fechas para hacer una propuesta o lanzamiento son alrededor de octubre 10.

Días favorables 2, 3, 6, 7, 10, 11, 15, 16, 21, 22, 29, 30

Días desafiantes 4, 5, 17, 18, 19, 25, 26, 31

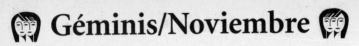 Géminis/Noviembre

Puntos planetarios clave

Rutinas de salud y trabajo estarán en primer plano todo el mes, pero especialmente antes de noviembre 22, cuando los planetas se agrupan en su sexta casa. Entre más organizado esté, personalmente y en el trabajo, mejor le irá ahora. Los problemas de salud serán superados más fácilmente si en general come alimentos nutritivos, duerme lo suficiente y hace ejercicio regularmente. Cuando Júpiter entre a Sagitario en noviembre 23, empieza un nuevo año de crecimiento en las relaciones; será un buen tiempo para tener nuevos clientes y compañeros.

Salud y bienestar

La clave para resistir desequilibrios de salud es el manejo del estrés. Organice sus asuntos para no perder de vista el cuadro general, luego, mientras realiza cada detalle, permanezca en el momento. Esta concentración en el presente reduce automáticamente el estrés.

Relaciones en la vida y el amor

Mientras Plutón ha transitado a través de su séptima casa, usted ha trabajado en el equilibrio del yo versus el otro en las relaciones desde 1995. Ha estado identificando las formas de dar a los demás la soberanía que tiene de sí mismo, y poco a poco se ha hecho cargo de su vida. Esto ha significado asumir la responsabilidad de sus propias acciones además de tener la firmeza de decir no a los demás si se justifica. Cuando Júpiter entre a Sagitario en noviembre 23, usted empezará a tener reconocimiento y frutos más tangibles por lo que ha aprendido. Este es el comienzo de un ascenso a un mayor éxito basado en el desarrollo del dominio sobre sí mismo.

Finanzas y éxito

En el campo que domina ha estado desarrollando nuevas capacidades durante cuatro años. Iniciando este mes, otros lo reconocerán como igual en el campo escogido. El trabajo extra que haga este mes será fácil para usted, incluso un placer, porque promoverá directamente la carrera de ensueño que está construyendo. Las conexiones clave se presentarán en noviembre 1, 8, 11 y 15.

Días favorables 2, 3, 6, 7, 8, 11, 12, 16, 17, 25, 26, 27, 30

Días desafiantes 1, 13, 14, 15, 21, 22, 28, 29

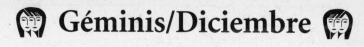 Géminis/Diciembre

Puntos planetarios clave

Contratistas, jefes, parejas románticas y socios comerciales —todos ellos están en primer plano ahora que los planetas se reúnen en su séptima casa—. El énfasis está en las interacciones sociales, a veces adversas, a medida que se presentan los eventos este mes. La primera parte del mes es la de más acontecimientos, pero incluso cuando surjan tensiones, habrá armonías planetarias que apoyan un buen resultado.

Salud y bienestar

Si se preocupa demasiado por complacer a otros, debilitará su cuerpo con estrés y tendrá menos capacidad de hacerlo. Siendo consistente, incluso cuando los sucesos y las personas parecen destinados a desequilibrarlo, permanecerá firme y tranquilo.

Relaciones en la vida y el amor

Algunos de los placeres de este mes vendrán del entorno de su carrera, pero en un nivel más profundo está aprendiendo a tratar figuras de autoridad como un espíritu libre, sin sentir que pueden controlarlo. Evadir la situación no es el camino a seguir —la honestidad y responsabilidad personal triunfarán—. Sin embargo, en general, este es un período de interacciones muy agradables, desde cenas íntimas hasta grandes fiestas, armonizará la energía y hará de este un tiempo placentero. Diciembre 18 inicia un nuevo período en la transformación continua de la manera en que se relaciona con los demás, mientras Plutón comienza su nuevo ciclo anual. Este es un tiempo apropiado para ser consciente de cómo desea su esfera de relaciones y fijar el propósito para crearla.

Finanzas y éxito

Ha estado trabajando durante un año para organizarse mejor y comunicarse más atenta y responsablemente. También puede estar en la universidad o preparándose para mejorar sus perspectivas en la carrera. Sus esfuerzos constantes empiezan a tener un efecto positivo. Cuando Saturno inicie su nuevo período retrógrado en diciembre 5 en su tercera casa, todavía habrá mucho que aprender y hacer, pero será mucho más fácil este año.

Días favorables 1, 4, 5, 8, 9, 10, 13, 14, 15, 23, 24, 27, 28, 31

Días desafiantes 11, 12, 18, 19, 25, 26

Tabla de Acciones de Géminis

Estas fechas reflejan los mejores —pero no los únicos— días para el éxito en dichas actividades, según su signo solar.

	ENE	FEB	MAR	ABR	MAY	JUN	JUL	AGO	SEP	OCT	NOV	DIC
Mudanza								25, 27-31	2-22, 1			
Iniciar un curso						29, 30	1-3, 24-26	11-27				
Ingresar a un club			29, 30	16-30	1-4							
Pedir un aumento			29, 30	1-15	3-28	24-30	1-18					
Buscar trabajo	1-3	9-28	26-31							2-26	18-30	1-26
Buscar ayuda profesional	2, 3, 29, 30	21, 22, 26	20, 21, 25	16-18, 21	14, 15, 18	10, 11, 15	7-9, 12	4, 5, 8, 9	1, 5, 6, 27	2, 3, 25	21, 22, 26	19, 19, 23
Buscar un préstamo	27, 28	23, 24	22-24	19, 20	16, 17	12, 13	10, 11	6 7	2-4, 30	1, 27, 28	23, 24	20-22
Ver un doctor	1-3				5-31	1, 2				2-26	18-30	1-26
Iniciar una dieta					11-13					2-26	18-30	1-7
Terminar una relación						10, 11						
Comprar ropa									13-30	1-23		
Hacerse un maquillaje					20-31	1-3, 24-30	1-18					
Nuevo romance									30	1-23	17-30	1-10, 18-20
Vacaciones	3, 22-31	1-8, 26	5-31	1-5, 21	18, 19	15, 16	12, 13	3, 9	5, 6	2, 3, 29	26, 27	23, 24

CÁNCER

El Cangrejo
Junio 21 a Julio 23

Elemento:	Agua
Cualidad:	Cardinal
Polaridad:	Yin/Feminino
Planeta regidor:	La Luna
Meditación:	Tengo fe en las inspiraciones de mi corazón
Piedra preciosa:	Perla
Piedra de poder:	Piedra de Luna, chrysocolla
Frase clave:	Yo siento
Símbolo:	Garras del cangrejo
Anatomía:	Estómago, pechos
Color:	Plateado, perla blanca
Animal:	Crustáceos, vacas, pollos
Mitos/Leyendas:	Hércules y el Cangrejo, Asherah, Hecate
Casa:	Cuarta
Signo opuesto:	Capricornio
Flor:	Consuelda
Palabra clave:	Receptividad

Fortalezas y debilidades de su ego

Tiene mucho entusiasmo para ir de un lado a otro, con su naturaleza activa. El suyo es el signo de agua y cardinal —agua activa, como en una cascada o manantial—. Su energía es fresca y protectora, brinda el más puro sostenimiento. El instinto protector está en lo profundo de su naturaleza y es un rol activo. Las personas que cuida a menudo no pueden actuar por sí solas, así que debe pensar, sentir y actuar por ellas. Así es como funciona su lado cardinal, pero también puede ser usado en un sentido más amplio de sostenimiento, como cuando se hace cargo de un grupo no familiar tal como una tribu, organización, compañía, unidad militar o país.

Al igual que cualquier signo cardinal, podría exagerar esta función, sobrepasándose al cuidar a otros, dándoles más sustento del que quieren o necesitan. Es probable que se apegue a las personas que cuida, viviendo a través de ellas en lugar de cultivar su propia vida independiente.

Como signo de agua, vive en un mundo de sentimientos y sensaciones. Es agudamente consciente de los impulsos sensorios invisibles que giran a su alrededor, y puede beneficiarse al aprender cómo funciona el intercambio de energía y emociones entre personas por medio del estudio del siquismo y la curación energética. Sus instintos son fuertes, y frecuentemente toma medidas basado en lo que sus "impulsos viscerales" le dicen. A veces sus sentimientos son tan intensos que es difícil manejarlos; esto es especialmente complicado en un mundo que honra la represión de los sentimientos. No obstante, éstos están destinados a ser reconocidos, aceptados y canalizados en acciones positivas. Usted sabe que son un sistema de señales preciso para mantenerlo feliz y seguro. También puede utilizar sus profundidades emocionales en actividades creativas tales como arte, música o teatro, que a su vez conservarán la fuente emocional de vida que fluye a través de usted de forma sana. Algo que tal vez le hace falta es la capacidad de dar un paso atrás de sus sentimientos y observarse objetivamente. Desarrollar esta habilidad contribuirá mucho en darle equilibrio a la expresión de su personalidad y generar una mayor confianza en sí mismo.

Proyectando su luz amorosa

El amor que brinda es tierno y humanitario; es el romántico original que sueña nostálgicamente en los días pasados cuando el amor tenía misterio. Puede encontrar ese misterio en el aquí y ahora, si está dispuesto a contener algo, a permitir que su amor crezca lentamente. De todos modos esto funciona mejor para usted, pues la inseguridad emocional es su punto débil. Aunque podría precipitarse impacientemente, es mejor que deje que la confianza aumente de forma gradual.

Los arianos brindan optimismo y alegría a la relación, pero las necesidades de ellos tienen menos base emocional que las suyas. Tauro lo estabiliza y se interesa tanto como usted en vivir una vida de poco riesgo; este signo le introduce espíritu práctico a su visión de las cosas. La curiosidad de Géminis le abrirá las puertas de la experiencia, pero tal vez le cueste seguirle el paso verbalmente. Con otro nativo de Cáncer tendrá un compañero tan leal y sensible como usted —alguien con quien crear una familia—. No hay problema con el deseo de Leo de ser el centro de atención, siempre y cuando no tenga que tomar parte: este signo le traerá drama a su vida. Los nativos de Virgo lo tranquilizan con su lealtad y un compromiso sincero con su relación o asociación; la atención por los detalles de este signo lo relaja, pero no le quita la responsabilidad de compartir la carga de la vida juntos. Libra comparte su necesidad de armonía; traerá objetividad a su vínculo, pero no espere que tome la delantera. Con Escorpión las pasiones serán intensas y las emociones fluirán libremente; sin embargo, deberá desarrollar la objetividad para equilibrar el alto grado emocional que los dos tienden a tener. Es difícil que entienda el enfoque abstracto de un sagitariano, pero le ayudará a tener una perspectiva distante, mientras su naturaleza emocional es algo que este signo puede aprender a desarrollar. Capricornio refleja la necesidad de crear filtros y estructuras para ayudar a manejar sus contactos con el mundo exterior —y proteger sus sentimientos tiernos—. Acuario comparte su interés en los grupos, aunque el vínculo es más intelectual que emocional. Piscis, otro signo de agua, tiene mucho en común con usted, especialmente la inmersión en el océano de sentimientos que nos rodea; aquí no debe tener miedo de compartir sus susceptibilidades.

Su lugar en el mundo

Con su naturaleza acuosa, le va bien en cualquier ambiente en que lo importante es cuidar a otros. Una forma de aprovechar este don es hacer una carrera en el campo de la medicina. La enfermería lo involucra en un cuidado directo de quienes lo necesitan, mientras otras áreas como la radiología o terapia física le permiten especializarse. También puede disfrutar el trabajo de médico u ofrecer atención como doctor naturopático o quiropráctico. Fuera del campo de la medicina, puede brindar alivio como curador o consejero psíquico, o incluso como peluquero o asesor de imagen personal. Puede aumentar su empatía con los animales e introducirse en la ciencia veterinaria. Debido a que las emociones alimentan la expresión creativa, podría encontrar una satisfacción profunda en la escritura (especialmente de ficción o poesía), música o las artes visuales. Finalmente, crear y sacar adelante una familia puede ser el logro más gratificante. Incluso si hace esto a través de la ganadería en lugar de sus propios hijos, se sentirá realizado.

Lo mejor que puede hacer

Estará en su mejor situación cuando aprenda a distinguir entre sus necesidades y las de los demás. Tiene el don de prever lo que otros requieren para prosperar, especialmente con los niños, animales o quienes no pueden cuidarse por sí mismos. Aquí es donde sobresale: surge su cordialidad, y se convierte en un protector desinteresado y generoso. Sin embargo, puede involucrarse tanto en satisfacer las necesidades de alguien más, que se olvida de las suyas. Es posible que proyecte sus necesidades en otra persona, creyendo que realmente son de ella. Es importante que se ocupe de usted mismo, así como es necesario permanecer atento a las señales provenientes del objeto de su cuidado. Con animales y niños en crecimiento, sus necesidades cambian diariamente y cuidarlos es un proceso variable. El mejor cuidado que puede dar es tener una vida propia que lo satisfaga cuando ellos dejen de necesitarlo. Esto lo convierte en la más prudente de las "madres", y debido a que es libre de dejar sus cargas, siempre serán suyas.

Herramientas para el cambio

Su cardinalidad acuosa le da un fuerte enfoque y sensibilidad hacia el mundo que lo rodea. Tiene la capacidad de dirigir ese enfoque firmemente hacia quienes necesitan cuidado —principalmente su familia y seres queridos—. Esta visión estrecha, que a menudo no se extiende más allá de las paredes de su casa, es necesaria para la admirable tarea que realiza, pero limita su perspectiva; impide que vea el cuadro completo —lo cual es vital para que sus respuestas al mundo permanezcan en equilibrio—. Además, este enfoque no permite que se desarrolle usted mismo. Puede hacer muchas cosas para llenar este vacío y reforzar su estilo protector. Un paso importante pero sencillo que puede dar es salir de casa diariamente. No necesita ir lejos; simplemente dé una caminata, trabaje en el jardín o haga algunos mandados. Sin embargo, es bueno que varíe sus actividades y haga algo inusual de vez en cuando, como visitar un museo o pasear en la playa. Otra forma de extender este paso es viajar. Esto lo saca de su enfoque local —y tal vez su zona de comodidad—, pero el viaje le da una perspectiva "a distancia" en su vida que no ocurre mientras está en casa. Retar su zona de comodidad tampoco es mala idea, porque eso da fuerza emocional y le enseña cosas de sí mismo, lo cual es una necesidad que puede ser pasada por alto en su deseo de cuidar a otros. Alimentarse y cuidarse a sí mismo también es esencial y contrapesará esta tendencia. Haga una sesión semanal de masajes o baño de belleza, o vaya a su lugar preferido para pasar un tiempo solo —o para viajar permita que un amigo o su pareja lo atienda—. Es bueno que establezca hábitos de cuidado personal en sus rutinas diarias y semanales. Haga ejercicio casi todos los días a la misma hora para que usted y otros se acostumbren a un patrón constante. Esto funciona especialmente bien con los niños. Asegúrese de que el ejercicio sea algo que disfruta, y no sólo una práctica para resistir y terminar. Desarrolle su propia naturaleza por medio de un hobby o una carrera que contraste con las actividades a las que se dedica en casa. Si está al cuidado del hogar, realice un trabajo que no requiera tanto esa capacidad. Si su profesión es cuidar de los demás, escoja un hobby que satisfaga sus otras necesidades y utilice otras capacidades. Finalmente, cerrar la puerta para tener su propio espacio y meditar estimulará sus reservas de energía.

Afirmación del año

Puedo sacar tiempo para deleitarme en las alegrías de la vida.

Cáncer: el año venidero

Con Júpiter en Escorpión y su quinta casa solar, el juego y la creatividad son la clave para el éxito futuro. Sueñe a lo grande, y en cuatro años alcanzará sus metas. Por ahora, siga sus intereses y deje que su mente tenga vuelos de fantasía. Hay algo más significativo que necesita sacar a la luz —algo que viene de lo profundo de su interior—. Construya sobre esa chispa ahora, mientras su optimismo y confianza son fuertes; estará inspirado y rejuvenecido. Los niños, el romance o los deportes también pueden jugar un papel importante en su vida este año, además de ser una fuente de alegría. Cuando Júpiter entre a Sagitario en noviembre 23, se inicia un ciclo de un año de mayor trabajo; es probable el trabajo excesivo, y como consecuencia podrían surgir problemas de salud. Mantenidos en equilibrio, sus esfuerzos pueden generar una gran empresa que construye con base en la inspiración que tiene durante la primera parte del año.

Saturno continúa su curso a través de Leo y su segunda casa, sugiriendo la necesidad de más disciplina en sus asuntos financieros. Si sus gastos están fuera de control, puede estar revisando sus patrones de consumo para ver lo que es innecesario o de poco valor para usted. Saturno también podría requerir un apretón económico: tal vez decida ahorrar dinero para una nueva empresa o necesidad futura, tal como iniciar un negocio o retirarse. La necesidad de seguridad es la fuerza que lo impulsa.

Quirón permanece en Acuario y su octava casa solar, recordándole que una de las claves de la seguridad personal es una relación sólida con sus contactos financieros. Las pólizas de seguros al día, préstamos e impuestos pagados a tiempo y honestidad en todos los negocios, son críticos para su estabilidad. Es tiempo de corregir errores y reforzar debilidades aquí. Quirón también podría llevarlo a un emocionante viaje por el mundo oculto debajo de lo que parece ser real; tal vez descubra las verdades subyacentes en estudios esotéricos, psicología profunda o astrología.

En Piscis y su novena casa, Urano lo despierta a verdades más elevadas y una perspectiva más global sobre casi todo. Estudios que universalizan su conocimiento, desde la meditación y la filosofía hasta idiomas extranjeros y vida extraterrestre, lo fascinarán ahora. Podría disfrutar ser impredecible y estar a la altura de cualquier reto —e incluso es posible que desee correr riesgos que nunca ha considerado—. Permitir que este despertar tome lugar agudizará su mente y le dará un nuevo impulso.

Neptuno también transita en Acuario y su octava casa solar, llevándolo hacia un proceso espiritual profundo. Sabe que hay algo más allá de lo que puede ser percibido por los sentidos, y se siente compelido a entender lo que hace que el mundo funcione. Aquí Neptuno también podría cegarlo en lo que sucede en sus finanzas —o tal vez no quiere mirar detalladamente—. Quizás se siente impotente al respecto o cree que debe hacer sacrificios por otros. Aunque usted es el único que puede decidir lo que le conviene, posiblemente está sacrificando demasiado.

Plutón está en Sagitario y su sexta casa solar, continuando la transformación de su salud y hábitos cotidianos, incluyendo el trabajo. Puede ver desorden en el sitio en que labora, y su ambiente de trabajo es afectado directamente por estos cambios cada vez que Plutón entra en contacto con uno de sus planetas. Este es el tiempo para asegurar que su salud sea la mejor posible modificando su estilo de vida y costumbres diarias. Los eclipses entran a Virgo y Piscis en 2006, su tercera y novena casa, y acentúan sus actividades intelectuales, estimulándolo a adquirir más conocimiento para propósitos prácticos, de tal forma que pueda trabajar mejor o recibir más salario.

Si nació entre junio 24 y julio 17, Saturno entrará en contacto con su Sol desde su segunda casa de recursos personales tales como tiempo, dinero y habilidades. Sentimientos de inseguridad lo incitan a examinar su vida —especialmente la forma en que gasta lo que gana—. Un factor importante es lo que quiere en la vida, y eso se basa en sus objetivos. Así, este es un buen tiempo para que se haga grandes preguntas: "¿cuál es mi propósito?". "¿Quién soy yo?". Hacemos lo mejor con Saturno cuando enfrentamos lo que surge con valor y asumimos las tareas que se requieren para llegar a donde queremos ir. Cuando lo hacemos, las más grandes recompensas llegan en la plenitud de los tiempos. Es probable que usted descubra que puede obtener algo restringiendo sus gastos; tal vez quiere ahorrar para un proyecto casero, para un artículo de gran valor, o su retiro. Podría usar de una nueva forma otros recursos que considera valiosos, tales como sus habilidades o su tiempo. Finalmente, puede descubrir que el amor, el más importante de todos los recursos, adquiere más importancia para usted. Los momentos críticos en el ciclo de Saturno ocurrirán en enero 27, febrero 19, abril 5 y 24, junio 20, agosto 7, noviembre 16 y diciembre 5.

Si nació entre junio 27 y julio 6, Urano en Piscis estimula su deseo de aventura desde la posición en su novena casa. Querrá ampliar sus horizontes este año para explorar lo que no conoce. Podría viajar a lugares lejanos, estudiar otra cultura o lengua, o seguir un camino espiritual poco común. Con la influencia de Urano, extenderá su concepto de lo que es cómodo y correrá mayores riesgos que en el pasado. Espiritualmente, puede experimentar un despertar que lo incita a buscar un nuevo entendimiento del universo. En un nivel más mundano, lugares exóticos y culturas oscuras despertarán su interés mientras busca lo que está fuera de lo corriente. Oportunidades de ampliar sus horizontes pueden presentarse inesperadamente. Esto podría incluir la posibilidad de seguir un nuevo camino de realización personal, que tal vez conduzca a una nueva carrera cuando Urano entre a su décima casa. Es probable que se sienta inspirado a hacer un trabajo humanitario, incluso yendo al extranjero para ayudar a los necesitados. Siguiendo su corazón abrirá la puerta a discernimientos y logros basados en una nueva conciencia de la humanidad. Los eventos uranianos ocurrirán cerca de marzo 1, junio 5 y 19, septiembre 5, noviembre 19 y diciembre 2.

Si nació entre el 5 y el 10 de julio, Neptuno en Acuario y su octava casa está ayudándole a descubrir el verdadero mundo debajo de la esfera de las apariencias. Está conociendo motivos ocultos —los suyos y los de otros—. Los estudios esotéricos —tarot, magia, numerología, quiromancia, etc.— pueden despertar su interés. Estos en realidad le enseñan a leer las tendencias ocultas de la interacción humana, y entenderlas le da un conocimiento vital que le ayudará a tomar mejores decisiones en su vida personal y profesional. Neptuno también puede simbolizar confusión o ilusión, y esto es peligroso en lo que respecta a los asuntos de vida o muerte de la octava casa, tales como impuestos y prestar dinero. No se sienta tentado a creer que puede hacer algo impunemente bajo este contacto, porque no funcionará. En lugar de eso, tenga más cuidado en ser preciso, organizado, y asegúrese de vivir con sus recursos. Aunque esto va en contra de sus deseos en este tiempo, cuando salga de la "niebla" de Neptuno en uno o dos años, estará feliz de haber mantenido la disciplina. Los asuntos neptunianos influenciarán su vida alrededor de enero 27, febrero 5, marzo 15, mayo 10 y 22, agosto 10, octubre 29 y noviembre 9.

Si nació entre el 13 y el 18 de julio, Plutón está dándole la oportunidad de hacer grandes cambios en su salud y vida laboral desde la posición en Sagitario y su sexta casa. Este planeta puede anunciar una realización que requiere esfuerzos a largo plazo para hacer reformas drásticas en su forma de vivir. Un detallado examen médico —recomendado en este tiempo— puede revelar un problema oculto que necesita atención inmediata para evitar una enfermedad grave. Es probable que encuentre útil cambiar su dieta, reducir la cantidad de trabajo, o hallar maneras de disminuir el estrés. Llevar una vida más simple, meditar regularmente y sacar tiempo para disfrutar más la vida, son parte de su nueva ecuación de salud. Sin duda su mundo laboral ha sido perturbado debido a que no es valorado, tiene un ambiente interpersonal pernicioso o perdió definitivamente el empleo. Un cambio que parece catastrófico a menudo libera tensiones y crea una base más firme en un nuevo sitio. Aunque es demasiado tarde para prepararse para los cambios una vez que está en ellos, dejar que las cosas fluyan con tranquilidad puede disminuir los efectos de una alteración en los ingresos. Tal vez este es el tiempo ideal para aumentar su poder económico con preparación o educación adicional. Experimentará más la energía de Plutón alrededor de marzo 17 y 29, junio 16, septiembre 4 y 16, y diciembre 18.

Si nació entre junio 20 y 23 o julio 19 y 21, ninguno de los planetas de movimiento lento están en contacto directo con su Sol este año. Este es el tiempo para darle toques finales a los cambios que experimentó el último año, o para prepararse con miras al siguiente round. Cuando los planetas no estén influenciándolo directamente, podría sentir que tiene más elección en lo que hace, pero también menos pautas que sugieran cuál dirección es mejor. Aun así, es probable que descubra que la vida es menos desafiante, aunque se sienta menos motivado a realizar algo. Si estos planetas están en contacto con otros planetas en la carta fuera de su Sol, el año aún estará matizado con eventos que lo impulsarán en una dirección que resulta de la combinación única de usted y sus planetas.

Cáncer/Enero

Puntos planetarios clave

Es tiempo de darle un toque creativo a los sueños que está construyendo, pues Júpiter se pone en contacto con Neptuno el 27 de enero. Ha estado trabajando por grandes objetivos, a menudo sacrificando lo seguro por lo más satisfactorio. Ahora es el momento de poner la energía en las ideas nuevas y maravillosas que ha concebido. Tiene cinco años más para llegar al pináculo, así que tenga eso en mente mientras decide qué construir. Esto es parte de una importante configuración planetaria que comenzó en el septiembre anterior y continuará durante todo el 2006, por eso el camino no estará exento de obstáculos. Con una firme resolución y fuerza estable, tendrá éxito. Captará vislumbres de lo que va a venir en enero 15, 18, 23 y 27.

Salud y bienestar

No se sienta tentado a abandonar sus rutinas saludables cuando haya presión. Ahora es especialmente útil el contacto con el agua —ducha caliente, un baño de belleza, o nadar—.

Relaciones en la vida y el amor

Como Venus avanza retrógrado a través de su séptima casa, necesita enfocarse más en sus relaciones. La atención que les dé ahora proyectará los asuntos que estará tratando los siguientes dieciocho meses, pero puede evitar futuras dificultades siendo receptivo actualmente. Los corazones estarán más cálidos en enero 17, un buen día para la comunicación necesitada.

Finanzas y éxito

Puede estar utilizando sus recursos económicos para su siguiente empresa mientras avanza el año. Este es un buen mes para planear cómo usar los recursos más sabiamente, para aprovecharlos al máximo. Es probable que sea engañado y llevado a hacer elecciones imprudentes en lo que concierne a estos gastos, especialmente alrededor de enero 27.

Días favorables 3, 4, 8, 9, 12, 13, 14, 17, 18, 19, 22, 23, 24, 31

Días desafiantes 5, 6, 7, 20, 21, 27, 28

Cáncer/Febrero

Puntos planetarios clave

Si su creatividad es limitada solamente por su cartera, este es el tiempo apropiado para pensar en algo que traerá los fondos que necesita para sus proyectos. El Sol entra en conjunción con Neptuno en febrero 5, dando origen a un nuevo ciclo de imaginación y crecimiento espiritual. Sintonizarse en el ahora y fijar su intención le permitirá utilizar los poderes del mundo invisible para promover sus objetivos. Venus se torna directo el 3 de este mes, y se amainan los retos que usted ha estado enfrentando en las relaciones y las sociedades comerciales. Sus vínculos con otros han alcanzado un nuevo estado normal que dará frutos los siguientes dieciocho meses.

Salud y bienestar

Aunque este es un período emocionante para usted, y sus niveles de energía están generalmente bien, después de febrero 17 podría ser más vulnerable a virus e inflamaciones. Se beneficiará durmiendo más en ese tiempo, al igual que los procesos imaginativos, pues es probable que sus sueños sean vívidos, productivos y memorables.

Relaciones en la vida y el amor

Ha tenido seis semanas para hacer nuevos acuerdos con las personas cercanas a usted, y ahora puede avanzar de nuevo sobre la base de esos cambios. Del 1 al 5 de febrero otros aportarán valiosas ideas que le darán alas a sus sueños.

Finanzas y éxito

En lugar de dejar que el miedo maneje su cartera, permita que el optimismo entre en juego. Eso no significa que debería correr riesgos extraordinarios, sino eliminar limitaciones innecesarias para sus acciones. Neptuno está enseñándole una lección a largo plazo en su octava casa respecto a confiar en la guía interior para crear su propia seguridad. Poner en práctica lo que ha aprendido le ayudará a realizar sus sueños.

Días favorables 1, 4, 5, 8, 9, 10, 13, 14, 15, 18, 19, 20, 27, 28

Días desafiantes 2, 3, 16, 17, 23, 24

Cáncer/Marzo

Puntos planetarios clave

Usted, Cáncer, experimentará un raro flujo de energías y sucesos este mes, mientras Mercurio, Júpiter y Urano se enroscan con su Sol para darle la oportunidad de promover sus más grandes sueños y metas. Sin embargo, tal vez esto no sea evidente, pues factores ocultos parecen impedir su progreso. No deje que eso lo detenga, porque enfrentar obstáculos y adversarios le dará fuerza para avanzar cuando sea el momento apropiado. Las demoras durarán del 2 al 25 de marzo, con cierto avance después del día 11 de este mes. Conéctese a sus aspiraciones más profundas en marzo 1; un nuevo ciclo de Urano comienza entonces, el cual apoya la realización de sus metas a largo plazo.

Salud y bienestar

Estresarse por lo que no puede hacer ahora podría originar enfermedad o lesión. Existe la posibilidad de inflamación aguda, especialmente de los pulmones, lo que sugiere un virus que ataca más duro que lo usual. Estimular el sistema inmune le ayudará a evitar un tiempo en malas condiciones. Posibles fechas de dificultad son marzo 2, 11 y 29.

Relaciones en la vida y el amor

Su vida sentimental recibirá atención adicional mientras experimenta un suceso crítico alrededor de marzo 4 que determinará si su romance sigue adelante o se acaba gradualmente. Las actividades con los hijos también toman mayor importancia en esta fecha. Hacer planes específicos para enriquecer su vida en cualquier área, producirá resultados positivos en dos a cuatro meses.

Finanzas y éxito

Los sueños que tiene para crear una nueva vida —los que tuvo alrededor de enero 27— reciben sus primeras pruebas en marzo 4 y 15. Esté atento a lo que experimenta en esos días, porque sucesos le darán señales de cómo van sus planes en forma visible e invisible. El eclipse solar el 29 de este mes acentúa su décima casa, incitando un cambio dramático pero armonioso en el trabajo y la carrera.

Días favorables 3, 4, 8, 9 13, 14, 18, 19, 27, 28, 31

Días desafiantes 1, 2, 15, 16, 17, 22, 23, 24, 29, 30

Cáncer/Abril

Puntos planetarios clave

Su panorama financiero mejorará considerablemente después de abril 5, cuando Saturno se mueve de nuevo hacia adelante en su segunda casa. Ha tenido muchas más limitaciones que lo usual en cuanto a su presupuesto, pues ha manejado menos ingresos y más gastos. Sin embargo, ahora puede aflojar un poco el cinturón y respirar más fácilmente. Vendrán más cosas el año siguiente, pero por el momento ha pasado lo peor.

Salud y bienestar

Surgirán problemas de salud, tal vez inesperadamente, en abril 8. Esto podría incluso involucrar una lesión o una cirugía imprevista. Si ha estado al tanto de su salud con un minucioso examen antes de esta fecha, tal vez pueda evitar la situación o al menos mitigar sus efectos. Eventos relacionados ocurrirán en abril 13, 18 y 30.

Relaciones en la vida y el amor

Sucesos fuera de su control se hacen cargo de su vida ahora. Si necesita ayuda de alguien más para cambiar, no tema pedirla. Con todo lo que ofrece, no está acostumbrado a pedir, pero naturalmente tiene el derecho a hacerlo. Si es difícil para usted, también es una buena lección.

Finanzas y éxito

Con Marte en contacto con Plutón en sus casas de servicio/salud en abril 8, es muy probable que tenga tiempo libre de trabajo este mes, pero no porque necesariamente quiera. Es un receso requerido, y aunque lo echarán de menos, los demás podrán seguir adelante. Aproveche al máximo este tiempo tomando unas vacaciones.

Días favorables 1, 4, 5, 9, 10, 14, 15, 23, 24, 27, 28

Días desafiantes 11, 12, 13, 19, 20, 25, 26

Cáncer/Mayo

Puntos planetarios clave

Cuando Marte, Júpiter y Urano hagan un gran triángulo en el cielo a comienzos de mayo, podrá lograr lo que quiera y se sentirá lleno de energía e inspiración. Su énfasis en el proceso creativo está dando frutos, y lo que creía que podía hacer está ahora en preparación. Sin embargo, esto no viene sin sus obstáculos, pues el patrón fijo que se presentó en enero continúa hasta mayo 22. Los retos que enfrenta serán más difíciles debido a sus actuales limitaciones económicas, pero encontrará una forma de hacer que las cosas funcionen. Las fechas con oportunidades claves son mayo 4 y 7.

Salud y bienestar

Su paso es ligero y su vitalidad alta, pero también estará un poco más propenso a accidentes este mes debido a su ritmo acelerado. Manténgase concentrado para evitar esta posibilidad.

Relaciones en la vida y el amor

Justo cuando pensaba que sus problemas económicos iban a limitar seriamente sus actuales actividades, alguien aparece y le da el apoyo que necesita. La fecha clave para esto es mayo 7, antes de gran parte de la acción que ocurre en este mes. Si cree que necesita ayuda, pídala, y la persona será más receptiva; después de todo, es para una buena causa.

Finanzas y éxito

Una entrada de dinero en efectivo u otros recursos llegará alrededor de mayo 7, y usted puede aprovecharla al máximo para así cuidar sus reservas. Eso no supera todos sus obstáculos, pero ayuda, especialmente si usa tales recursos sabiamente como suele hacerlo.

Días favorables 1, 2, 3, 6, 7, 8, 11, 12, 13, 20, 21, 24, 25, 26, 29, 30

Días desafiantes 9, 10, 16, 17, 22, 23

Cáncer/Junio

Puntos planetarios clave

Tiene más que suficiente para mantenerse ocupado en junio, cuando la gran cruz de planetas se forma una vez más en el cielo —pero de una manera ligeramente distinta—. Las situaciones que surgieron en enero, abril y mayo son continuadas ahora como acto IV. Sin embargo, hay una energía favorable que viene en forma de apoyo de otras personas. Usted no es tan afectado como muchos que lo rodean, pero las circunstancias tocarán su vida —ojalá a través de aquellos cuyas vidas usted toca—. Este patrón se presenta en junio 4 y no se disipa hasta el 22 del mismo mes.

Salud y bienestar

Saque tiempo para alejarse este mes, mientras el Sol se mueve a través de su duodécima casa. Podrá reorganizar su vida interior y exterior —un paso vital para manejar las circunstancias en las que se encuentra ahora—. Cuando se acerca junio 16, podrían surgir tensiones mientras llegamos a la culminación del ciclo anual de Plutón. Cuídese de esto acentuando la relajación y el estiramiento; evite la comida chatarra, pues debilita su organismo.

Relaciones en la vida y el amor

Aunque no lleva el peso de los sucesos este mes, sí lo cargan personas que lo rodean. Usted puede ser un apoyo invaluable —no sólo para los más cercanos y queridos, sino para quienes lo tienen como conocido o colega—. Aunque esto no le generará un beneficio directo, es lo que debe hacer.

Finanzas y éxito

Hay un punto débil en sus finanzas que ha estado tratando de remediar. Ahora siente el deseo de mantener restringido su dinero para seguir en el camino de sus objetivos mientras Marte y Saturno están en conjunción en su segunda casa. Sin embargo, múltiples sucesos pueden requerir algunos gastos y debe tener fe en que todo saldrá bien. Las fechas clave son junio 17 a 22.

Días favorables 3, 4, 8, 9, 16, 17, 18, 21, 22, 25, 26, 30

Días desafiantes 5, 6, 7, 12, 13, 19, 20

Cáncer/Julio

Puntos planetarios clave

Con Mercurio retrocediendo del 5 al 28 de julio, tendrá mucho en sus manos. Está cuestionando la forma en que ha manejado las cosas, incluyendo su propio tiempo y energía. Su capacidad para comunicarse también puede estar un poco desequilibrada —una señal de su incertidumbre interna—. Si su cumpleaños cae durante el período retrógrado, tendrá la emoción adicional de saber qué aprenderá sobre un área importante de su vida a través de la experiencia vivida.

Salud y bienestar

Una enfermedad menor podría surgir este mes cuando sucesos externos aumentan su tensión interna. Si puede repartir a otros parte del trabajo y responder con tranquilidad a los eventos, el virus prevaleciente no lo afectará. Concéntrese en cuidar su cuerpo, que él lo ayudará a pasar este período agitado.

Relaciones en la vida y el amor

Cualquier momento después de julio 6 es ideal para tomar unas vacaciones con los seres queridos, incluso en medio del período retrógrado de Mercurio. Es probable que quiera ir a un lugar totalmente nuevo, lo cual es bueno. Este es un retrógrado de Mercurio relativamente tranquilo, así que las dificultades se limitarán principalmente a los efectos de enfrentar lo desconocido y embarazoso.

Finanzas y éxito

Sus finanzas están estables ahora, y usted listo para seguir adelante con nuevos planes para otro año de su vida. Júpiter lo ayuda con conocimiento innovador mientras finaliza su período retrógrado en julio 6, y ahora usted deseará incorporar creatividad a sus actividades más que nunca. El aporte de otros generará ideas nuevas en julio 5 y 14.

Días favorables 1, 5, 6, 14, 15, 18, 19, 22, 23, 24, 27, 28, 29

Días desafiantes 2, 3, 4, 10, 11, 16, 17, 30, 31

Cáncer/Agosto

Puntos planetarios clave

Es tiempo de que reformule sus metas financieras al empezar un nuevo período anual relacionado con su uso y conservación de recursos en agosto 7, cuando Saturno en su segunda casa inicia un nuevo ciclo. Esto es más que simplemente ajustar su presupuesto y pagar deudas; también se trata de examinar los planes para la seguridad futura. ¿Está ahorrando todo lo que debería? ¿Está en un lugar seguro su fondo de pensión? ¿Las coberturas de sus seguros corresponden a sus necesidades actuales? Tendrá una gran oportunidad de trabajar en esta área cuando Saturno sea activado múltiples veces durante el mes, así que déle la atención que merece.

Salud y bienestar

Desequilibrios de salud existentes desde hace mucho tiempo podrían emerger alrededor de agosto 13 y 29, especialmente en respuesta a niveles de estrés inusualmente altos. Lo mejor que puede hacer es planear tiempo de inactividad en su horario —tiempo lejos de otras personas, lo cual incluye el teléfono o correo electrónico—. Dormir también es muy importante, ya que es un ejercicio suave y seguro. En estas fechas son posibles las lesiones.

Relaciones en la vida y el amor

El último de los tres contactos armoniosos e innovadores entre Júpiter y Urano se presentará en agosto 29 —un contacto que puede usar todo el mes—. Este contacto cae en la casa de romance e hijos, aunque puede emplearse en cualquier actividad que le dé alegría y realización.

Finanzas y éxito

La conexión Júpiter-Urano también puede ser usada para innovación comercial o expresión artística. Ahora tiene la capacidad de proponer innovaciones realmente únicas, las cuales le darán importancia a usted y otras personas, así que no menosprecie la calidad de sus ideas, incluso si surgen fácilmente.

Días favorables 1, 2, 3, 10, 11, 14, 15, 19, 20, 24, 25, 29, 30

Días desafiantes 6, 7, 12, 13, 26, 27, 28

 Cáncer/Septiembre

Puntos planetarios clave

Llega nueva información que le ayudará a enfocar mejor sus planes para el futuro, mientras un grupo de planetas se forma en su tercera casa. Podría recibir entrenamiento o llegar a una nueva idea que lo impulsa en una dirección ligeramente distinta, y eso va a promover su progreso. Esto podría involucrar escritura, extensión o interacción con la comunidad de algún modo. Las fechas clave son del 3 al 9 de septiembre y el día 15.

Salud y bienestar

El aumento de las tensiones podría desbordarse hasta afectar su salud, especialmente alrededor de septiembre 4, 16 y 22. Esto es parte de un patrón conocido que ha aprendido a moderar con muchas técnicas, apoyando su salud y manejando su ambiente laboral. La consistencia y la respuesta a las señales de su cuerpo son lo más vital. El ejercicio es el gran balanceador.

Relaciones en la vida y el amor

Su atención es dirigida al entorno doméstico, y deberá ejercer ahí más del esfuerzo promedio después de septiembre 7. Esto puede relacionarse con una reparación de la casa que necesita hacer, o los preparativos para la visita de parientes y la presencia de los mismos. Esta será en general una experiencia agradable que lo distraerá de los aspectos más serios de su vida.

Finanzas y éxito

Su carga laboral puede parecer abrumadora, especialmente a comienzos del mes, pero no es algo tan malo como cree. Priorice sus tareas, luego hágalas con un paso a la vez. Busque una franja de tiempo en que no aceptará interrupciones y organice su trabajo administrativo. Cuando los montones de papeles se acumulan sin un orden particular es que todo parece inmanejable.

Días favorables 7, 8, 11, 12, 15, 16, 20, 21, 25, 26

Días desafiantes 2, 3, 4, 9, 10, 22, 23, 24, 30

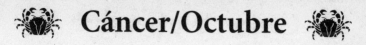

Cáncer/Octubre

Puntos planetarios clave

Armonías planetarias le permiten complacer su instinto de anidar durante este mes. Podrá permanecer más tiempo en casa con su familia, disfrutando la gran relación que tiene con ella. Las necesidades económicas son reducidas ahora que han sido resueltas las demandas que otros tienen sobre su dinero. Los retos financieros del año pasado estarán acabados en gran parte el 29 de octubre.

Salud y bienestar

Los asuntos de salud pueden tener menor importancia ahora, pero no su rutina. Siga con el programa que ha estado desarrollando. La constancia produce resultados.

Relaciones en la vida y el amor

La vida estará llena de placer, en especial hasta octubre 24, porque podrá enfocar su atención en el hogar. Los hijos atraviesan un período de ajuste a nuevas influencias que comienzan en octubre 1, lo cual se hará evidente al pasar el mes. Ellos necesitan saber el porqué de algo antes de aceptarlo. Las fechas clave son octubre 5, 15 y 22. Si los prepara bien, los sucesos en noviembre y diciembre fluirán más armoniosamente. Los lazos románticos también atraviesan un período de modificación, devolviéndose a una etapa anterior en la relación para complacer las necesidades emocionales de su pareja. Aunque no hay garantías, la paciencia produce el mejor resultado.

Finanzas y éxito

Aunque ya casi terminan los tiempos de ajustada disciplina presupuestal, eventos aparentemente inocuos en octubre 5, 15 y 24 pueden prolongar el proceso hasta diciembre. La vigilancia y un enfoque creativo podrían minimizar los gastos, pero tal vez vale la pena la ostentación si los eventos revelan una oportunidad para acercarse a sus metas a largo plazo. Sin embargo, las oportunidades en los mercados no son lo que parecen durante este tiempo, y si algo se ve de alto riesgo a pesar de los consejos que dicen lo contrario, ahora mismo es sumamente riesgoso. Confíe en sus instintos.

Días favorables 4, 5, 8, 9, 12, 13, 14, 17, 18, 19, 22, 23, 24, 31

Días desafiantes 1, 6, 7, 20, 21, 27, 2

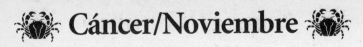 Cáncer/Noviembre

Puntos planetarios clave

Hasta ahora este puede ser el mejor mes del año para usted, cuando los planetas forman un gran trino con su signo. Todos los planetas de movimiento rápido están en conjunción en su quinta casa de diversión, romance e hijos, dándole la oportunidad de enfocarse en el placer. Tendrá más tiempo libre y querrá disfrutarlo totalmente, pero hay un inconveniente. Mercurio se moverá retrógrado en esta área hasta noviembre 17, sugiriendo que usted estará ocupado haciendo cosas para otros. Enviará los niños al patio de recreo o parque preferido, y finalmente tendrá la posibilidad de dedicarse a su hobby favorito —pero puede haber un montón de papeles sobre él—. Hacia noviembre 17 tendrá de nuevo el camino libre.

Salud y bienestar

Es probable que haya lesiones, principalmente en actividades deportivas o jugando con los niños, en especial en noviembre 1, 8, 11 y 17. Esto será debido a acciones impulsivas o distracciones, que pueden prevenirse permaneciendo concentrado en el juego de piernas y en su cuerpo, y no excediéndose.

Relaciones en la vida y el amor

La parte divertida de las relaciones es acentuada ahora, ya sea con los hijos, amigos o la pareja romántica. Este es un mes ideal para tomar unas vacaciones que involucren viajes, especialmente entre el 11 y el 22 de noviembre.

Finanzas y éxito

Sus energías creativas están muy activas, y se siente inspirado para expresarse de alguna forma artística. Darle rienda suelta a esta parte de su naturaleza enriquecerá su camino mientras sigue las nuevas opciones de vida que lo han fascinado desde 2003. Contratiempos técnicos serán superados hacia noviembre 17, cuando podrá continuar a toda marcha y hacer grandes progresos.

Días favorables 1, 4, 5, 9, 10, 13, 14, 15, 18, 19, 20, 28, 29

Días desafiantes 2, 3, 16, 17, 23, 24, 30

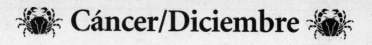 Cáncer/Diciembre

Puntos planetarios clave

Seis planetas ocupan su sexta casa, poniendo la atención en la salud y el trabajo. Se requiere mucha energía para cumplir los objetivos que se ha fijado, y al final del mes tendrá la satisfacción de realizar un gran negocio. El movimiento retrógrado de Saturno empieza en diciembre 5, iniciando un período de cinco meses en el que observará mayores limitaciones financieras. Estas restricciones seguirán apoyando sus metas a largo plazo.

Salud y bienestar

La salud es un área de atención este mes —una parte de la transformación a largo plazo que ha estado haciendo en su estilo de vida, hábitos y bienestar—. Ha adoptado un enfoque positivo para llevar su ser a lo máximo, no sólo físicamente, sino de forma espiritual, mental y emocional. Su deseo ahora es concentrarse en lo físico, pero hay un componente espiritual en lo que ocurre. Una evaluación holística, o varias de diferentes tipos de profesionales de la salud, le dará la información que necesita para tomar sus propias decisiones respecto a qué hacer. La clave es capacitarse para ser el maestro de su propio plan de salud.

Relaciones en la vida y el amor

Otros apoyan sus mayores esfuerzos para mejorar su vida y cumplir con los deberes laborales. Así como brinda servicios a otras personas, debe ocuparse de sí mismo. Los esfuerzos extremos requeridos ahora, especialmente al comienzo del mes, son de corta duración.

Finanzas y éxito

Debido a los contratiempos del año pasado, se dio cuenta de que el plan que tenía no funcionaría en su forma original. Ahora tiene una mejor manera de lograr lo que quiere, y no puede esperar a recuperar tiempo perdido. El entusiasmo es grande, pero no se exceda porque terminará agotando sus reservas energéticas.

Días favorables 2, 3, 6, 7, 11, 12, 16, 17, 25, 26, 29, 30

Días desafiantes 1, 13, 14, 15, 18, 19, 22, 23, 24, 27, 28

Tabla de Acciones de Cáncer

Estas fechas reflejan los mejores—pero no los únicos—días para el éxito en dichas actividades, según su signo solar.

	ENE	FEB	MAR	ABR	MAY	JUN	JUL	AGO	SEP	OCT	NOV	DIC
Mudanza									12-30	1, 19-21		
Iniciar un curso								25, 27-31	1-12, 20			
Ingresar a un club				27, 28	5-19							
Pedir un aumento				27, 28	29-31	1-23, 26	19-31	1-11				
Buscar trabajo	1-22			16-30	1-4							8-27
Buscar ayuda profesional	3, 4, 27	1, 23, 24	22-24, 27	19, 20, 23	16, 17, 29	12, 13, 16	10, 11, 14	6, 7, 10	2-4, 7	1, 4, 5, 31	1, 23, 24	20-22, 25
Buscar un préstamo	27, 28	23, 24	22-24	19, 20	16, 17	12, 13	10, 11	6, 7	2-4, 30	1, 27, 28	23, 24	20-22
Ver un doctor	1-22				19-31	1-28	29-31	1-10				8-31
Iniciar una dieta	1-3					10, 11						8-27
Terminar una relación							10, 11					
Comprar ropa										2-27	18-30	1-7
Hacerse un maquillaje					3-28	10-21	1-12					
Nuevo romance		3-28	1-4							24-31	1-20	
Vacaciones	3, 4, 31	1, 9-28	25-31	1-30	1, 2, 20	16-18	14, 15	10, 11	7, 8	4, 5, 31	1, 28, 29	25, 26

LEO

El León
Julio 23 a Agosto 23

♌

Elemento:	Fuego
Cualidad:	Fija
Polaridad:	Yang/Masculino
Planeta regidor:	El Sol
Meditación:	Confío en la fortaleza de mi alma
Piedra preciosa:	Rubí
Piedra de poder:	Topaz, sardónice
Frase clave:	Yo seré
Símbolo:	La cola del león
Anatomía:	Corazón, parte superior de la espalda
Color:	Dorado, escarlata
Animal:	Leones, felinos grandes
Mitos/Leyendas:	Apolo, Isis, Helios
Casa:	Quinta
Signo opuesto:	Acuario
Flor:	Caléndula, girasol
Palabra clave:	Magnetismo

Fortalezas y debilidades de su ego

Su inclinación por lo dramático y la pasión por la vida son factores ins-
piradores y vigorizantes. Es su naturaleza fija y de fuego lo que mantiene viva su llama y le da tanta energía. Uno de sus rasgos más
dominantes es el valor, o corazón. Tiene el corazón para comprometerse a seguir un camino basado en los ideales que desea cumplir,
guiando a otros con su entusiasmo. Debido a su naturaleza fija, responde a las experiencias de la vida tratando de conservar las formas
que ya existen. Para usted, esto significa constancia de creencia y
esfuerzo; quiere crear algo porque cree en ello. No será el primero en
haberlo pensado, pero es la persona apropiada para sacar adelante la
iniciativa, pues sabe cómo reunir fuerzas y ponerlas en acción. Disfruta
estar con personas; le encantan las atenciones que le dan, porque aquí
es donde se presenta el intercambio amoroso, y el amor es la constante
que trata de preservar. Resiste las fuerzas que amenazan las cosas a las
que desea mantenerse fiel, que en su mayoría son principios internos
como el amor y la alegría, en lugar de condiciones o circunstancias
externas. Tal vez tenga dificultad para reconocer cuándo es el
momento de dejar de resistirse, en especial si no se beneficia personalmente. No es que sea intencionalmente egoísta, sino que su gran energía le hace difícil ver más allá de su punto de vista.

Como signo de fuego, brinda la chispa que enciende la motivación de otros y los eleva a una mejor realidad. El movimiento del
fuego es ascendente, y de esa forma se dirige su mirada, hacia cosas
más grandes y mejores; es ambicioso además de optimista, una combinación imbatible para el éxito. Con su pasión por la vida, el drama
es una de sus fortalezas si lo canaliza en las artes o el teatro. Sin
embargo, si lo proyecta en su ambiente laboral o las relaciones personales, podría generar un alboroto innecesario.

Proyectando su luz amorosa

Debido a que el amor es su fuerte, las relaciones son importantes para
usted. Su naturaleza apasionada y optimismo persistente, además de
su lealtad, hacen que sea una buena pareja. No obstante, le gusta el
apoyo, incluso la adoración, de más de una persona. Necesita saber
qué tanto va a satisfacer este impulso fuera de su relación principal,

o de otra manera surgirán problemas. Puede encontrarse en una serie de relaciones a corto plazo en lugar de una duradera, debido a que requieren menos compromiso de su parte. Aries, otro signo de fuego, comparte su optimismo y alegría de vivir, pero puede competir por ser el centro de atención. Tauro quiere consistencia tanto como usted, pero es probable que vaya en otra dirección, buscando seguridad económica y física. Se llevará bien con Géminis; el estilo hablador de este signo hace una buena combinación con su necesidad de una entretenida vida social. Los nativos de Cáncer pueden parecer demasiado exigentes en ocasiones, pero es difícil rechazar el amor cálido y protector que brindan. Otro Leo puede mantenerse a la altura en estilo, esencia e inspiración; sin embargo, tendrán que compartir el escenario. Podría sentirse cómodo con la dedicación de Virgo en su relación, y este signo se encargará de los detalles que usted preferiría ignorar. Libra es un signo compatible, con un gusto por la interacción social que compite con el suyo, y la objetividad para moderar su enfoque dramático. Los nativos de Escorpión parecen demasiado sagaces e intensos, mientras usted trata de divertirse y contagiar el entusiasmo y la alegría que siente; no obstante, descubrirá que tienen el mismo interés suyo por hacer un mundo mejor. El sagitariano se extiende sobre sus ideales, creando una meta y una vía para alcanzarla; juntos explorarán el universo a lo largo del camino. Los capricornianos tienen un estilo diferente del suyo, pero sus corazones están en el lugar correcto. Acuario brinda exactamente la cualidad que más necesita: la imparcialidad para meditar las cosas y ver el valor de todos los seres. La conexión que tiene Piscis con las esferas interiores es algo con lo que puede relacionarse, especialmente cuando vea cómo el enfoque holístico de este signo le da poder a usted y a sus objetivos.

Su lugar en el mundo

Le gusta labrar su vida a medida que avanza, por eso una carrera demasiado predecible y con trabajo monótono lo dejará aburrido y sin inspiración. Quiere que cada actividad sea única, escogida por usted, y algo que le interesa. Es probable que le atraigan campos tales como las ventas (especialmente donde trabaja sólo para cultivar relaciones con la clientela) o las relaciones públicas (donde da a conocer a otros el valor de un producto o las capacidades de una persona). Otras ocupaciones le permiten expresar su creatividad más directamente, tales como el drama o la comedia, las artes visuales o la presentación musical. Usted es un líder nato, especialmente si está dispuesto a asumir un rol mayor que el nominal y asegurar que todas las responsabilidades de la oficina sean cumplidas. Tal vez disfrute estar a la cabeza en el desarrollo de actividades creativas, quizás produciendo obras o películas. Gracias a su espíritu empresarial, lo que le interesa apasionadamente puede ser convertido en oro comercial.

Lo mejor que puede hacer

Cuando participa en un verdadero toma y daca, Leo, está en su mejor situación. El peligro radica en ser arrastrado por la energía que otros le dan. Le gusta generar alegría y entusiasmo (otras palabras para el amor) cuando entra a una sala. Posee un talento único para crear esto llamando la atención de los demás haciendo o mostrando algo. Este es un intercambio de energía —si devuelve la energía que le dan—. Sin embargo, si olvida ese paso en el proceso por la emoción del momento, detiene el flujo y pierde la conexión con su auditorio. La forma más fácil de mantener el flujo es pasar a un estado de gratitud. Cuando realiza este proceso mágico con los demás, desencadena una experiencia curativa. Durante la curación, alcanza picos de energía emocional, y su audiencia lo sigue. Definición, liberación, integración, gratitud —estos son los pasos de la curación—; corresponden a las escenas en una historia o drama. Usted completa el proceso cuando expresa las gracias, lo cual hace también la audiencia.

Herramientas para el cambio

Leo, tendrá mucha más capacidad para cumplir los deseos de su corazón si pone límites internos en su efusión energética de vitalidad. Tiene tanto vigor y entusiasmo, que puede desconcertar a la gente. Este potencial lado negativo puede ser evitado si modera la expresión de su entusiasmo. Primero, puede limitar su propio rol en cualquier iniciativa o proyecto de grupo: involúcrese en grupos que funcionen como equipo, donde todos sean iguales; haga su trabajo sin buscar el reconocimiento; deje que otros tomen la delantera o sean el eje de operaciones colectivas. Haga un esfuerzo por llevar la parte justa de la carga. Para usted, la indecisión puede ser que no parece encontrarse en su mejor situación en términos de aparición y destreza. Sin embargo, la gente apreciará sus esfuerzos y lo verá como uno de ellos. Otra cosa que puede hacer es jugar en deportes en equipo. Incluso si es un jugador estrella, aún debe actuar como parte de un equipo, y esto equilibrará su naturaleza Leo, dándole la oportunidad de expresar el lado de fuego competitivo y dramático además de cultivar habilidades orientadas al equipo.

Es una persona tan entusiasta y creativa, que salta alegremente a lo largo de la vida, a veces pasando por alto las estructuras prácticas que le permiten seguir adelante —cosas como pagar las cuentas, lavar la ropa, asegurarse de tener alimentos en la alacena, y arreglar las tuberías—. Descubrirá que el flujo de la vida se desintegra rápidamente cuando no se mantienen estas bases. No obstante, si las maneja bien, es más libre de ser usted mismo. Aunque es bueno que contrate una criada, un contador y un manager personal para que hagan estas cosas por usted, tal vez necesite afirmar la disciplina para manejarlas por sí mismo. Como signo de fuego, es probable que encuentre más natural estar en modo expresivo en lugar de receptivo. La falta de receptividad lo aísla de los demás, quienes son menos abiertos con usted. La preparación en comunicaciones le ayudará a desarrollar la capacidad de escucha y le enseñará a expresar sus sentimientos en diversas formas para afianzar su vínculo con quienes lo rodean. Esto también le enseñará a dar un paso atrás en una situación para verla más objetivamente, y así decidir si su pasión es un componente útil. La meditación que se enfoca en mover energía hacia el corazón, como es hecha con prácticas de equilibrio de chakras, también apoya su espíritu leonino.

Afirmación del año

Me gusta sacar tiempo para alimentar mi ser interior.

Leo: el año venidero

En el año 2006, las oportunidades surgirán de usted mismo. Este es el tiempo para mirarse interiormente a fin de hallar las chispas de creatividad y propósito que lo impulsan, ya que está empezando una subida de seis años hacia la cima. Esto es parte del ciclo de Júpiter, que avanza a través de Escorpión y su cuarta casa solar. Ahora tiende a pasar más tiempo en casa, tal vez porque está haciendo renovaciones. Es probable que se mude, aunque cualquier cosa que rejuvenezca su ambiente hogareño servirá para satisfacer el deseo de hacer más alegre su entorno. Si vende su casa, busca una ganancia limpia; si va a comprar, tenga cuidado de no ponerle demasiada atención a eso. Cuando Júpiter entre a Sagitario y su quinta casa solar en noviembre 23, se sentirá más enérgico y concentrado en la forma en que expresa su iniciativa creativa. Esta ubicación le traerá más alegría y diversión —incluso más amor si lo desea—. Será el tiempo para fijar su visión en un nuevo sueño.

Saturno continúa su curso a través de Leo y su primera casa. Usted ha descubierto el valor —tal vez la necesidad— de más disciplina al manejar sus energías y circunstancias personales. Si no está satisfecho consigo mismo, ahora llevará el peso total de esa conciencia; seguirá escudriñando sus relaciones, dejando atrás a los que no encajan con la persona en que se está convirtiendo. Este es un buen período para reformar su salud y apariencia.

Quirón permanece en Acuario y su séptima casa solar, exponiendo de modo convincente asuntos que está tratando respecto a sus relaciones. Es probable que esté insatisfecho con las experiencias junto a su pareja; sin embargo, el problema puede tener origen en usted. Al menos, examine bien cuál es su parte en el asunto y confiese su falla; esto hará que el proceso de arreglo sea mucho más rápido —y averiguará si éste es posible dentro de la estructura actual—.

Urano está en Piscis, su octava casa, de nuevo este año, trayendo eventos inesperados. Podría sentir que su destino recibe ayuda en lo económico, o experiencias inusuales pueden caracterizar sus contactos con otros. Urano descompone nuestros patrones para que puedan ser creados unos más saludables. Sus finanzas pueden tener un cambio repentino, favorable o desfavorable. Si está preparado para la laguna ocasional que ocurre en el flujo de dinero de alguien, se beneficiará de lo que experimenta.

Neptuno continúa su tránsito lento por Acuario y su séptima casa solar, disolviendo viejos patrones en las relaciones para que pueda crear nuevos. Compromisos de hace mucho tiempo pierden fuerza mientras deja atrás partes negativas de sí mismo. Simplemente puede olvidar antiguos sufrimientos y enfocar la intimidad con un nuevo sentido de inocencia.

Plutón lo está estimulando desde la posición en Sagitario y su novena casa. Usted ha estado transformando sus objetivos, su forma de ver el mundo, desde 1995. Ha avanzado mucho desde entonces, pero aún hay un camino por recorrer en su búsqueda de algo mayor que usted mismo. Ya sea que descubra esa grandeza en viajes, educación o expansión espiritual, es consciente de estar en un viaje interior.

Los eclipses inician en marzo su permanencia en Virgo y Piscis; avivarán e iluminarán sus recursos y contactos financieros con otros. Este es un buen tiempo para revisar sus planes económicos, corregir formas erróneas del manejo de recursos, y hacer planes para un futuro seguro.

Si nació entre julio 26 y agosto 18, Saturno en Leo influenciará su vida de la forma más básica; está en su propio signo —su primera casa— un evento que ocurre una vez en treinta años. Es probable que se sienta obligado con otros de nuevas formas, tal vez llevando una carga de responsabilidad mayor que antes. Podría sentir que debe cambiar su antiguo comportamiento para lograr una nueva empatía con los demás o adelantar sus objetivos de algún modo. Este es un gran período para cambiar de apariencia; otro peinado y nuevas modas son formas en que puede marcar una diferencia al interactuar con otras personas. Naturalmente, la belleza es más que superficial, por eso también son útiles las correcciones en salud a través de dieta y ejercicio. Los cambios que decida hacer serán el resultado de un riguroso proceso de autocrítica. Tiene la oportunidad de reevaluar quién es usted, a dónde se dirige, qué quiere realizar en su vida y qué está haciendo para lograrlo. Nunca es tarde para comenzar de nuevo y perdonarse a sí mismo sus errores; en realidad, esto es esencial si va a sacar el mejor partido de este poderoso tránsito. Los eventos de Saturno ocurrirán en o cerca de enero 27, febrero 19, abril 5 y 24, junio 20, agosto 7, noviembre 16 y diciembre 5.

Si nació entre julio 29 y agosto 7, Urano en Piscis estará en su octava casa solar. Si sus asuntos financieros fueron tenues en el pasado, este año lo serán aun más, requiriendo que haga cambios en la forma en que los maneja. Ocurrirán sucesos inesperados, y para enfrentarlos tal vez deba tomar sus reservas de dinero o prestar. Podría perder o ganar grandes sumas por una herencia, inversiones o demandas de seguros. En un nivel más profundo, experimentará un proceso de entendimiento. Empezará a reconocer y buscar lo que realmente le interesa; es probable que se trate de logros intangibles como amor, confianza, apoyo mutuo, y posiblemente involucrarán a otras personas. Incluso podría examinar su pasado para descubrir los patrones inconscientes que lo impulsan a actuar y comportarse como lo hace. En este proceso de abertura, puede obtener ayuda y apoyo estudiando las herramientas esotéricas, que han sido diseñadas específicamente para experiencias de espiritualización como la suya. El tarot, la numerología y la magia pueden ayudarle a comprender el mundo misterioso al que está entrando ahora. Sucesos relacionados con Urano ocurrirán en o cerca de marzo 1, junio 5 y 19, septiembre 5, noviembre 19 y diciembre 2.

Si nació entre el 7 y el 12 de agosto, Neptuno está haciendo contacto directo con su Sol desde la posición en Acuario y su séptima casa. Desde 1998, ha experimentado un cambio lento y sutil en sus percepciones de los demás y las interacciones con ellos. Esto es especialmente cierto en sus relaciones con compromiso —matrimonio, sociedades comerciales y amistades cercanas—. Gran parte de lo que ha descubierto está muy ligado a su propia naturaleza. Usted es la mitad de la ecuación al tomar decisiones en la relación, y esta es la parte clave que puede cambiar. Cuando Neptuno esté ejerciendo su influencia, podría encontrar que viejos lazos se desvanecen, o que no había nada ahí para empezar. Tal vez ha estado sosteniendo la relación, pensando que tenía más apoyo que el que en realidad había. Puede descubrir que alguien cercano a usted no es confiable ni capaz de hacer un compromiso. En tal caso, es probable que le atraiga este tipo de persona porque secretamente teme comprometerse. Por otra parte, podría encontrar que se crea un lazo espiritual entre usted y otra persona. Aunque esto no es garantía de que habrá una relación más terrenal, es una gran experiencia. Los eventos neptunianos ocurrirán alrededor de enero 27, febrero 5, marzo 15, mayo 10 y 22, agosto 10, octubre 29 y noviembre 9.

Si nació entre el 15 y el 20 de agosto, Plutón está transformando su camino a través de una conexión directa con su Sol desde la novena casa. Ha sentido venir esto desde 1995, y es tiempo de hacer grandes cambios. Tal vez decida revolucionar totalmente su carrera, regresando a la universidad por un grado o cambiando el enfoque de su profesión para alinearla con su nuevo propósito. La dirección de la vida y el propósito juegan un papel significativo ahora, porque más que nada quiere sentir que su vida tiene sentido. Si no lo tiene, cambiará las cosas para que lo tenga. Será útil que amplíe sus horizontes; esto puede darse a través de la educación superior, viajes u otros contactos con culturas desconocidas. Tal vez quiera cambiar sus formas de trabajo usuales para dedicarse a algo con un enfoque más humanitario, tal como un programa de caridad extranjero o una actividad de apoyo social más cerca de casa. También hay un sentido de búsqueda: quiere crecer, retarse a sí mismo, y ser una persona mejor, tal vez más espiritual. Conectarse con sus ideales y luego atreverse a seguirlos es crítico para el éxito de su viaje. Experimentará eventos relacionados con este proceso alrededor de marzo 17 y 29, junio 16, septiembre 4 y 16, y diciembre 18.

Si nació entre julio 22 y 25 o agosto 21 y 23, este año no habrá contactos planetarios con su Sol importantes. Esto significa que tiene la oportunidad de elegir su propio camino sin "interferencia planetaria"; sin embargo, también significa que no tendrá dirección por parte de los planetas. Sin dirección, podría perder ímpetu y no adelantar sus objetivos este año. Naturalmente, sacar tiempo libre para relajarse y disfrutar la vida es esencial en una existencia saludable. Este puede ser un buen período para tomar unas vacaciones o planear un viaje de placer en crucero esperado desde hace mucho tiempo. Si otros planetas en su carta son contactados por los planetas principales, sentirá las fuerzas del cambio operando en su vida, pero tal vez no tan poderosamente como lo harían si su Sol estuviera involucrado.

Leo/Enero

Puntos planetarios clave

Ha estado más concentrado y disciplinado desde el último julio, y ahora siente que es tiempo de acelerar su ritmo, cuando la gran cruz fija contacta su Sol. Sin embargo, hay factores de complicación. Venus, retrógrado desde el fin del año anterior, confunde su eficiencia —todavía tiene demasiadas cosas que deben ser terminadas para seguir adelante—. Pueden aparecer barreras alrededor de enero 15, 18, 23 y 27. En tal caso, son sólo otra etapa en el proceso, y asegurarán que pueda allanar las arrugas del sistema.

Salud y bienestar

Aunque normalmente es fuerte, podría sufrir más que del usual virus con Venus retrógrado en su sexta casa, así que cuídese. Enfóquese en mantenerse organizado, dormir ocho horas cada noche y comer poco pero nutritivamente. Este es un buen período para renunciar a las fiestas y quedarse en casa.

Relaciones en la vida y el amor

Las relaciones en el trabajo pueden no ir tan bien con Venus retrógrado acentuando su sexta casa. Los problemas no sólo son algo que surgió este mes sino los asuntos que se han creado con el tiempo. Es tiempo de enfrentar lo que está sucediendo y modificar sus métodos y hábitos. Sin embargo, todo esto no depende de usted; se requieren dos para que funcione. Si solamente está recibiendo crítica, señale las motivaciones comunes que comparte con las otras personas involucradas en la situación, a fin de canalizarlas en esfuerzos armoniosos.

Finanzas y éxito

Un contacto Júpiter-Neptuno le da la oportunidad de revisar qué tan bien está cuidando su vida privada. Este es el tiempo de mirar ese largo túnel del futuro y ver qué potenciales puede desarrollar para los seis años siguientes. También estará revisando los pasados nueve años para ver qué tan lejos ha llegado, haciendo inventario y terminando cosas. La fecha focal es enero 27.

Días favorables 5, 6, 7, 10, 11, 15, 16, 20, 21, 25, 26

Días desafiantes 1, 2, 8, 9, 22, 23, 24, 29, 30

Leo/Febrero

Puntos planetarios clave

Hasta febrero 5 continuará el viaje en el nuevo camino de vida que inició a mediados de enero, cuando la principal configuración de este mes es activada por Mercurio y el Sol. Saque tiempo para sintonizarse en su realidad interior el día 5, cuando empieza el nuevo ciclo anual de Neptuno. Percepciones pueden ser reflejadas hacia usted por otros, quienes tal vez no son conscientes de los mensajes que están trayendo.

Salud y bienestar

Venus retorna su movimiento hacia adelante el 3 de febrero, y con ello sus rutinas cotidianas. Su horario ha sido alterado por cerca de seis semanas, ya sea por enfermedad, cirugía o trabajo duro. Ahora puede volver a manejar su propio horario apropiado, el cual debería incluir una rutina de ejercicios revigorizantes y comidas nutritivas. Volverá a la normalidad al final del mes.

Relaciones en la vida y el amor

Las relaciones laborales han necesitado modificaciones. Si dirige un equipo, tal vez ha tenido que contratar o despedir a alguien, o darle indicaciones adicionales. Pueden haber surgido conflictos dentro del grupo que deben ser resueltos. Si no han sido solucionados, seguirán latentes y atrincherados en el sistema, así que lo mejor es arreglar las cosas antes de que eso ocurra. Entre más pronto en el mes maneje la situación, mejor será, pues Venus, el planeta clave, cambia de dirección el 3 de febrero. Es tiempo de que mire profundamente lo que quiere de sus relaciones más estrechas. Si hay asuntos no resueltos, no puede liberarse de ellos ignorándolos. Se requiere un enfoque constructivo para superar problemas serios, y la ayuda de otros puede ser necesaria.

Finanzas y éxito

Ha estado con un horario apretado por al menos seis semanas, pero ahora podrá ponerse al día rápidamente. Disminuyen las distracciones cuando todos empiezan a cooperar otra vez.

Días favorables 2, 3, 6, 7, 11, 12, 16, 17, 21, 22

Días desafiantes 4, 5, 18, 19, 20, 25, 26

Leo/Marzo

Puntos planetarios clave

Su casa y familia requieren más atención este mes, ya sea por reparaciones y renovaciones o necesidades familiares, mientras Júpiter se torna retrógrado en marzo 4 y hace el segundo de tres contactos con Neptuno el día 5. Las finanzas estarán débiles la mayor parte del mes mientras Mercurio se mueve hacia atrás a través de su octava casa desde el día 2 al 25. Una entrada inesperada de dinero viene de la familia cuando más se necesita.

Salud y bienestar

Aunque está trabajando duro, tiene la fortaleza y resolución para superar sus actuales circunstancias. Está luchando por crear felicidad y realización, y ese es el factor más importante para estar saludable. Tener esto en mente hará más fácil mantener una actitud optimista y un alto nivel de vitalidad. Si se siente cansado, es porque ha perdido la pista de a dónde se dirige. Asegúrese de dormir lo suficiente.

Relaciones en la vida y el amor

Su mundo social ha tenido grandes alteraciones desde 1995, y ocurrirá más este año cuando el eclipse lunar enfoque las fuerzas transformativas de Plutón. Los hijos, si tiene, seguirán experimentando un cambio dramático. Los lazos románticos invocan sentimientos poderosos, pero también pueden ser problemáticos. Los sucesos relacionados con este campo energético se presentarán el 14 y el 29 de marzo.

Finanzas y éxito

Se ha aliviado la presión en la carrera o los negocios justo a tiempo para que las actividades se intensifiquen en casa. Con la incertidumbre de sus finanzas, la familia brinda un necesitado sustento este año, incluso si es solamente emocional o mental. Desde el 4 de marzo, este sustento puede ser interrumpido o tornarse más regular como un reflejo de su situación. Si los tiempos son difíciles, es bueno que tenga en cuenta que esto es temporal y que las limitaciones actuales contribuirán al logro de una meta digna, porque avanza en la dirección correcta. Otras fechas clave este mes son el 1, 14 y 29.

Días favorables 1, 2, 5, 6, 7, 10, 11, 12, 15, 16, 17, 20, 21, 29, 30

Días desafiantes 3, 4, 18, 19, 25, 26, 31

Leo/Abril

Puntos planetarios clave

Una carga es liberada de sus hombros en abril 5, cuando Saturno recobra el movimiento directo. En julio pasado, cuando este planeta entró a su signo, usted encontró útil asumir una responsabilidad adicional y autodisciplina para lograr nuevos objetivos. Sus elecciones fueron probadas en el otoño, y tuvo que crear un plan de acción desde noviembre 22. Su empresa alcanzó un crescendo en enero 27, y ahora puede empezar a ver cómo saldrán las cosas. Todavía hay cuatro meses para seguir con esta fase de su plan, y luego otro año antes de que la presión se dirija a una nueva área.

Salud y bienestar

Parte de su programa de perfeccionamiento personal incluye presentarse de una nueva forma. Se está viendo de manera distinta y cambiando su apariencia para reflejar su nueva identidad. Cuando Saturno cambie de dirección, verá más claramente cómo es ahora y lo que necesita para realizar sus objetivos con la máxima eficacia, y podrá seguir adelante con un mayor sentido de claridad y optimismo.

Relaciones en la vida y el amor

Aunque puede ver cambios en el camino, todavía no es tiempo para ellos. Mientras tanto, enfrentar lo que está sucediendo le permitirá prepararse. Por ahora fundamente su vida de muchas formas extendiéndose socialmente. Las personas carismáticas que se encontrará alrededor de abril 8 tal vez serán más desafiantes que lo que esperaba.

Finanzas y éxito

Trabajar ahora a través del Internet traerá éxito en el futuro, incluso si no parece que el potencial está ahí. Hay armonías planetarias en abril 16, 19 y 20 que le darán a su vida pública un estímulo adicional. Este es un buen tiempo para hacer esas llamadas telefónicas que generan nuevos negocios.

Días favorables 2, 3, 6, 7, 8, 11, 12, 13, 16, 17, 18, 25, 26, 29, 30

Días desafiantes 1, 14, 15, 21, 22, 27, 28

Leo/Mayo

Puntos planetarios clave

Este mes podría sentirse igual a enero en todo menos en la temperatura, pues la gran cruz fija se repite hasta mayo 14. Sin embargo, habrá espacios azules entre las nubes cuando un gran trino de Marte-Júpiter-Urano se forma simultáneamente, dándole la posibilidad de beneficiarse de los eventos que ocurran.

Salud y bienestar

Se sentirá más reservado este mes mientras Marte acentúa su duodécima casa, y deseará salir de la atención pública por un tiempo. Aunque está ocupado, consigue el apoyo que necesita para sacar este tiempo y revitalizarse. Puede obtener ayuda para las tareas que requieren su vigilancia constante.

Relaciones en la vida y el amor

Llega apoyo emocional y creativo de vínculos familiares y comerciales; lo más importante ahora es saber que los demás tienen fe en usted y sus objetivos. Los momentos desafiantes se presentarán del 4 al 15 de mayo y el día 22 de este mes.

Finanzas y éxito

Tal vez sienta que está empezando de nuevo, pero es más que eso. Necesita ampliar su perspectiva para ver otras partes del cuadro general. En realidad, lo que enfrenta ahora se inició en mayo de 2000. Así como sabe que todo lo que sube baja, también es consciente de que regresará a la cima en una nueva y mejor forma. Cuando Júpiter llegue al punto medio de su ciclo en mayo 4, usted puede sentir un poco de alivio, pero la mejor parte es saber que la verdadera libertad vendrá en sólo dos meses. Será un avance sin mayor esfuerzo hasta completar las empresas de este año, que estarán totalmente integradas a su vida al final del mismo.

Días favorables 4, 5, 9, 10, 14, 15, 22, 23, 27, 28, 31

Días desafiantes 11, 12, 13, 18, 19, 24, 25, 26

Leo/Junio

Puntos planetarios clave

La presión se intensifica cuando Marte alcanza a Saturno en su signo en junio 17. Esta es sólo otra etapa de la situación que surgió en julio pasado y se definió mejor en el otoño. Desde entonces, ha tenido puntos cruciales ocurridos en enero, abril y mayo. Del 4 al 22 de junio se dedicará a actividades que resuelven los asuntos asociados, con eventos más significativos del 17 al 22.

Salud y bienestar

Ahora necesita tiempo para sí mismo a fin de tener más claridad en los asuntos que enfrenta, así que es un buen período para que planee eso en su horario. Puede ahorrar tiempo haciendo en solitario cosas que normalmente realiza con otros, tales como el trabajo en la oficina (cierre la puerta), el ejercicio y la práctica espiritual. Limite el tiempo en que puede ser interrumpido por el teléfono y el correo electrónico solamente en las horas prescritas del día.

Relaciones en la vida y el amor

Hay un punto débil en su relación que ha estado tratando de arreglar desde el verano pasado. Esto tomará un largo proceso de autocrítica y curación, además de la disposición de comprometerse honestamente con su pareja si la tiene. Ahora hay una oportunidad de introducir nuevo conocimiento en la ecuación más armoniosamente, especialmente alrededor de junio 7. Aunque no es una panacea, es un paso en la dirección correcta.

Finanzas y éxito

Una alteración de su normal flujo de ingresos puede presentarse hacia junio 19, cuando empieza el período retrógrado de Urano. Esto es parte de un cambio más grande en la forma en que se gana el sustento. Ha estado buscando liberarse de las limitaciones económicas, pero esto lo expone a un mayor riesgo financiero. Los siguientes cinco meses le darán la posibilidad de fortalecer su base, de tal forma que cuando sus ingresos fluctúen negativamente tenga una reserva disponible.

Días favorables 1, 2, 5, 6, 7, 10, 11, 19, 20, 23, 24, 28, 29

Días desafiantes 8, 9, 14, 15, 21, 22

Leo/Julio

Puntos planetarios clave

La presión es liberada y ahora puede progresar de manera continua hacia sus metas personales. Júpiter lo ayudará en forma de apoyo del hogar y la familia una vez que vuelva a su movimiento directo en julio 6. Los proyectos y las personas en casa requieren menos esfuerzo intenso, y usted cuenta con más tiempo libre.

Salud y bienestar

El período retrógrado de Mercurio empieza en su signo en julio 4, pero rápidamente retrograda en Cáncer y su duodécima casa. Este es un buen tiempo de retiro para usted, cuando puede renovar sus depósitos energéticos después de unos meses agotadores. Un componente importante del alejamiento es tener tiempo para hacer lo que necesita a fin de hallar el lugar de paz en sí mismo. Esto podría ser reorganizar su oficina central, terminar un proyecto o hacer un retiro espiritual. Entre menos esté expuesto a las energías de otros, mejor será para usted. La enfermedad podría ser un factor en juego si ignora la necesidad de restablecerse y retornar a su centro.

Relaciones en la vida y el amor

Su casa es un mejor lugar ahora, ya sea porque la dinámica de las relaciones es mejor o porque finalmente terminó el trabajo de remodelación. Este es un buen tiempo para celebrar la vida: dar una fiesta o simplemente levantar una copa con los seres queridos. Si ha estado esperando mudarse, podrá seguir con sus planes el 6 de julio.

Finanzas y éxito

Tendrá un bache económico alrededor de julio 5, pero a la larga no sumará mucho, así que no gaste energía emocional en ello.

Días favorables 2, 3, 4, 7, 8, 9, 16, 17, 25, 26, 30, 31

Días desafiantes 5, 6, 12, 13, 18, 19

Leo/Agosto

Puntos planetarios clave

Este será el mes más activo del año, cuando el Sol y Saturno se conecten para iniciar el nuevo ciclo anual de este planeta en agosto 7. Tiene una visión clara de lo que requiere para crear en usted una nueva persona, y está por completo dedicado a lograr sus metas. Use este tiempo para fijar su resolución y articular sus objetivos a través de planes escritos y dibujos. Esto le hará más fácil concentrarse porque genera energía interna que asegura el éxito. Sus planes tienen un impacto sobre compañeros u otras personas cercanas con quienes enfrenta una dificultad continua. El año siguiente deberá decidir cómo equilibrar la realización de sus planes con el cumplimiento de sus obligaciones y compromisos. Eventos relacionados ocurrirán en agosto 10.

Salud y bienestar

Tendrá la tendencia a estar muy serio, pero puede moderar dicha actitud sacando tiempo para reír y disfrutar la vida. Programe tiempo libre si encuentra difícil escaparse, y comprométase a realizar algo divertido ahora. Si tiene un evento social planeado, es menos probable que falte a la cita. Asegúrese de que sus fines de semana sean tiempo libre de responsabilidades, y mantenga en marcha su rutina de ejercicios.

Relaciones en la vida y el amor

Hacia agosto 10 enfrentará nuevos obstáculos en sus relaciones. Si tiene pareja, quizás él o ella no esté ahí para usted —en realidad, podría drenar su energía debido a una enfermedad o debilidad personal—. Es necesario fijar límites en la situación para poder perseguir sus metas. Si su pareja necesita apoyo adicional, tal vez es tiempo de conseguir a alguien que lo ayude cuando usted no pueda, sin importar cómo se sienta su ser amado al respecto.

Finanzas y éxito

Tal vez desee aliviar sus frustraciones saliendo de compras, lo cual puede exceder su presupuesto y lo inquiete en sus planes para el futuro. No deje que su necesidad de hacer lo que hacen sus amigos lo incite a gastar lo que no puede. El riesgo será mayor en agosto 13 y 29.

Días favorables 4, 5, 12, 13, 16, 17, 18, 21, 22, 23, 26, 27, 28, 31

Días desafiantes 1, 2, 3, 8, 9, 14, 15, 29, 30

Leo/Septiembre

Puntos planetarios clave

Tiene la satisfacción de ver progresos por sus esfuerzos del año pasado, y ahora cuenta con tiempo relativamente ininterrumpido para trabajar por sus objetivos. Sin embargo, los asuntos financieros requieren atención adicional, especialmente del 3 al 9 de septiembre, y tal vez piense que es inaceptable el nivel de riesgo que tiene en sus ingresos. Aunque se sentirá más tranquilo después, la mayor estabilidad es un objetivo digno que puede ser cumplido manteniendo una reserva más grande.

Salud y bienestar

Tendrá más energía para su rutina de fitness después de septiembre 6, cuando Marte inicia un contacto de apoyo con su Sol. Por variedad, trate de permanecer más cerca de casa cuando haga ejercicio, ya sea explorando su barrio mientras camina o corre, o aprovechando instalaciones cercanas.

Relaciones en la vida y el amor

Aunque aquellos con quienes sólo es conocido ven poco de usted estos días, quienes están cerca ven cuán ocupado se encuentra. Su vida está llena de eventos y actividades con ellos y para ellos. Tiene grandes objetivos en mente, especialmente en lo que respecta a las comodidades que quiere para sí mismo y su familia. Sus esfuerzos ahora florecerán a finales de octubre y conducirán a más éxitos en los siguientes dos años.

Finanzas y éxito

El tercero de tres contactos entre Júpiter y Neptuno ocurrirá en septiembre 24, estimulándolo para que revise los objetivos que se fijó en enero. Ha superado muchos obstáculos para llegar a donde se encuentra ahora. Los siguientes dos meses acabará esos planes mientras formula las ideas que lo pasarán al siguiente peldaño de la escalera. Los esfuerzos consistentes y continuos lo capacitarán el año siguiente para crear cosas más grandes.

Días favorables 1, 9, 10, 13, 14, 17, 18, 19, 22, 23, 24, 27, 28, 31

Días desafiantes 1, 2, 3, 8, 9, 14, 15, 29, 30

Leo/Octubre

Puntos planetarios clave

El deseo de mejorar su hogar y las relaciones está produciendo resultados, y esto es más evidente en octubre. Si en ocasiones parecía que sus mayores esfuerzos y buenas intenciones habían caído en oídos sordos, al final del mes descubrirá que no es así. Aunque todavía faltan dos meses antes de que se den los resultados finales, algunas indicaciones sutiles, especialmente antes de octubre 15, revelarán que ha hecho las cosas bien.

Salud y bienestar

Se siente más energizado cuando Saturno en su signo no es tan influenciado por otros cuerpos celestes. Incluso cuando el trabajo lo deja cansado, el ejercicio suave restaura su chi, relaja los músculos tensos y aumenta su optimismo con la liberación de endorfinas. Disfrutará más las actividades físicas si se realizan al aire libre y con amigos.

Relaciones en la vida y el amor

El último período retrógrado de Mercurio, que comienza en octubre 28, revelará asuntos en casa, permitiéndole arreglar problemas reprimidos. Las comunicaciones a comienzos del mes mostrarán la forma que tomarán las situaciones importantes, aunque los asuntos subyacentes son los que ha estado tratando todo el año. Observe lo que experimenta en octubre 15, 22 y 24, pues los sucesos le darán indicaciones de lo que ocurre, e incluso podría evitar malentendidos en estas fechas. Puede atenuar problemas emocionales pasando tiempo en compañía pero no en casa —vaya al cine o a un evento social para poner de nuevo su relación en un terreno neutral—.

Finanzas y éxito

Confíe en sus instintos en octubre 9 y 10 para que le digan qué hacer con una oportunidad financiera que se presentará entonces. Esta oportunidad aparentemente fortuita está basada en sus bondades pasadas, y alguien trata de retribuir el favor. Sin embargo, no la tome si no parece apropiada.

Días favorables 6, 7, 10, 11, 15, 16, 20, 21, 25, 26

Días desafiantes 2, 3, 8, 9, 22, 23, 24, 29, 30

Leo/Noviembre

Puntos planetarios clave

Las actividades en casa aumentarán cuando los planetas se agrupen en su cuarta casa, y la vida familiar será su principal interés. Esto podría involucrar renovaciones o reparaciones, preparativos para recibir invitados y la atención de los mismos, e interacciones alegres con otros parientes. Es un tiempo apropiado para hacer un aseo de otoño, limpiar las alfombras y pintar de nuevo las paredes. Podrá divertirse mientras aumenta el gusto por su casa.

Salud y bienestar

Mientras trabaja en la casa, es posible que haya lesiones debido a la desorganización que se origina por los cambios que está haciendo ahí. Recogiendo las cosas y usando las herramientas correctamente evitará esta posibilidad. Incluso si está haciendo reparaciones o redecorando la vivienda, es importante hacer ejercicios que usen grupos musculares de forma diferente a como están siendo fatigados mientras trabaja. De este modo, si se encuentra pintando, dé una caminata o corra un rato durante el día. Podría ser más sensible de lo que cree a los gases de productos de limpieza y construcción, así que mantenga bien ventilado su espacio de trabajo. Tenga más cuidado en noviembre 1, 8, 11 y 17.

Relaciones en la vida y el amor

A pesar de los retos menores que enfrenta en casa, la vida con su familia es buena. No obstante, en un momento de cansancio o estrés, es posible que diga algo equivocado, especialmente en noviembre 11. Una excusa inmediata y simple contribuirá mucho a recuperar la armonía.

Finanzas y éxito

Si se siente inspirado y optimista a medida que pasa el mes, es porque Júpiter está a punto de entrar a Sagitario y su quinta casa de diversión y creatividad. Ha trabajado duro el año pasado para construir algo nuevo, y ahora esto avanzará con mucha más armonía, promoviendo sus grandes planes hacia el éxito. Es tiempo de dejar fluir su lado creativo, porque a través de lo que hace ahora descubrirá y desarrollará su más grande potencial.

Días favorables 2, 3, 6, 7, 8, 11, 12, 16, 17, 21, 22, 30

Días desafiantes 4, 5, 18, 19, 20, 25, 26, 27

Leo/Diciembre

Puntos planetarios clave

Este es el segundo año de su proyecto de perfeccionamiento personal, y ahora es tiempo de que se dedique seriamente a las tareas que se fijó alrededor de agosto 7. En diciembre 5, el retrógrado de Saturno demarca un período de cinco meses de atención concentrada para cumplir sus objetivos personales. Esto requiere autodisciplina y tal vez inquietud mientras reestructura su vida, pero sabe que será mejor una vez que se adapte.

Salud y bienestar

Parte de la disciplina que está ejerciendo en su vida se extiende a cuidar de sí mismo en nuevas formas. Un nuevo estilo de vida, dieta o programa de fitness también caerá bien. La fuerte energía de Saturno hará más fácil fijar límites sobre usted mismo ahora, así que si desea cambiar de hábitos para bien, este es un tiempo ideal para hacerlo.

Relaciones en la vida y el amor

Es más fácil que maneje su proceso de desarrollo personal teniendo distracciones agradables. Desde luego que este es el caso ahora, con un grupo de planetas en su quinta casa de diversión y romance. Los lazos sentimentales están en primer plano en su mente, ya sea que involucren parejas románticas, hijos o amigos. Podrían ser parte del plan actividades deportivas, eventos culturales, fiestas y bailar en su club preferido. Hay energías poderosas actuando, así que no se impaciente demasiado por tener confianza con personas que no conoce. Esta promete ser una estación festiva única que se destacará entre otras.

Finanzas y éxito

Alrededor de diciembre 19 su trabajo será reconocido de una forma que originará más ingresos, incluso si esto no ocurre en seguida. Mantenga sus esfuerzos constantes y solidificará este resultado en los meses venideros.

Días favorables 1, 4, 5, 8, 9, 10, 13, 14, 15, 18, 19, 27, 28, 31

Días desafiantes 2, 3, 16, 17, 23, 24, 29, 30

Tabla de Acciones de Leo

Estas fechas reflejan los mejores —pero no los únicos— días para el éxito en dichas actividades, según su signo solar.

	ENE	FEB	MAR	ABR	MAY	JUN	JUL	AGO	SEP	OCT	NOV	DIC
Mudanza										2-26	18-30	1-7
Iniciar un curso									12-30	1		
Ingresar a un club					20-31	1, 2						
Pedir un aumento					27, 28	24-30	1-18, 25	12-31	1-5			
Buscar trabajo	3-31	1-8			5-19							27-31
Buscar ayuda profesional	2, 3, 6	2, 3, 26	1, 2, 25	21, 22, 25	18, 19, 22	15, 16, 19	12, 13, 16	8, 9, 12	5, 6, 9	2, 3, 6, 7	2, 3, 26	1, 23, 24
Buscar un préstamo	3, 4, 31	1, 27, 28	27, 28	23, 24	20, 21	16-18	14, 15	10, 11	7, 8	4, 5, 31	1, 28, 29	25, 26
Ver un doctor	3-31	1-8				3-30	1, 2, 29-31	-27				
Iniciar una dieta							10, 11					
Terminar una relación								8, 9				
Comprar ropa											18-30	1-27
Hacerse un maquillaje							1, 2, 25, 26	11-31	1-5			
Nuevo romance			5-31	1-5			16, 17	12, 13	9, 10		17-30	1-10, 18
Vacaciones	6, 7	2, 3	1, 2, 29	16-20	1-28	19, 20				6, 7	2, 3, 30	1, 27, 28

VIRGO

La Virgen
Agosto 23 a Septiembre 23

♍

Elemento:	Tierra
Cualidad:	Mutable
Polaridad:	Yin/Feminino
Planeta regidor:	Mercurio
Meditación:	Puedo tener tiempo para mi
Piedra preciosa:	Zafiro
Piedra de poder:	Peridoto, amazonita, rodocrosita
Frase clave:	Yo analizo
Símbolo:	Símbolo griego de contención
Anatomía:	Abdomen, intestinos, vejiga de la bilis
Color:	Marrón, gris, azul marino
Animal:	Animales domésticos
Mitos/Leyendas:	Demitrio, Astraea, Hygeia
Casa:	Sexta
Signo opuesto:	Piscis
Flor:	Pensamiento
Palabra clave:	Discriminando

Fortalezas y debilidades de su ego

Su laboriosidad y compromiso desinteresado por el bien de la comunidad hace que los demás lo quieran. Desde su perspectiva, no está haciendo nada inusual o ejemplar —en realidad, ve que hay mucho por mejorar—, pero brinda una rara dedicación a otros, trabajando discretamente por el mayor bien. Su signo es mutable y de tierra; su mutabilidad deriva dos características: flexibilidad y capacidad para resolver problemas. Puede esquivar obstáculos de sus objetivos en lugar de enfrentarlos; se adapta fácilmente a las circunstancias, identifica barreras y dificultades, y esto le da una capacidad única para solucionar problemas. Piensa con los pies sobre la tierra, valorando imparcialmente una situación sin interés personal; esto le permite tomar decisiones que no se les ocurrirían a otros, y además le da la capacidad de sanar, pero debido a que Virgo es un signo de tierra, es probable que "sane" una cuenta bancaria ya que usted tiene esa facultad. Sin embargo, su estilo de no confrontación puede incitar a que otros se aprovechen de usted, especialmente si detectan que es inseguro respecto a su competencia. También tiende a comprometerse demasiado y luego se siente abrumado por los sucesos. El estrés es una de sus mayores dificultades.

Su naturaleza terrosa lo hace pragmático. Usa la lógica para descubrir las formas en que un procedimiento puede ser hecho más eficaz, para ver cómo manejar los detalles. Su mente es rápida y es bueno con los números. Pero para usted hay más que eso; en realidad se preocupa por los demás, aunque es más probable que lo demuestre limpiando la casa que diciendo "te quiero". Es práctico y lógico, y aunque los signos de tierra pueden sentirse atascados en sus circunstancias o tienen dificultad para cambiar, su mutabilidad equilibra dicha tendencia. Su naturaleza es un ambiente fluido y fértil para el crecimiento, tanto personal como en nombre de otros.

Proyectando su luz amorosa

Con su conducta modesta y estilo prosaico, no llama mucho la atención en el amor. Sin embargo, eso no significa que no sabe cómo actuar cuando aparece la persona apropiada. Está buscando cualidades específicas que no son las más fáciles de encontrar: fidelidad y la capacidad de ver la verdadera persona debajo de la máscara que lo emociona. Ya en la relación, trabaja incansablemente para apoyar a su ser amado, pero de esta forma tal vez no comunica plenamente sus sentimientos. Es importante que también recuerde formas más convencionales de demostrar su amor.

Aries le da energía y lo mantiene a la espectativa, pero podría cansarse del espíritu competitivo. Reconoce un enfoque común en asuntos prácticos en Tauro, con quien puede crear estructuras de valor duradero para sí mismo y otros. Encuentra muy estimulante su conexión mental con Géminis, pero tal vez tenga dificultad con el lado frívolo de este signo. El canceriano adiciona ternura y sensibilidad a su mundo, recordándole la importancia de expresar los sentimientos. Los nativos de Leo le enseñan a sentirse orgulloso de sí mismo y más seguro de sus capacidades, mientras usted los ayuda a aplicar sus destrezas de manera más eficaz para tener mayor éxito. Otro Virgo compartirá la carga de trabajo y la preocupación, pero también tendrán que aprender a relajarse juntos. Su espíritu será elevado con la visión que tiene Libra de las cosas más finas de la vida, pero este signo no es de los que se ensucia las manos. El entendimiento que tiene Escorpión de la naturaleza humana lo fascina y suaviza su comportamiento estimulando su lado sensual. Los sagitarianos lo inspiran para luchar por nuevas metas y posibilidades. Capricornio, otro signo de tierra, tiene la visión amplia y el liderazgo para hacer que sus planes funcionen maravillosamente; construirán grandes cosas juntos. Acuario le enseña cómo abrirse paso e introducirse en nuevos entornos sociales, mientras su lógica los une por medio de una animada conversación. Piscis, signo opuesto, le recuerda el vínculo faltante en su carácter y le ayuda a llenar el vacío, permitiéndole ver el cuadro completo con comprensión compasiva.

Su lugar en el mundo

Su inteligencia, espíritu práctico y lógica son capacidades muy valoradas, especialmente en puestos administrativos; como tales, puede aplicarlas exitosamente en cualquier campo. La eficiencia y organización lo convierten en un buen empleado, y si desea trabajar como contratista o empresario independiente, tiene la base apropiada para el éxito. Probablemente se siente mejor trabajando para alguien más —no porque le tema al riesgo de tener su propia empresa, sino porque la promoción, especialmente la autopromoción, no le llega naturalmente—. Sin embargo, si puede superar las preocupaciones respecto a sus defectos, otros lo encontrarán bastante calificado cuando se sienta preparado para darse a conocer. Otras áreas que le convienen incluyen servicio civil oficial, enfermería y medicina, curación, contabilidad y servicios financieros. También posee una gran aptitud mecánica que le permite trabajar fácilmente con objetos tridimensionales, desde computadores hasta carros y casas.

Lo mejor que puede hacer

Mientras Leo puede quedar inmerso en el fervor del momento y olvidar devolver, usted, Virgo, tiende a ocuparse tanto dando, que olvida recibir. Tiene un espíritu generoso y en realidad quiere ayudar a los demás. Crea un torbellino de actividad mientras se mueve eficazmente en las tareas y hace cosas asombrosas en un corto período de tiempo. Sin embargo, puede minar su productividad si no se cuida a sí mismo. El eslabón faltante es su capacidad de recibir de otros. Tal vez cree que no lo merece. Si deja de fluir aquí, socava su propia reserva energética, y la consecuencia es la enfermedad. Usted pierde su fortaleza, se estresa y deja de producir. Más importante que esto es que merece cuidarse a sí mismo, y ser cuidado en cambio por todo lo que da. Cuando establezca un equilibrio de entrada y salida, será una verdadera fuente de vida; su mente trabajará con velocidad y lógica, y sus capacidades analíticas estarán plenas, aumentando su eficiencia y dándole más tiempo para que también se divierta.

Herramientas para el cambio

Necesita salir más, Virgo, y llamar la atención por sus capacidades. Se esfuerza por ser útil, porque ve lo que debe hacerse para mejorar las condiciones a su alrededor. No teme ensuciar sus manos y hacer el trabajo más humilde si eso es necesario. Sin embargo, tiende a subestimarse. Trabaja tan duro para desarrollar competencia, que usualmente está preparado más de la cuenta para cualquier tarea. Puede terminar tomando un trabajo "seguro" que no represente un reto para usted, porque tiene miedo de no hacer perfectamente un trabajo más difícil. Esto subestima sus capacidades. Lo primero que debe hacer para superar dicha tendencia es retarse a sí mismo. Salga un poco más de su usual zona de comodidad y realice tareas para las que sabe que está preparado pero requieren más destreza y asumir mayor responsabilidad. Desperezándose un poco, empezará a verse a sí mismo de otra forma y encontrará más natural adoptar el rol que merece.

Debido a que tiende a estresarse fácilmente, use técnicas tranquilizantes para equilibrar la reacción que tiene ante estos nuevos retos. La meditación dirigida a la respiración profunda y a liberar los pensamientos, reducirá la ansiedad y la tensión. El yoga es la práctica ideal para los nativos de Virgo: la parte de estiramiento relaja los músculos y permite que la columna vertebral se alinee correctamente; la parte de fortalecimiento ayuda a resistir ser abofeteado por las emociones de otros; el componente de acondicionamiento da la fuerza para verse cada día con optimismo y confianza.

No está de más que aumente sus contactos sociales, especialmente aquellos donde no se involucre en un rol de trabajo. Vincularse a una red es importante, pero tal vez esté renuente a ello si se siente inseguro de sus capacidades sociales y otras circunstancias. Es difícil sentir que es digno de recibir recompensas cuando no se da a sí mismo la oportunidad de obtenerlas. Aquí es donde viene a pelo invertir sus tendencias naturales: deje que otras personas hagan las cosas por usted. En lugar de saltar para realizar algo en favor de los demás, como pasa normalmente, espere. Permita que alguien más llene el espacio de acción; delegue. No es que sea mejor que los otros, es que no siempre debe ser el que responda a la necesidad.

Afirmación del año

Me gusta comunicar a otros mis nuevas ideas
y sus beneficios mutuos.

Virgo: el año venidero

Se encuentra en su tercer año de un ciclo de doce, mientras Júpiter avanza a través de Escorpión, su tercera casa solar. Hace dos años tuvo la inspiración para algo nuevo y emocionante. Si ha creído en sí mismo desde entonces, ha estado trabajando para desarrollar esta idea y beneficiarse de ella. Este año empezará a ver que su proyecto está tomando vida propia —pero una vida que será apagada si la descuida durante este período sensible—. Sus esfuerzos fluirán de manera relativamente armoniosa en estos meses, pero todavía no estará poniendo a prueba su idea; eso empezará el año siguiente. Mientras tanto, hable del asunto, reúna información, pruebe su mercado y desarrolle una red para apoyar su actividad. Después de noviembre 23, Júpiter estará en Sagitario, iniciando un año en el que será retado a dejar atrás algunos de sus viejos enfoques para abrirle paso a lo nuevo. Tendrá que hacer un compromiso con la nueva empresa. Esta es la etapa más agitada porque su avión despega por primera vez.

Con Saturno en Leo otra vez este año, parte de su atención se enfoca en asuntos que parecen ocultos y son difíciles de explicar o justificar ante los demás. Sin embargo, son visibles, y se beneficiará de obtener el punto de vista de otros respecto a su situación. Pueden surgir enfermedades, suyas o de alguien más, difíciles de diagnosticar, y tal vez se sentirá confinado en un sitio o una situación este año. Sin importar lo que suceda, sentirá la obligación espiritual de aferrarse a ello. Ha estado tratando estos asuntos desde que Saturno entró a Leo en junio de 2005. A medida que avance este año, descubrirá soluciones definitivas para los dilemas que ha enfrentado.

Quirón está en Acuario y su sexta casa. Aunque siempre ha trabajado por mejorar su salud y estilo de vida, este es un tiempo oportuno para tratar asuntos que ha aplazado. Su lema podría ser, "paciente, cúrate a ti mismo", mientras asume más responsabilidad para prevenir que se presenten de nuevo problemas de salud. Este también es un período para manejar situaciones difíciles en el sitio de trabajo. Si algunas circunstancias no son saludables para usted, debe cambiarlas, ya sean la dinámica física de su trabajo o las tendencias psicológicas y emocionales entre las personas.

Urano avanza por los grados medios de Piscis y su séptima casa solar. Este es un año más para aprender a relacionarse con los demás de una nueva manera. Está empezando a verse a sí mismo más objetivamente, como otros lo ven, y redescubriendo que no es tan malo. En realidad, merece tener todas las alegrías del éxito y la intimidad que posee alguien con sinceridad y capacidades. Esta es una experiencia liberadora, y se sentirá más dinámico y aventurero, especialmente en lo que respecta a relacionarse con los demás.

Neptuno permanece en Acuario y su sexta casa, continuando el proceso de sensibilizarlo a las energías sutiles que nos influencian a todos en cada momento. En especial cuando trabaja muy cerca de otras personas se vuelve agudamente consciente del flujo y reflujo de mensajes ocultos. Ha estado desarrollando un conocimiento coherente de ellos durante varios años, y finalmente puede poner en palabras lo que sabe, gracias a incansables estudios.

Plutón está en Sagitario y su cuarta casa solar durante otro año, manteniendo la presión sobre usted para que crezca y cambie. Ha mirado a profundidad su interior y su pasado, descubriendo los hilos de influencia que provienen de la familia y antepasados. Este año se embellecerá con base en este conocimiento y empezará a relacionarse más cuando torne dicho conocimiento en una nueva persona.

Los eclipses estarán entrando a Virgo y Piscis —eje de la primera y séptima casa— el 14 de marzo. Este es un tiempo de cruce, pues descubrirá que sus deseos concuerdan con las oportunidades. Busque que otros le ayuden a allanar el camino una vez que sepa lo que desea conseguir del venidero ciclo de nueve años.

Si nació entre agosto 26 y septiembre 18, Saturno en Leo está presentando retos sutiles desde su duodécima casa solar. Esta ubicación a menudo es acompañada por la sensación de estar atrapado. Podría sentirse inmerso en responsabilidades o actividades que no son de su elección. Ya sea una enfermedad suya o de un miembro de la familia, un empleo, un matrimonio, una sociedad comercial o un camino educacional, puede ver un mejor panorama para sí mismo. No obstante, tiene que esperar porque el tiempo no es apropiado. Mientras tanto, puede prepararse; visualícese en esta nueva situación, y no se rinda ni piense que no es digno de ella, y espere el momento indicado. Sin importar cuáles sean sus circunstancias, su trabajo con Saturno es "mantener la fe" en los objetivos, ser paciente y disfrutar la vida todo lo que pueda por ahora. Las energías de Saturno serán evidentes en sucesos en o cerca de enero 27, febrero 19, abril 5 y 24, junio 20, agosto 7, noviembre 16 y diciembre 5.

Si nació entre agosto 29 y septiembre 7, Urano en Piscis le está abriendo nuevas puertas en las relaciones. Urano lo estimulará a través de interacciones con otras personas, desde sus amigos íntimos hasta aquellos que conoce en encuentros casuales. Simplemente verá que merece más, y fijará un estándar más alto para sus relaciones; sentirá el deseo de alejarse súbitamente de gente difícil, de apaciguar situaciones tensas. Quiere quitar las barreras y despejar el camino para un nuevo futuro. Mientras se libera de lo viejo, limpia el sendero para que nuevas personas y situaciones entren a su vida, incluyendo relaciones románticas y comerciales. Su sentido del yo es la fuente de todos estos cambios; cayó en cuenta de que realmente es una persona muy buena y capaz. Ha estado preparándose suficiente tiempo, y ahora es tiempo de actuar. Otros le darán una retroalimentación útil —incluso si no parece útil en el momento—. Todo apuntará hacia este llamado a la acción, especialmente en eventos que ocurren en o cerca de marzo 1, junio 5 y 19, septiembre 5, noviembre 19 y diciembre 2.

Si nació entre el 7 y el 12 de septiembre, Neptuno en Acuario está en su sexta casa solar. Desde 1998, ha estado descubriendo cuán importantes son las influencias sutiles en su salud y capacidad de desarrollar las actividades cotidianas. Más que cualquier cosa desea reducir el estrés y simplificar sus complejas rutinas diarias. Aunque ha estado trabajando en esto en forma general, ahora tiene un carácter de urgencia. Tal vez note efectos negativos en su vida que ya no pueden ser ignorados, desde desequilibrios de salud hasta situaciones laborales con problemas inexplicables. Los retos que encuentra probablemente son difíciles de manejar y, en el caso de problemas de salud, difíciles de diagnosticar en términos médicos convencionales. En realidad, está espiritualizando los asuntos de su sexta casa: trabajo, salud, estilo de vida y los ritmos de la rutina diaria. Examinando esta área en términos de lo que realmente sucede, puede conocer la raíz de lo que causa las dificultades y resolverlas. Por lo tanto, los enfoques suaves funcionarán mejor, como la meditación y las terapias alternativas. Experimentará los eventos neptunianos alrededor de enero 27, febrero 5, marzo 15, mayo 10 y 22, agosto 10, octubre 29 y noviembre 9.

Si nació entre el 15 y el 20 de septiembre, Plutón está en su cuarta casa y en Sagitario. Plutón trae un cambio dinámico a su vida este año, desarraigando viejas situaciones y circunstancias para que pueda entrar a un nuevo mundo. Ha estado trabajando por estos cambios durante un tiempo, sabiendo que venían pero sin entender exactamente cómo realizarlos. Este año se lanzará, esté o no preparado. Debido a su naturaleza mutable, fluirá a través de ellos, liberándose del pasado, incluso sin saber exactamente hacia dónde se dirige. Desde la posición de Plutón en su cuarta casa, todo en su vida será afectado profundamente, pero la mayor parte de su fundamento y sentido del yo tendrá una poderosa transformación. Podría encontrarse mudándose de casa, tomando un puesto nuevo y desafiante en su carrera, o dedicándose a una causa que lleva en su corazón. Es probable que remodele su casa, cambie completamente las relaciones con su familia, o investigue su genealogía y halle una historia maravillosa en su pasado. El hilo de estos cambios se desarrollará alrededor de marzo 17 y 29, junio 16, septiembre 4 y 16, y diciembre 18.

Si nació entre agosto 22 y 25 o septiembre 21 y 22, ninguno de los planetas principales está contactando su Sol este año, lo cual sugiere que encontrará menos obstáculos para lograr sus objetivos. Sin embargo, también sentirá menos estimulación hacia estas metas, porque sus áreas de descontento probablemente no lo preocuparán tanto —aunque aún las tendrá—. Crisis que afectan las vidas de otros seguirán causando un efecto en usted, pero no será lo mismo que experimentaría si fuera un "golpe directo". Puede usar este tiempo para hacer lo que quiere en lugar de lo que siente que debe hacer. Podría ser un proyecto anhelado o una experiencia especial como vacaciones prolongadas. Este es un buen período para relajarse y disfrutar la vida —algo que hace muy rara vez—, además de apreciar lo que es correcto en su mundo. Si otros planetas en su carta están siendo contactados debido a sus movimientos y cambios astrológicos, todavía se sentirá guiado hacia objetivos específicos por eventos y circunstancias.

Virgo/Enero

Puntos planetarios clave

La gran cruz fija se enfoca en sus casas cadentes, llevando hasta el fin cosas que ha iniciado. Es un tiempo para ser persistente en la búsqueda de sus sueños. El evento destacado este mes es extensión, cuando Júpiter se pone en contacto con Urano desde su tercera casa. Comunicar sus ideas es importante todo el año, y hacerlo consistentemente traerá los mejores resultados. Esto le dará un mayor enfoque a los planes que ha desarrollado desde 1997 y promoverá el éxito de los mismos.

Salud y bienestar

Ha trabajado con esfuerzo, y su sistema inmune puede revelarlo a mediados de mes si no se cuida. Los retos que enfrenta desde septiembre han creado tensión interna, y las primeras dos semanas de este mes son un buen período para poner más atención a sus necesidades. Retírese un poco: duerma más tiempo y diviértase (sin importar lo que piense alguien más). Hacia enero 15, su vida profesional estará fluyendo rápidamente para sacar tiempo libre extra hasta después del fin de mes.

Relaciones en la vida y el amor

Hay menor actividad en su vida social, pero puede ser una bendición disfrazada, pues ya tiene suficientes cosas pendientes. Venus se mueve hacia atrás, trayendo el enfoque a su quinta casa. El romance podría estar yendo en reversa, y tal vez las relaciones con sus hijos pasan un período de examen y modificación. Gran oportunidad de renegociar los acuerdos con sus seres queridos y acomodar las cambiantes necesidades de cada uno: su gente está creciendo, y respondiendo positivamente asegurará una continua buena voluntad.

Finanzas y éxito

Júpiter proyectado en su tercera casa da la posibilidad de comunicarse en nuevos lugares de reunión. Decida cuáles de las oportunidades que encuentra son las apropiadas, teniendo en cuenta su objetivo de servir a los demás. No tema decir no o renunciar a viejos lugares de reunión en favor de unos nuevos y más favorables. Las mejores fechas son 15, 18, 23 y 27 de este mes, marzo 15 y septiembre 24.

Días favorables 8, 9, 12, 13, 14, 17, 18, 19, 22, 23, 24, 27, 28

Días desafiantes 3, 4, 10, 11, 25, 26, 31

Virgo/Febrero

Puntos planetarios clave

Con el nuevo ciclo anual de Neptuno comenzando en su casa de salud en febrero 5, es tiempo de que reevalúe su bienestar y modifique sus rutinas para llevar la salud en la dirección deseada. Aunque es parte de un proceso continuo, este es el momento apropiado para hacer un nuevo comienzo. El alto nivel de actividad de enero disminuye después del 6 de febrero.

Salud y bienestar

Es un buen tiempo para tomar unas vacaciones antes de febrero 17, cuando Marte finaliza su permanencia en su novena casa de viajes. Usted merece un respiro, y tal vez este es el momento apropiado. Estará un poco más vulnerable que lo usual a toxinas y virus durante el mes —pero especialmente al comienzo—. Mantenga bajos sus niveles de estrés con yoga y otros ejercicios, y duerma lo suficiente.

Relaciones en la vida y el amor

Los lazos románticos se tornan más armoniosos después de febrero 3, cuando Venus recobra el movimiento directo. Si descubrió que este retrógrado de Venus fue el tiempo adecuado para liberarse de una relación que no era lo que en realidad quería, ahora puede dejar atrás este viejo lazo amoroso para iniciar uno nuevo. Las relaciones conflictivas con los hijos también están mejorando, pues aceptan las nuevas reglas y expectativas puestas en ellos.

Finanzas y éxito

Después del 17 de febrero, asumirá un perfil más alto con respecto a su profesión mientras Marte entra a Géminis y su décima casa. Se beneficiará enormemente si continúa sus esfuerzos constantes para completar sus proyectos. En otro mes las nubes se despejarán y tendrá más tiempo libre, además de las recompensas de sus logros.

Días favorables 4, 5, 8, 9, 10, 13, 14, 15, 18, 19, 20, 23, 24

Días desafiantes 1, 6, 7, 21, 22, 27, 28

Virgo/Marzo

Puntos planetarios clave

Mercurio, Marte, Urano, Plutón y el eclipse lunar resaltarán durante todo el mes el papel de otras personas en su vida. Mercurio estará retrógrado del 2 al 25 de marzo, trayendo comunicaciones de otros que lo afectarán profundamente. Los asuntos en los negocios o la carrera y en casa coinciden del 11 al 14 de este mes con resultados inesperados.

Salud y bienestar

Después de marzo 5, logrará más de sus actividades de fitness si las hace con un amigo. Se beneficiará centrándose al reflexionar sobre su proceso de crecimiento con alguien que se preocupa por usted. Este también es un buen tiempo para buscar servicios de apoyo tales como masajes, acupuntura y otros tratamientos suministrados por profesionales de la salud. Las tensiones podrían abatirlo alrededor de marzo 4.

Relaciones en la vida y el amor

La necesidad de independencia está induciendo cambios en sus relaciones —parte de un proceso que ha estado desarrollándose desde 2003, cuando Urano entró a Piscis—. Aunque parece que su pareja quiere más libertad, en realidad es usted quien la desea. Un nuevo ciclo anual en este proceso comienza en marzo 1, un buen tiempo para que fije la intención de cómo quiere desarrollar su individualidad. Quizás otros se burlen de su transformación, especialmente si la comunica. Pero persiguiendo en silencio sus metas, con el tiempo llegarán a aceptar su cambio. El eclipse lunar de marzo 14 en su signo resaltará este proceso.

Finanzas y éxito

No se sumerja en su deseo de ayudar a otras personas hasta el punto de olvidar ayudarse a sí mismo. El objetivo general de su carrera es contribuir, pero también necesita ser compensado, incluso si su proyecto no está completo. Sintonícese con lo que sucederá en marzo 15, cuando Júpiter hace el segundo de tres contactos con Neptuno. Ahora los sucesos le darán indicaciones respecto a lo que está creando durante dicha interacción planetaria de nueve meses, que comenzó el 27 de enero.

Días favorables 3, 4, 8, 9, 13, 14, 18, 19, 22, 23, 24, 31

Días desafiantes 5, 6, 7, 20, 21, 27, 28

Virgo/Abril

Puntos planetarios clave

Cuando Saturno se torne directo en abril 5, sentirá que ha sido sacado de una trampa y aumentará su optimismo. Ha pasado los últimos cinco meses trabajando más duro en una posición no gloriosa con poco para mostrar, pero ahora el progreso empieza a ser visible, y usted puede pasar gradualmente al siguiente paso en el plan. Sucesos perturbadores ocurren con Marte, Mercurio y Venus activando los planetas volátiles Urano y Plutón. Esto podría originar eventos tan manejables como la intensificación de la actividad telefónica, hasta el impedimento real de su capacidad de avanzar con sus planes por un tiempo. Las fechas clave son abril 8, 13, 18 y 30. Este hilo de su vida se relaciona con lo que sucedió en marzo 1, 11, 14 y 29.

Salud y bienestar

Este mes usted tiene más energía que la normal, y si hace un esfuerzo excesivo en el trabajo o durante la actividad física, podría terminar con una lesión de recuperación lenta. Si recuerda respirar y tomar descansos periódicamente, hará mucho por evitar tales contratiempos. También puede reducir su nivel de estrés escogiendo cuándo aceptar interrupciones y aportes de otras personas —no responda el teléfono ni revise el correo electrónico durante una parte del día—.

Relaciones en la vida y el amor

Aunque ha estado haciendo las cosas solo últimamente, tendrá más apoyo de otros desde abril 5, cuando Saturno empieza a avanzar de nuevo con movimiento directo y Venus entra a su séptima casa. Este es un buen período para pedir lo que necesita y generar entusiasmo para sus planes, especialmente el 20 de abril.

Finanzas y éxito

Entre más se afirme usted este mes, más capacidad tendrá para realizar todas las tareas que ha trazado en sus ambiciosos planes. Cuando está centrado, es más eficiente. En abril 19 conseguirá apoyo económico.

Días favorables 1, 4, 5, 9, 10, 14, 15, 19, 20, 27, 28

Días desafiantes 2, 3, 16, 17, 18, 23, 24, 29, 30

Virgo/Mayo

Puntos planetarios clave

Los retos que afectan a otros dramáticamente no lo tocan a usted directamente, pero puede aprovechar toda la energía que fluye. El 4 de mayo llegará al punto medio en una actividad en comunicaciones o educación a la que se dedica. En este tiempo, experimentará un avance en perspectiva o la oportunidad de divulgar su mensaje a una mayor audiencia. Esto conducirá a más puertas abiertas en los siguientes dos meses, que podrá usar más adelante.

Salud y bienestar

Quirón y Neptuno se tornan retrógrados en su sexta casa en mayo 15 y 22, señalando una oportunidad de examinar sus patrones de salud y estilo de vida para modificarlos en lo que crea necesario. Esto podría involucrar un cambio en los hábitos que adopta de mala gana. Sin embargo, si se aferra a él, verá resultados positivos a comienzos de agosto, y una transformación dramática a mediados de noviembre.

Relaciones en la vida y el amor

Este mes sentirá más apoyo de otros cuando se forme un gran trino de Marte-Júpiter-Urano en sus casas sociales. Las ideas de ellos en cuanto a cómo manejar sus circunstancias son ingeniosas, y también estarán dispuestos a tomar medidas para ayudarlo.

Finanzas y éxito

Su vida se torna más dinámica después de mayo 19, cuando Mercurio empieza a estimular los asuntos de su carrera. Alrededor de mayo 26 recibirá una alarmante reacción de alguien en ese campo —algo que podrá usar en su favor una vez que comprenda lo que significa para usted—. Esto conducirá a aumentar la cuenta bancaria, ahora o en el futuro.

Días favorables 1, 2, 3, 6, 7, 8, 11, 12, 13, 16, 17, 24, 25, 26, 29, 30

Días desafiantes 14, 15, 20, 21, 27, 28

Virgo/Junio

Puntos planetarios clave

Las relaciones serán acentuadas cuando Urano cambie de dirección en junio 19. Cuando este planeta empiece su período retrógrado de cinco meses, usted podrá ver qué modificaciones pueden ser hechas para crear mayor equilibrio e individualidad en sus relaciones, y estará listo para buscar esos objetivos. Esto se relaciona con asuntos en casa (especialmente en junio 16), donde toma lugar un importante proceso transformativo que debe ser conducido hacia el equilibrio de la relación y necesita ser discutido incluso si nadie quiere hablar al respecto.

Salud y bienestar

Este es un período apropiado para tomar unas vacaciones, a pesar de todas las demandas que lo acosan. Con una buena planificación, podrá hacerse cargo de todo para que sacar tiempo libre no perjudique sus esfuerzos. No deje que las exigencias de otros lo abrumen, porque podría enfermarse. El pico de eventos planetarios que se presenta a mediados de mes será su período más vulnerable.

Relaciones en la vida y el amor

Será sensible a las energías de otros más que lo normal alrededor de junio 17, y podría haber una presión sobre usted no tan sutil para que haga trabajo adicional o incluso asuma las responsabilidades de alguien. Es difícil oponerse a esto, especialmente si proviene de una persona con autoridad sobre usted. Es importante que tenga cuidado en cualquier negociación que apruebe.

Finanzas y éxito

Los negocios van bien ahora que llega a la cúspide en su ciclo comercial anual. Todavía se sentirá inclinado hacia los deberes familiares, especialmente alrededor de junio 16, pero podrá mantenerlos en equilibrio durante un tiempo generalmente fructífero. Trabajo de mucha actividad y labores orientadas a los detalles parecen estar diseñados para abrumarlo del 4 al 22 de junio. Simplemente haga lo que pueda —estas son las tareas requeridas para sostener su vida y asegurar el éxito futuro—.

Días favorables 3, 4, 8, 9, 12, 13, 21, 22, 25, 26, 30

Días desafiantes 10, 11, 16, 17, 23, 24

Virgo/Julio

Puntos planetarios clave

Proyectos ya en proceso son terminados alrededor de julio 6, cuando Júpiter empieza a moverse hacia adelante a través de su tercera casa. Ahora es tiempo de terminar el trabajo administrativo y otros pequeños proyectos que ha dejado a un lado para concentrarse en su principal objetivo. Se siente bien voltear la página e iniciar un nuevo capítulo en su vida, mientras los resultados de sus esfuerzos empiezan a llegar.

Salud y bienestar

Con Marte en su duodécima casa hasta julio 21, estará atraído por formas individuales de manejar su salud y fitness. El yoga, una rutina de ejercicios que pueda hacer en casa, meditación o caminar solo por su barrio, son formas apropiadas para cumplir sus necesidades ahora. En este tiempo está un poco más sensible, así que asegúrese de dormir lo suficiente; sus sueños serán muy vívidos.

Relaciones en la vida y el amor

Será más agresivo que lo usual desde julio 22, y más consciente de lo que lo molesta, pero no lo manifiesta. Debido a que suele ser renuente a expresar su desacuerdo con otros, tal vez tiene mucho por decir —más de lo que es útil—. Será más directo, y esto puede ser un sentimiento renovador para enfocar sus necesidades de manera franca. Los demás se sorprenderán de su atípica osadía.

Finanzas y éxito

Desea permanecer en el fondo hasta julio 21 para ponerse al día en su trabajo, pero después de eso querrá estar al frente y listo para continuar con sus siguientes planes. Aunque se encuentra en su cueva, estará perfeccionando su siguiente serie de pasos y poniéndolos por escrito. Este es un tiempo de integración muy necesario, y también le ayudará a revitalizar su entusiasmo.

Días favorables 1, 5, 6, 10, 11, 18, 19, 22, 23, 24, 27, 28, 29

Días desafiantes 7, 8, 9, 14, 15, 20, 21

Virgo/Agosto

Puntos planetarios clave

Marte en su signo le da energía para quemar, pero hay un factor de volatilidad a considerar cuando entre en contacto con Urano en agosto 13 y Plutón en agosto 29. Tendrá fuertes reacciones de otros entonces, especialmente compañeros y miembros de la familia, que tienen que ver con asuntos de libertad y responsabilidad. Su capacidad de pensar claramente y comunicarse bien aliviará los sentimientos, especialmente el 29 de agosto. Podría sugerir una idea innovadora que resolverá el problema de una vez por todas.

Salud y bienestar

Las tensiones relacionadas con la actividad Marte-Urano-Plutón se extenderán todo el mes, y es importante que usted no las lleve consigo. Tome medidas adicionales para estirar y relajar su cuerpo usando yoga, ejercicios y tratamientos emocionales como los remedios florales de Bach.

Relaciones en la vida y el amor

Sus responsabilidades serán menos este mes, y tendrá más tiempo para disfrutar la vida. Se beneficiará especialmente de eventos culturales y otras actividades sociales que hará con sus amigos, que lo inspirarán —en particular al final del mes— e impulsarán a nuevas formas de expresión creativa.

Finanzas y éxito

Publicaciones y actividades relacionadas son especialmente favorables ahora que Júpiter armoniza con Urano por tercera vez desde su casa de comunicaciones. Este es un buen período para terminar un proyecto escrito o lanzar planes que ha estado formulando en los últimos meses. El trabajo se torna más difícil ahora que los planetas se alinean en sus casas de servicio. Quiere hacer más de lo que puede, pero es importante que también aprenda a cuidarse; es probable que se enferme si ignora los límites naturales de su cuerpo.

Días favorables 1, 2, 3, 6, 7, 14, 15, 19, 20, 24, 25, 29, 30

Días desafiantes 4, 5, 10, 11, 16, 17, 18, 31

Virgo/Septiembre

Puntos planetarios clave

Del 3 al 9 de septiembre alcanzará un punto crucial en su vida que se convierte en el trampolín para los logros del año siguiente, mientras los planetas se alinean en su signo. Plutón recobra el movimiento directo en septiembre 4, señalando su liberación de una situación que ha estado enfrentando en su vida personal. Ahora puede avanzar una vez más con el proyecto más grande.

Salud y bienestar

Habrá mucha energía proveniente de otras personas, especialmente a comienzos del mes. Sin embargo, la baraja planetaria está amontonada a su favor. Es probable que pueda distanciarse de las emociones ahí e identifique lo que en realidad pasa sin estresarse.

Relaciones en la vida y el amor

En septiembre 5 Urano llega al punto medio del ciclo que inició el 1 de marzo y es más acentuado por el eclipse lunar en septiembre 7. Estos eventos dirigirán su atención a las relaciones —especialmente el equilibrio de libertad versus necesidades y responsabilidades—. Es probable que haya diferencias de opinión respecto al rumbo de la relación y cuánta libertad debería tener cada persona. Usted tendrá mucho poder de persuasión, particularmente después de septiembre 4. No obstante, otros pueden tratar de convencerlo de otra manera, en especial en los días 15 y 25 de este mes, para ganar la disputa.

Finanzas y éxito

El trabajo silencioso entre bastidores es la base de su siguiente iniciativa exitosa. Ahora necesita el tiempo tranquilo para sacar lo mejor de sus muchas ideas. La escritura, lectura, pensamiento y comunicación serán claves hasta noviembre. El impulso interior es parte de un período de dos años de fermentación creativa que terminará en nuevos proyectos emocionantes.

Días favorables 2, 3, 4, 11, 12, 15, 16, 20, 21, 25, 26, 30

Días desafiantes 1, 7, 8, 13, 14, 27, 28, 29

Virgo/Octubre

Puntos planetarios clave

Las demandas sobre su tiempo se reducen dramáticamente al iniciarse octubre, pero aun así sus ingresos aumentan. Mientras los planetas liberan el contacto con su signo, es un buen tiempo para dejar a un lado todos los trabajos restantes de los meses anteriores. Unas vacaciones caerían bien ahora. Después de octubre 14 surgirán algunos asuntos menores que, si son atendidos ahora, evitarán problemas después de octubre 28, cuando Mercurio inicia su último período retrógrado.

Salud y bienestar

Diversión es la palabra clave para usted ahora. Necesita tiempo libre para divertirse, con énfasis en ser activo. Deje a un lado los archivos y las reparaciones pendientes, y reciba una sesión curativa o de masajes. Vaya a la exposición del museo más reciente y asista a su evento deportivo favorito. Se beneficiará enormemente del placer que experimenta ahora en términos de una posterior eficiencia, mucho más que de cualquier trabajo extra que trate de completar.

Relaciones en la vida y el amor

Si ahora su pareja está más conciliadora, es porque usted se encuentra más relajado. Puede usar este tiempo para reenfocar sus relaciones en una dirección positiva, especialmente en la primera mitad del mes. Escuche atentamente lo que otros dicen, pero no ignore sus propios discernimientos. A medida que avanza el mes, surgirá un asunto que plantea el viejo dilema de cuál parte tiene la razón, y encontrará que ésta se encuentra en medio.

Finanzas y éxito

Ha estado trabajando duro con poco que mostrar, incluyendo reconocimiento, desde mayo 22. Esto cambiará cuando Neptuno recobre el movimiento directo en octubre 29. Usted llega a un punto extremo, donde sus esfuerzos son más efectivos y producen mejores resultados gracias a lo que ha aprendido y construido.

Días favorables 1, 8, 9, 12, 13, 14, 17, 18, 19, 22, 23, 24, 27, 28

Días desafiantes 4, 5, 10, 11, 25, 26, 31

Virgo/Noviembre

Puntos planetarios clave

El énfasis está en organizar, y ya está listo para vaciar los archivadores y acelerar la trituradora de papel cuando los planetas se agrupen en su tercera casa. Tiene un plan, y se siente bien finalmente llegar a esta parte de él, no porque disfruta el trabajo, sino porque le gusta cómo se ve su entorno cuando ha hecho las cosas. Hay proyectos para terminar y detalles que se deben manejar mientras interactúa con la burocracia. Completar este trabajo ahora lo capacitará para seguir adelante con una pizarra limpia cuando empiecen los nuevos ciclos planetarios en los siguientes meses.

Salud y bienestar

Desea poner más energía en su rutina de salud y buena forma física, pero tenga cuidado de no excederla. Hay un asunto de salud pendiente para el que ha estado haciendo modificaciones, y todavía debe hacerlo hasta noviembre 22; luego podrá seguir adelante siempre que escuche a su cuerpo.

Relaciones en la vida y el amor

El contacto social aumenta ahora, especialmente con hermanos, vecinos y parientes más lejanos. Puede haber una gran fiesta o reunión familiar, con los retos logísticos de reunir grandes grupos de personas. Esto será emocionante, gratificante y a veces difícil. El mejor fin de semana para un evento social es noviembre 18 y 19.

Finanzas y éxito

Júpiter avanza a su cuarta casa de familia y hogar, impulsándolo a poner más atención y energía ahí. Como tránsito de un año, sugiere cambios en su situación de vida, desde mudarse de casa hasta redecorarla y adicionar personas a su familia. Este también es un período de "dirigirse al interior" metafóricamente, pues entra en contacto con el pasado o descubre qué lo emociona desde la parte más profunda de su ser. Ahora inicia un ascenso de seis años hacia un nuevo éxito; aunque está "oculto", seguirá disfrutando los logros que ha sostenido desde el pasado mientras siembre las semillas para otros.

Días favorables 4, 5, 9, 10, 13, 14, 15, 18, 19, 20, 23, 24

Días desafiantes 1, 6, 7, 8, 21, 22, 28, 29

Virgo/Diciembre

Puntos planetarios clave

Está poniendo una gran cantidad de energía en su hogar mientras los planetas se agrupan en su cuarta casa. Una remodelación, preparativos para visitantes o una gran fiesta son posibles. También podría revelar lo mejor o peor de los miembros de la familia. Los retos son más probables en diciembre 3, 15, 18, 21 y 25. Sin embargo, habrá armonías durante todo el mes que le permiten la resolución de dificultades hacia diciembre 7, 16 y 24.

Salud y bienestar

Este mes hay una necesidad de mucha energía y fortaleza física, pero podría sentir que no tiene lo que se requiere para hacer el trabajo. Esto se debe a que espera hacer más de lo que le toca porque está encabezando el proyecto. Necesita hacer honor a su cuerpo y conseguir que otros hagan lo que usted no puede. Concéntrese en las tareas mentales —su fuerte— cuando sus músculos se cansen. Tendrá la tendencia a hacer más esfuerzo del 9 al 11 de diciembre.

Relaciones en la vida y el amor

Tratar con contratistas y socios puede ser difícil en los días desafiantes ya mencionadas debido a una falta de consideración por sus necesidades. Puede minimizar el impacto de las influencias planetarias creando acuerdos contractuales claros y escogiendo una buena fecha para firmarlos. No pierda tiempo respecto a qué tan "amigable con el usuario" será el contratista al marcharse, sin importar lo bueno que sea el precio.

Finanzas y éxito

Puede sentirse abrumado alrededor de diciembre 5, cuando Saturno inicia su período retrógrado de cinco meses. Es importante permanecer dentro de sus capacidades físicas, pues podría terminar haciéndole un daño duradero a su cuerpo por estrés o trabajo excesivo. En diciembre 18, el nuevo ciclo anual de Plutón señala el momento de establecer una nueva serie de objetivos concernientes a su casa y vida familiar. Podría iniciar la acción hacia una meta que ha aplazado. Aunque todavía tomará algunos años, puede empezar a moverse en esa dirección ahora.

Días favorables 2, 3, 6, 7, 11, 12, 16, 17, 20, 21, 22, 29, 30

Días desafiantes 4, 5, 18, 19, 25, 26, 31

Tabla de Acciones de Virgo

Estas fechas reflejan los mejores —pero no los únicos— días para el éxito en dichas actividades, según su signo solar.

	ENE	FEB	MAR	ABR	MAY	JUN	JUL	AGO	SEP	OCT	NOV	DIC
Mudanza	1-3											8-26
Iniciar un curso										2-26	18-30	1-7
Ingresar a un club						3-28	29-31	1-10				
Pedir un aumento						26, 27	19-31	1-12, 23	6-30			
Buscar trabajo	22-31	1-28	25-31	1-16	19-31							
Buscar ayuda profesional	3, 4, 8	1, 4, 5	3, 4, 27	1, 23, 24	21, 24-26	16-18, 21	14, 15, 18	10, 11, 14	7, 8, 11	4, 5, 8	1, 4, 5	2, 3, 25
Buscar un préstamo	6, 7	2, 3	1, 2, 29	25, 26	22, 23	19, 20	16, 17	12, 13	9, 10	6, 7	2, 3, 30	1, 27, 28
Ver un doctor	22-31	1-28	25-31	1-16		28-30		11-27				
Iniciar una dieta	22-31	1-8						8, 9				
Terminar una relación									7, 8			
Comprar ropa		3-28	1-4									
Hacerse un maquillaje								25, 27-31	1-30			
Nuevo romance		3-28	1-4	6-30	1, 2							
Vacaciones	8, 9	4, 5	3, 4, 31	1, 27, 28	5-19, 31	1-23	18, 19	14, 15	11, 12	18, 19	4, 5	2, 3, 29

LIBRA

El Equilibrio
Septiembre 23 a Octubre 23

Elemento:	Aire
Cualidad:	Cardinal
Polaridad:	Yang/Masculino
Planeta regidor:	Venus
Meditación:	Yo equilibrio los deseos conflictivos
Piedra preciosa:	Ópalo
Piedra de poder:	Turmalina, kunzita, ágata de encaje azul
Frase clave:	Yo equilibrio
Símbolo:	Escalas de justicia, el atardecer del Sol
Anatomía:	Riñones, parte inferior de la espalda, apéndice
Color:	Azul, rosado
Animal:	Pájaros de plumas brillantes
Mitos/Leyendas:	Venus, Cenicienta, Hera
Casa:	Séptima
Signo opuesto:	Aries
Flor:	Rosa
Palabra clave:	Armonía

Fortalezas y debilidades de su ego

La paradoja de su naturaleza es que aunque parece tan amable y fino externamente, por dentro tiene fuertes motivaciones para tomar medidas; esto se debe a que su signo es de aire y cardinal. Su vida gira alrededor de las relaciones, con otras personas y con conceptos y objetos; en todas busca equilibrio y armonía. Tiene un buen ojo para la belleza, relaciones espaciales y elegancia, tanto en el sentido físico como en el teórico. Lo que otros pueden no entender es cuán inteligente es, incluso intelectual, a menos que dirija su atención a las matemáticas o la teoría musical. Todas estas son cualidades del aire —el elemento que busca descubrir los vínculos naturales entre las cosas, ideas y personas—. Su cualidad cardinal es un poco más difícil de comprender, pues tiende a esperar que los demás tomen la delantera; así de orientado está a congeniar armoniosamente con quienes lo rodean. Sin embargo, tiene ideas claras acerca de lo que quiere y tomará medidas para conseguirlo. Tiene una mente firme en lo que respecta a lo que desea en sus relaciones, con qué clases de belleza quiere rodearse, y cómo piensa que funciona el mundo. Sólo debe observar las situaciones que lo impulsan a actuar, para ver que hay muchas cosas en la vida que estimulan su lado activo —las cosas por las que luchará—. Incluso podría decir que es movido a luchar por la paz.

El lado negativo de esto es que desea tanto la paz que a veces tiene miedo de hacer valer sus propias necesidades y deseos, y no quiere alterar demasiado las cosas a fin de evitar que haya más problemas. En su fervor por crear un ambiente de cooperación y jovialidad, puede perderse en el proceso, haciéndose valer en nombre de alguien más sin considerar sus propios intereses. Puede contrarrestar esta tendencia haciendo un esfuerzo consciente para desarrollar su autonomía e individualidad.

Proyectando su luz amorosa

Le gusta estar enamorado más que cualquier otro signo. Se siente emocionado con el compañerismo y la camaradería, pero también disfruta el reto de hacer que una relación funcione. Goza manejando sus relaciones, pero debe evitar perderse en ellas. Sólo cuando conserve su individualidad podrá crear vínculos amorosos armoniosos.

Nunca se sentirá más retado que estando con un ariano; Aries es su lado opuesto, la parte agresiva e individualista de su ser que debe sacar para estar equilibrado. Tauro es como usted pero más práctico —también conectado con la belleza pero de manera razonable, y están completamente de acuerdo en muchas cosas—. Se "sintoniza" instintivamente con Géminis, otro signo de aire; juntos pueden explorar los campos de la mente y la cultura. En principio puede no entender la importancia que el nativo de Cáncer da a los sentimientos, pero hay mucho para aprender de este signo, mientras usted brinda su propia objetividad. Leo ama la vida, aumentando su ánimo e intensificando sus pasiones de una manera que lo saca de su usual indiferencia. No se confunda por el sentido del deber y la capacidad organizacional de Virgo —enmascara un deseo de ser amado de la forma en que usted lo hace—. No podrá superar a otro Libra; si luchan, será por saber quién es más armonioso y agradable; ¡serán una gran pareja! Los nativos de Escorpión pueden parecerle demasiado intensos en comparación de su forma de ser culta y afable, pero cuando ve que tienen el mismo interés suyo en la naturaleza humana, queda fascinado para siempre. Sagitario lo llevará por todas partes a explorar gente, culturas y temas que nunca antes había visto o conocido. Encontrará un terreno común con Capricornio examinando la belleza de la historia y el gobierno, y le dará pragmatismo a su intelectualismo para formar una combinación imbatible. Usted y Acuario —otro signo de aire— hacen una pareja alegre; estarán en todo evento social y fiesta hasta el amanecer. Le encanta el lado dulce y afable de Piscis —este signo brinda un toque curativo y suavidad emocional que responde bien a su sentido de armonía y belleza—.

Su lugar en el mundo

Su don de gentes lo hace apto para muchas posiciones en el mundo actual. Le va bien en cualquier trabajo de servicio al cliente, desde venta al por menor hasta entrenamiento especializado y apoyo técnico. Sus percepciones y el interés nato en la naturaleza humana siempre lo mantendrán fascinado en puestos de dirección psicológica o espiritual, además de ocupaciones de consejería oficiosa como la del peluquero, asesor de moda o decorador de interiores. Estas profesiones son especialmente convenientes porque también usa sus talentos creativos. Para satisfacer su lado más serio e intelectual, puede inclinarse por la teoría matemática, musical o lingüística. Y con su tendencia a crear armonía y justicia a su alrededor, tal vez termine estudiando o practicando el derecho. Naturalmente, el trabajo en las artes puras en su fuerte. Con preparación y práctica, se destacará en formas tradicionales como pintura, escultura o caligrafía, o en campos más modernos como gráficos en computador, efectos especiales o diseño de modas. Aprovechando su sentido de la belleza, también puede escoger una carrera en arquitectura de construcción o paisajista, o diseño de escenografía en teatro o cine.

Lo mejor que puede hacer

Libra, usted es tan resuelto a equilibrar todo lo que lo rodea, especialmente en sus relaciones con otras personas, que puede dejar subdesarrollada su individualidad. Es el artista del equilibrio y la armonía, ya sea en sus relaciones personales o en la estética de su entorno. Puede hablar con autoridad acerca de la vida de otros porque escucha atentamente y absorbe lo que oye. Sin embargo, cuando se le pregunta por usted mismo tiende a tener menos penetración en sus propios ideales, metas, sueños e identidad. Conocer su mente y corazón es tan importante como conocer los de otros, porque sin auto-entendimiento su vida se desequilibrará, y ninguna cantidad de embellecimiento externo le devolverá el equilibrio. A veces tiene que hacer las cosas solo para cultivar su propia naturaleza. Disfruta el compañerismo, pero el tiempo en solitario le permite desarrollar físicamente su propio centro sin aludir a alguien más en el lugar. Esto abre la puerta para que luche por sus metas y sueños —el primer paso para construirse del centro hacia fuera—. Entre más cultive su propia naturaleza, más ejemplificará el verdadero equilibrio que busca.

Herramientas para el cambio

Sus habilidades sociales son asombrosas, Libra, pero le ayudará aprender a tomar un enfoque más directo en sus interacciones. Aunque realmente se preocupa por otras personas, a veces es más difícil que se fije en sí mismo. Esto significa que podría intentar que otros realicen cosas por usted haciendo algo por ellos que incite una respuesta específica. Esto se debe principalmente a que no sabe conscientemente lo que quiere, o se siente mal expresando sus propios deseos y necesidades. Es mucho más fácil dejar fluir las cosas y hacer que la otra persona piense qué es lo que desea hacer. Sin embargo, ser más directo es mejor porque es más probable que consiga lo que busca, requiere que se conozca a sí mismo, y mantiene en equilibrio la relación.

Es importante que esté un poco más en contacto con su propio ser. Una forma de hacer esto es probar sus límites de comodidad, tal vez involucrándose en una aventura, que podría ser cualquier cosa que nunca haya realizado. Tratar de ir más allá de lo que ya ha hecho le enseña de qué es capaz y hace que se conozca más a sí mismo. Explorar nuevos campos, los pasillos de aprendizaje, emociones y creatividad, o la espiritualidad, reflejan su ser y le muestran sus fortalezas y debilidades, además de sus rasgos de carácter y la forma en que los expresa. Las actividades que requieren una buena forma física generan dobles beneficios porque también lo ponen en contacto con el cuerpo físico y aumentan su fuerza, flexibilidad y resistencia. Dada su inclinación por las actividades creativas, también puede desarrollar el conocimiento de sí mismo realizando un hobby —especialmente uno basado en la pericia—. Mientras adquiere más habilidad con su pasatiempo, otra vez se verá en el espejo de sus expresiones creativas.

Centrarse es importante para los nativos de Libra, cuyo símbolo de la balanza sugiere el proceso que constantemente toma lugar dentro de usted. Es especialmente útil la meditación dirigida a aumentar el conocimiento de sus chakras (principales centros energéticos a lo largo de la columna vertebral) y el canal de energía central. El tai chi también ayuda a desarrollar una conciencia del equilibrio, concentrándose en los puntos hara y construyendo depósitos de energía en cada uno. Las prácticas de respiración son útiles, al igual que el yoga —especialmente las posiciones que se enfocan en desarrollar el equilibrio—.

Afirmación del año

Estoy manejando riesgos razonables para alcanzar metas dignas.

Libra: el año venidero

Inicia el año con Júpiter en su segunda casa solar —un gran lugar para recursos de construcción—. Sin embargo, los recursos que requiere ahora no son necesariamente monetarios; tal vez deba construir también habilidades. Estará trayendo cosas de valor a su vida, y esto suele terminar en gastar dinero en lugar de ahorrarlo. En realidad, para cumplir los sueños que si fijó el año anterior, deberá invertir para materializar su visión. Por consiguiente, podría ver más dinero saliendo que entrando mientras Júpiter se encuentra en Escorpión. Está colocando una base para los diez años siguientes, por eso es importante que corra un riesgo razonable para comunicarle al universo que se siente seguro de poder realizar sus planes. Cuando Júpiter entre a Sagitario y su tercera casa solar en noviembre 23, iniciará un período más social; estará preparado, tal vez regando la palabra acerca de su nueva empresa o colocando la base mental para ella adquiriendo más preparación. Entre más se concentre en actividades que involucran la mente y la comunicación, más establecerá su nuevo camino. Esta energía continuará la mayor parte de 2006.

Saturno está otra vez en Leo y su undécima casa este año, dándole la oportunidad de realizar las actividades que inició el año anterior. El enfoque está en grupos y organizaciones, desde lazos familiares hasta alianzas profesionales. Ha asumido nuevas responsabilidades desde mediados de 2005, y necesita seguir con esos deberes este año si quiere que sean un escalón para algo mejor. Incluso si la política o conflictos interpersonales se tornan difíciles, se beneficiará si resiste la situación.

Quirón sigue el curso en Acuario y su quinta casa. Está impidiendo ser feliz al sacrificar sus propias necesidades y deseos por otras personas. Poniendo siempre a los demás delante de usted, no tiene que pensar en lo que lo haría sentir realizado. Está cayendo en cuenta de que no es suficiente buscar la felicidad a través del éxito de quienes lo rodean —debe luchar por sus propios sueños—.

Urano llega a los grados medios de Piscis y su sexta casa solar, acercándose al punto medio de su tránsito. Esto significa que usted entra a tres años en un despertar en el área más mundana de su vida —los ritmos y rutinas a través del día—. Esto incluye prácticas de salud, y un cambio positivo en el estilo de vida ahora evitará que posteriormente tenga enfermedades.

Neptuno está en Acuario y su quinta casa solar una vez más, cubriendo asuntos de creatividad y expresión de la personalidad propia. Tal vez está luchando con un compromiso romántico, preguntándose "¿por qué siempre atraigo el mismo tipo de persona?", o sus hijos podrían requerir un sacrificio de su parte. Su estilo y formas de expresión creativa también están teniendo un cambio lento y sutil. Si esta es una parte importante de su vida, el efecto será profundo.

Plutón permanece en Sagitario y su tercera casa, renovando la forma en que usted ve el mundo. Puede hacer esto por medio del contacto con más gente o reuniones educacionales, estudio personal, o en un salón de clases estructurado. Piense en las formas en que puede capacitarse, especialmente con un enfoque triunfador y una actitud positiva.

Los eclipses entrarán a Virgo y Piscis, eje de su duodécima y sexta casa, con el eclipse lunar en marzo 14. Esto acentúa el proceso de reorganizar su vida y las rutinas de salud. Servir a otros ayudará a su realización a través de un sentimiento de colaboración. No espere ser reconocido por lo que hace ahora —todo está en el interior—.

Si nació entre septiembre 26 y octubre 18, Saturno en Leo está contactando su Sol desde la undécima casa. Esto pone el enfoque en grupos, desde familiares hasta sociales y profesionales. Tiene responsabilidades aquí —posiblemente unas nuevas que lo están llevando por senderos sociales desconocidos—. Tiene un objetivo en mente, algo que quiere realizar, una meta involucrada en cualquier trabajo voluntario. Puede encontrarse en medio de una situación difícil debido a un conflicto político o interpersonal. En tal caso, sólo usted debe decidir si vale la pena seguir en esa situación. Tal vez descubra que grupos con los que tiene una relación continua no satisfacen sus necesidades actuales. Está buscando nuevas fuentes de apoyo que se enfoquen en la meta que quiere alcanzar. El año siguiente podrá liberarse de las situaciones sociales que ya no le convienen. Esto podría incluir, en su vida personal, la decisión de asociarse con un "grupo" diferente. Si los pasatiempos del viejo grupo lo afectan negativamente, debe dejarlos atrás. Estos asuntos surgirán cerca de enero 27, febrero 19, abril 5 y 24, junio 20, agosto 7, noviembre 16 y diciembre 5.

Si nació entre septiembre 29 y octubre 8, Urano en Piscis está contactando su Sol desde la sexta casa. Ha observado un creciente caos a su alrededor a través de los años, y es tiempo de comprender cómo simplificar su vida. Los estudios esotéricos nos enseñan que una vida organizada crea un cuerpo organizado (sano). La difusión moderna del feng shui chino enfatiza este hecho. Sus rutinas de salud —lo que come, qué tanto duerme o hace ejercicio, cómo responde al estrés— necesitan un cambio. Lo mismo se aplica a los patrones de su estilo de vida, desde la forma en que conduce hasta cómo se relaja y qué tan atestada está su casa. Es tiempo de liberarse de lo que ya no necesita, no tanto como una catarsis, sino para aerodinamizar su existencia; el objetivo es tener una mayor espiritualidad. La salud en todas las áreas de su vida tiene origen interno, y entre más desarraigue las nefarias fuentes de caos en su propia naturaleza —entre más pueda hallar paz interior—, más creará paz a su alrededor. Eventos sorprendentes relacionados con este ciclo ocurrirán en o cerca de marzo 1, junio 5 y 19, septiembre 5, noviembre 19 y diciembre 2.

Si nació entre el 7 y el 12 de octubre, Neptuno en Acuario está apoyando a su Sol desde la quinta casa. Es tiempo de tomar su sueño más anhelado y crear una visión de su vida que lo ponga en el rol distintivo. Tiene la mejor oportunidad de ver claramente su alma, donde reside su verdad interior. Responderá más profundamente a planes que corresponden a la idea que tiene del propósito de su vida.

Descubrir esto involucrará exploración y experimentación si está inseguro de a dónde se dirige. En realidad, podría sentirse confundido ahora; pero no importa, tiene un año, o incluso más tiempo, para resolver esto. La niebla se disipará a medida que pasen los meses, y de este modo será más consciente de lo que quiere en la vida. Es probable que idealice parejas románticas inmerecidamente; es importante que sea pragmático respecto a sus expectativas en el amor y precavido en cuanto a brindar confianza hasta que haya conocido a la persona durante un tiempo razonable. Neptuno influenciará sus experiencias alrededor de enero 27, febrero 5, marzo 15, mayo 10 y 22, agosto 10, octubre 29 y noviembre 9.

Si nació entre el 15 y el 20 de octubre, Plutón en Sagitario le presenta oportunidades mientras está en contacto con su Sol desde la tercera casa. La clave para el cambio dramático en su vida viene ahora de adentro. Este año Plutón le da la posibilidad de reformar totalmente la manera en que ve el mundo. Cada experiencia que tiene en la vida es coloreada y precipitada por sus actitudes y creencias acerca del mundo y lo que este brinda. Examinando sus pensamientos y cuestionando la validez de los mismos, puede descubrir si apoyan su vida y realmente reflejan el mundo tal como es. Educación y preparación adicional, especialmente en comunicación, será útil para promover sus objetivos. Esto podría incluir consejos psicológicos que lo ayuden mientras cambia la forma de ver su vida. Es probable que su entorno esté alterado, ya sea una calle cercana en construcción o la casa del vecino de al lado. Parientes suyos más lejanos también experimentarán cambios, y pueden requerir más apoyo de su parte en los meses venideros. Las energías de Plutón serán sentidas con mayor intensidad en marzo 17 y 29, junio 16, septiembre 4 y 16, y diciembre 18.

Si nació entre septiembre 22 y 25 u octubre 21 y 23, ninguno de los planetas principales estará contactando su Sol este año, pero otros planetas en su carta pueden estar activados, los cuales traerán muchos sucesos y lo guiarán mientras encuentra su camino a través de los meses. No obstante, sin el contacto con su Sol de los planetas exteriores, se sentirá menos desafiado y su camino tendrá puntos de referencia más conocidos. Tendrá la posibilidad de relajarse un poco más, completar tareas previamente iniciadas y dedicarse a actividades de su elección en lugar de las que le imponen las circunstancias de la vida. Esto le dará más tiempo para divertirse, además de escoger proyectos y actividades que disfruta. En suma, este debería ser un año relativamente tranquilo.

Libra/Enero

Puntos planetarios clave

Una gran cruz fija es reflejada en sucesos que afectan su sentido de seguridad. El dinero será un asunto crítico cuando surjan gastos adicionales, pero es probable que haya una oportunidad de más ingresos que aparece de repente, tal vez como una emergencia, y en tal caso deberá actuar rápido para responder a la situación. Las semillas de lo que está ocurriendo fueron sembradas el pasado otoño, y ahora tiene la oportunidad de avanzar —pero no exento de obstáculos—. Las fechas clave son enero 15, 18, 23 y 27.

Salud y bienestar

Es probable que ignore su necesidad de diversión durante este intenso período. Si es absolutamente necesario acudir a sus reservas, asegúrese de que al menos combina placer con trabajo escuchando música, tomando descansos frecuentes y comiendo nutritivamente. Este no es el tiempo de ignorar sus necesidades.

Relaciones en la vida y el amor

Es probable que haya desacuerdos en su vida familiar mientras Venus se mueve hacia atrás a través de su cuarta casa. Este puede ser el tiempo de mantener firme una importante regla o decisión, aunque otros no entiendan o estén en desacuerdo. Si necesita modificar su posición, este es un buen momento para hacerlo. Todas las relaciones atravesarán un período de ajuste este mes, seguido de mejoramientos.

Finanzas y éxito

El 27 de enero, Júpiter contacta a Neptuno, resaltando los esfuerzos que ha estado haciendo a fin de crear una vida más significativa para usted mismo desde 1997. Este es el tiempo de examinar cuidadosamente su situación y modificar la ruta si es necesario. La clave es buscar la realización, no sólo lo que es fácil. Está entrando a un período formativo de cuatro años en el que se basarán los siguientes ocho años de éxito.

Días favorables 1, 2, 10, 11, 15, 16, 20, 21, 25, 26, 29, 30

Días desafiantes 5, 6, 7, 12, 13, 14, 27, 28

Libra/Febrero

Puntos planetarios clave

La dinámica celestial de enero continúa hasta febrero 6 con intensidad y permanece con usted el resto del mes en un segundo plano. Ahora tendrá la oportunidad de realizar más trabajo sin interrupción. Venus recobra su movimiento hacia adelante en febrero 3, permitiendo que su vida familiar vuelva a la normalidad. El día 5 de este mes, empieza un nuevo ciclo de creatividad y espiritualidad cuando se inicia la danza anual de Neptuno con el Sol.

Salud y bienestar

Continúe los esfuerzos para mejorar su bienestar a través del programa que ha estado siguiendo. Este también es un buen período para planear unas vacaciones saludables en el presente año.

Relaciones en la vida y el amor

Su vida familiar ha sido desafiante desde las vacaciones, pero los obstáculos para la armonía fueron despejados. Si algo no se ha expresado, espera la oportunidad para discutirlo —pero no lo deje atrás pensando que el problema desaparecerá—. Si se deja latente y oculto, empeorará en lugar de arreglarse. Piense en una propuesta de cambio positivo que puede hacer para unir la familia.

Finanzas y éxito

Sus gastos adicionales al comienzo del mes son para una buena causa, siempre y cuando no se exceda. Recuerde, puede esperar para comprar algunas cosas hasta que las necesite, a menos que la disponibilidad sea necesaria. Tenga cuidado de esquemas de "hágase rico rápido" o negocios que parecen demasiado buenos para ser reales, ahora y durante el resto del año.

Días favorables 6, 7, 11, 12, 16, 17, 21, 22, 25, 26

Días desafiantes 2, 3, 8, 9, 10, 23, 24

Libra/Marzo

Puntos planetarios clave

El trabajo es acentuado mientras los planetas se mueven a través de su sexta casa, y eventos impactantes podrían ocurrir en marzo 1, 11 y 14, cuando Urano es activado por el Sol y Marte, y un eclipse lunar resalta la misma área. Mercurio se torna retrógrado sobre el punto máximo del eclipse en marzo 8, revelando problemas logísticos que serán resueltos para abril 11.

Salud y bienestar

Su salud puede verse afectada por tanto trabajo y nada de diversión. Tome las precauciones usuales, y haga algo más para aliviar el estrés en marzo 1, 2, 11 a 14, y 29. Los viajes podrían exponerlo a enfermedades difíciles de tratar en las fechas de mitad de mes.

Relaciones en la vida y el amor

Con todos los compromisos laborales y demandas financieras, puede haber sacrificado su vida social y romántica. Sin exagerar, este es un buen período para que saque tiempo y haga cosas de poco costo que disfruta. En marzo 29 tendrá un aporte de alguien más que le permitirá seguir adelante con sus planes. Una unión puede estar en perspectiva.

Finanzas y éxito

Ha deseado más libertad y variación en su trabajo desde 2003, cuando Urano entró a su sexta casa. Como el ciclo de este planeta comienza en marzo 1, es un buen tiempo para que fije el propósito de cumplir su siguiente serie de objetivos relacionados durante el año venidero. Sucesos en marzo 11, 14 y 29 lo impulsan a seguir adelante con sus planes. Los gastos lo dejan un poco más corto de dinero que lo usual, mientras Júpiter se ubica en su segunda casa. Esta condición persistirá durante cuatro meses mientras emplea dinero y tiempo extra en proyectos creativos que darán resultados en el futuro.

Días favorables 5, 6, 7, 10, 11, 12, 15, 16, 17, 20, 21, 25, 26

Días desafiantes 1, 2, 8, 9, 22, 23, 24, 29, 30

Libra/Abril

Puntos planetarios clave

En julio pasado fijó su mirada en metas sociales más grandes, y ha estado trabajando contra viento y marea para adelantar una buena causa. Abril 5 es un día crucial en sus esfuerzos, cuando Saturno recobra el movimiento hacia adelante después de cinco meses. En general, disfruta lo que está haciendo y se siente comprometido con ello; ahora esto también se torna más fácil.

Salud y bienestar

Venus pasando por su sexta casa de salud hace de este un buen mes para usted en términos de bienestar general. Haga del placer una parte de su rutina de fitness para obtener lo máximo de ella, porque podría sentir el lado perezoso de Venus. También será de ayuda que haga los ejercicios con un amigo.

Relaciones en la vida y el amor

Cuando el Sol y Mercurio hagan contactos armoniosos en abril 16 y 19, las personas más cercanas a usted lo dotarán del conocimiento clave para transformar la forma en que se comunica en interacciones personales y públicas.

Finanzas y éxito

Llega más trabajo para aumentar su cuenta bancaria en abril 20, cuando Venus armoniza con Júpiter. Sin embargo, en abril 9 encontrará obstáculos que pueden ser resueltos a lo largo del mes, con eventos clave en los días 13, 18 a 20, y 30. Esta situación está ligada con lo que experimentó el 11 de marzo. La presión en el trabajo aumenta a mediados de mes, con una alteración que podría desequilibrarlo en abril 18. Dese el tiempo que necesita para comprender lo que sucede, en lugar de responder de manera refleja. Hay un asunto más grande que sigue en un hilo de eventos que se inició el primero de marzo.

Días favorables 2, 3, 6, 7, 8, 11, 12, 13, 16, 17, 18, 21, 22, 29, 30

Días desafiantes 4, 5, 19, 20, 25, 26

Libra/Mayo

Puntos planetarios clave

Con Marte, Júpiter y Urano formando un trino, sus finanzas están mejor que antes al beneficiarse de proyectos comerciales a comienzos del mes. Su capacidad para responder a las crisis de otros se convierte en una atractiva ganancia, o al menos gana puntos que lo conducen a un ascenso o aumento de sueldo en algún momento. Esto trae un esperado respiro del cuidado que debió tener al final del año pasado y el inicio de este. La situación que enfrentó en enero se está repitiendo en un nuevo nivel, más fácil de manejar ahora con su esfuerzo provisional. Es de ayuda que piense en sus circunstancias actuales como un paso en el ciclo de prosperidad que empezó en mayo de 2000. Esto lo llevará a pensar en términos de sus metas de gran alcance para que construya lo que realmente quiere.

Salud y bienestar

Si programa citas para ejercitar el cuerpo, estará seguro de permanecer en el camino del bienestar, pues nunca le falla a un amigo. Es algo que espera con ilusión y se torna más relajante debido a la interacción social que es tan importante para usted. No deje que la confusión lo abrume hacia mayo 22, cuando Neptuno inicia su período retrógrado —esto podría afectarlo físicamente y hacerlo propenso a accidentes—.

Relaciones en la vida y el amor

Es probable que desacuerdos con un amigo o la pareja estropeen su día en mayo 23, pero podría fácilmente usar esta energía para darle emoción a la relación si la cuida como lo haría con un jardín. La generosidad y consideración no superarán el arraigado conflicto, pero contribuirán mucho a que alguien sepa lo que a usted le importa.

Finanzas y éxito

Hay un potencial de escaso flujo de dinero en efectivo, pero se debe a que estará más ocupado, especialmente alrededor de mayo 4. Surgirán retos del 4 al 22 de este mes, pero luego tendrá el descanso que necesita para que las cosas se estabilicen y vea dónde se encuentra.

Días favorables 4, 5, 9, 10, 14, 15, 18, 19, 27, 28, 31

Días desafiantes 1, 2, 3, 16, 17, 22, 23, 24, 29, 30

Libra/Junio

Puntos planetarios clave

Hay mucha tensión planetaria en junio, pues la gran cruz fija se restablece desde el día 4. Esta vez el énfasis yace en la resolución, así que aunque los asuntos de enero, febrero y mayo se reafirman, las soluciones están a la mano más fácilmente. Aunque su nivel de actividad será intenso, la sensación de cumplimiento e integración traerá un suspiro de alivio. Algunas situaciones requerirán más trabajo en los meses venideros, pero la carga definitivamente será más liviana después de junio 22.

Salud y bienestar

Si ha estado ignorando los problemas de salud que requieren atención, se manifestarán cuando Urano empiece a retroceder en junio 19. Esto se relaciona con eventos ocurridos en marzo 1 y 12, abril 8 y junio 5. Tiene cinco meses para arreglar el desequilibrio, con otro suceso clave alrededor de septiembre 5.

Relaciones en la vida y el amor

Situaciones con hermanos y vecinos que requieren un cambio se vuelven más urgentes alrededor de junio 16, dándole la oportunidad de inclinar la balanza en favor de interacciones más sanas. Tendrá nuevas percepciones y se dará cuenta de que a veces simplemente debe dejar que los sucesos tomen su propio rumbo.

Finanzas y éxito

Las finanzas pueden estar un poco apretadas cuando entre al período activo del 4 al 22 de junio. Algunas dificultades pueden ser evitadas si se asegura de pagar a tiempo las cuentas. En general, este período, a pesar de todo, será bueno para su cartera. Trate de no dar limosnas sobre la base de un cuento de penas.

Días favorables 1, 2, 5, 6, 7, 10, 11, 14, 15, 23, 24, 27, 28, 29

Días desafiantes 12, 13, 19, 20, 25, 26

Libra/Julio

Puntos planetarios clave

La desorganización termina en problemas de comunicación en la carrera y los negocios todo el mes, mientras Mercurio se mueve hacia atrás del 4 al 28 de julio. En principio puede parecer que los problemas que surgen van a ser grandes y complicados, pero se revelarán como inofensivos y fáciles de resolver después de julio 10.

Salud y bienestar

Se hará un bien si toma unas vacaciones o al menos uno días libres este mes. Aunque ahora hay un alto nivel de actividad en su vida, a veces para mantenerlo en perspectiva es necesario alejarse. Las circunstancias traerán eventos clave en julio 5 y 14, así que puede planificar las cosas de acuerdo a eso. Después de julio 22, habrá una parte de usted que quiere alejarse de otras personas y hacer cosas que son más satisfactorias personalmente. Este podría ser el tiempo apropiado para alejarse, ya sea para terminar algunos proyectos en casa, hacer un retiro espiritual o visitar tierras lejanas.

Relaciones en la vida y el amor

Fiestas, reuniones, eventos —quiere ir a todos ellos, y hay muchos disponibles para usted ahora—. Sin embargo, asuntos personales, tal vez con los hijos o la pareja romántica, lo detendrán alrededor de julio 30. Estos retos se relacionan con los acontecimientos del mes pasado y julio 5. Es un buen período para dejar fluir las cosas.

Finanzas y éxito

Los asuntos financieros dan un giro favorable después de que Júpiter vuelve al movimiento directo en julio 6. Durante cuatro meses ha tratado de estirar más su presupuesto, y esto ya casi termina. Ahora los beneficios de sus esfuerzos pueden empezar a llegar.

Días favorables 2, 3, 4, 7, 8, 9, 12, 13, 20, 21, 25, 26, 30, 31

Días desafiantes 10, 11, 16, 17, 22, 23, 24

Libra/Agosto

Puntos planetarios clave

El énfasis está en sus deberes con grupos y organizaciones, mientras los planetas de movimiento rápido activan a Saturno en su undécima casa del 7 al 26 de agosto. Enfrentará el mismo tipo de retos que ha tenido todo el año, pero ahora posee más espacio de acción para adelantar las cosas por medio de negociación y creatividad. Las fechas clave son agosto 2, 7, 17, 20, 22 y 26. El ciclo anual de éxito a través de trabajo duro comienza cuando el Sol y Saturno se conectan el día 7 de este mes. Es tiempo de pensar cómo trabajar en grupos para promover sus propios planes, además de servirles a ellos.

Salud y bienestar

La tensión interna que ahora siente está relacionada con la necesidad de libertad y variación en su rutina laboral. Se sentirá especialmente confinado cerca de agosto 13, y esto podría conducir a una enfermedad, a menos que responda a su necesidad de tiempo lejos de la rutina.

Relaciones en la vida y el amor

Las relaciones con colegas o alguien más en un escenario de grupo pueden ser cambiadas de dirección este mes. Usted ha hecho muchos sacrificios por otras personas, y es el momento de equilibrar las cosas. Tomará tiempo desarrollar la forma apropiada, pero puede empezar hablando de ello.

Finanzas y éxito

A pesar de su intranquilidad, sus esfuerzos laborales terminarán en ganancias adicionales alrededor de agosto 29. Usted muestra un ingenio excepcional para resolver problemas, lo cual alivia su tensión y aumenta el interés por el trabajo que tiene. Siga trabajando por la nueva actividad laboral que quiere crear para usted mismo, aunque todo vaya bien este mes.

Días favorables 4, 5, 8, 9, 16, 17, 18, 21, 22, 23, 26, 27, 28, 31

Días desafiantes 6, 8, 12, 13, 19, 20

♎ Libra/Septiembre ♎

Puntos planetarios clave

Los asuntos ocultos que salieron a la superficie el mes pasado alrededor de agosto 13 y 29 son la fuente de sucesos desafiantes del 3 al 9 de septiembre, cuando Plutón vuelve al movimiento directo y Urano es activado por el Sol y el eclipse lunar. Esto estimula su proceso creativo en el trabajo, pero también hace que esté más inquieto. Ahora sus comunicaciones con el mundo exterior tienen un poderoso impacto.

Salud y bienestar

Su nivel energético será estimulado cuando Marte entre a su signo en septiembre 7. Sin embargo, también es posible una enfermedad si se extiende demasiado en la cresta de esta ola. Las circunstancias parecen exigir esto cuando su carga laboral es máxima. Lo más simple de hacer es dejar a un lado algunos de sus proyectos preferidos por otros deberes requeridos de tal forma que tenga tiempo para mantener sus rutinas de salud.

Relaciones en la vida y el amor

Podría volverse demasiado impaciente por realizar sus objetivos personales para sus relaciones ahora, presionando a otros más allá de su disposición, especialmente después de septiembre 6. Si insiste en su impaciencia, deteriorará sus relaciones en lugar de mejorarlas. Las oportunidades para un crecimiento natural y armonioso se presentarán en septiembre 15 y 23.

Finanzas y éxito

Si ha trabajado duro, realizó un plan y se ha dedicado desde el inicio del año, ahora está experimentando los frutos de sus labores recibiendo mayores ingresos. Mientras se acerca el 24 de septiembre, usted se da cuenta de qué tanto se está ajustando este plan a su ideal de lo que desea hacer, y especialmente en cuanto a cómo cumple su necesidad de ser creativo. Tendrá la posibilidad de hacer la fase dos de su plan el año siguiente para aproximarse más a su objetivo.

Días favorables 1, 5, 6, 13, 14, 17, 18, 21, 22, 23, 26, 27, 28, 31

Días desafiantes 2, 3, 4, 9, 10, 15, 16, 30

Libra/Octubre

Puntos planetarios clave

Su vida adopta un tono más tranquilo cuando los planetas entran en interconexiones armoniosas en la primera mitad del mes. Romance, o diversión, se siente en el aire, y usted tiene tiempo para recibir tratamientos de salud y belleza. Asuntos con parejas románticas e hijos que surgieron a mediados de mayo, retrocederán después de octubre 29 tan sutilmente como llegaron a su vida. Después del 22 de octubre su nivel de actividad aumentará, así que disfrute el descanso mientras puede.

Salud y bienestar

Practique la relajación este mes durante el descanso planetario. Tome baños prolongados. Reciba un tratamiento de masajes o vaya a su spa favorito. Unas vacaciones son apropiadas porque brindan placer e interacción social para satisfacer sus necesidades. Es un buen período para reafirmar el compromiso con las rutinas de salud y buena forma física que descuidó por todas las distracciones que ha tenido este año.

Relaciones en la vida y el amor

Nuevos romances son posibles hasta octubre 15, pero hay factores que pueden hacerle difícil juzgar si la nueva esperanza es real debido al inminente período retrógrado de Mercurio. Tendrá que darle tiempo para saber si puede confiar en esa persona, al menos hasta noviembre 17. Sería bueno demorar la intimidad, sin importar cuánto la desee. Las exigencias de los hijos por nuevos juguetes y pasatiempos podrían afectar su presupuesto, aunque ahora se sienta próspero. Esto le ayudará a evitar posteriores dificultades.

Finanzas y éxito

El dinero en efectivo es bueno ahora después de un año de buena suerte. Tal vez se sienta inclinado a gastar en cosas extras para sus hijos y usted mismo. Cuando Júpiter salga de su segunda casa en noviembre 23, no se sentirá tan pródigo; tendrá nuevas oportunidades de generar prosperidad, pero no serán iguales a las que tuvo el año pasado. Las oportunidades de la tercera casa a menudo traen prosperidad a largo plazo en lugar de producir resultados inmediatos.

Días favorables 2, 3, 10, 11, 15, 16, 20, 21, 25, 26, 29, 30

Días desafiantes 1, 6, 7, 12, 13, 14, 27, 28

⚖ Libra/Noviembre ⚖

Puntos planetarios clave

Los planetas acentúan su segunda casa de recursos y permiten una retrospectiva de cómo fue el año pasado. Júpiter está terminando su año ahí, idealmente un tiempo para desarrollar las ideas que tuvo en el otoño de 2004. Ha habido muchos obstáculos que superar, pero ha encajado con su objetivo de tener una vida laboral más libre y creativa. Esto es evidente cuando proyectos y tareas sean más de su gusto —una tendencia que continuará, aunque la refinará y enfocará más—.

Salud y bienestar

Ha estado trabajando con un programa de mejoramiento de la salud desde la primavera, y los beneficios son cada vez más evidentes. Después de noviembre 20 podrá seguir la rutina con menos atención consciente y disciplina forzada; se sostendrá sola cuando los viejos hábitos desaparezcan y su nueva forma de ser sea reforzada por los resultados positivos.

Relaciones en la vida y el amor

Ahora la atención se dirige al dinero en una relación. Tal vez necesite negociar una forma de manejarlo en la que los dos estén de acuerdo. El primer paso es fijar objetivos generales comunes; luego establezcan un presupuesto y una base para gastos que permita realizar las metas acordadas. Cuando ambos van en la misma dirección, es más fácil mantener unos patrones de gasto similares. Esto puede generar algunas revelaciones sorprendentes acerca de los valores de cada uno, pero es necesario exponerlos para alcanzar un terreno común.

Finanzas y éxito

Puede extender su enfoque de fijación de objetivos a aquellos que estableció hace un año, cuando Júpiter entró a su segunda casa. Ahora es tiempo de revisar las cosas y modificar su plan. Una vez que Júpiter entre a Sagitario y su tercera casa en noviembre 23, usted seguirá una nueva dirección para crear lo que quiere en la vida —una diseñada para adquirir conocimiento y perspectiva a fin de ayudar a que crezcan sus sueños—.

Días favorables 6, 7, 8, 11, 12, 16, 17, 21, 22, 25, 26, 27

Días desafiantes 2, 3, 9, 10, 23, 24, 30

♎ Libra/Diciembre ♎

Puntos planetarios clave

¡Tiene correo!, o al menos trabajo administrativo, libros y oportunidades de aprendizaje a su alrededor. Los planetas están agrupados
en su tercera casa, armonizando con su signo. Si hay un proyecto
que quiere lanzar para realizar sus objetivos, este es el tiempo apropiado para hacerlo. Ha estado trabajando para capacitarse a través
de la actitud, el estilo de comunicación y el entendimiento del
mundo desde 1995. Esto podría incluir el descubrimiento de formas
de comunicarse con los demás, tales como la escritura o enseñanza.
El proyecto más reciente encajará en este contexto.

Salud y bienestar

Siente como el caos afecta su ser y su salud este mes; lo desequilibra e
incluso puede conducir a lesiones, ya sea debido a la distracción o tro-
pezando con algo. Las lesiones son posibles en diciembre 3, 7, 15 y 21.

Relaciones en la vida y el amor

Los vínculos con hermanos y parientes más lejanos son acentuados
ahora, y esto podría crear una casa llena de miembros de la familia.
Está ocupado preparándose, desde organizar hasta limpiar e ir de
compras. Hay un sentido profundo de realización mientras experimenta esto, aunque hay algunos momentos difíciles que debe superar. Tendrá más responsabilidades de grupo desde diciembre 5,
cuando empieza el período retrógrado de cinco meses de Saturno.
Esto podría relacionarse con un proyecto u organización donde ha
asumido nuevos deberes.

Finanzas y éxito

Este es un tiempo apropiado para terminar viejos proyectos, acabar
trabajo administrativo y manejar detalles. Una oficina organizada
promueve una mente organizada. Entre más comience sus nuevos
proyectos con la pizarra limpia, más concentrado estará y más profundo será su éxito. Termine lo que pueda hacia diciembre 27,
cuando la energía se enfoca en su hogar.

Días favorables 1, 6, 7, 13, 14, 15, 18, 19, 23, 24

Días desafiantes 4, 5, 8, 9, 10, 20, 21, 22, 27, 28, 31

Tabla de Acciones de Libra

Estas fechas reflejan los mejores —pero no los únicos— días para el éxito en dichas actividades, según su signo solar.

	ENE	FEB	MAR	ABR	MAY	JUN	JUL	AGO	SEP	OCT	NOV	DIC
Mudanza	3-22											27-31
Iniciar un curso	1-3											8-26
Ingresar a un club						29, 30	1-3, 25	11-27				
Pedir un aumento							25, 26	12-31	1-5	1-22		
Buscar trabajo		9-28	25-31	1-30	1-4	3-27						
Buscar ayuda profesional	6, 7, 10	2, 3, 6	2, 5-7	2, 3, 25	22, 23, 27	19, 20, 23	16, 17, 20	13, 16-18	9, 10, 13	6, 7, 10	3, 6-8	1, 4, 5, 27
Buscar un préstamo	8, 9	4, 5	3, 4, 31	1, 27, 28	24-26	21, 22	18, 19	14, 15	11, 12	18, 19	4, 5	2, 3, 29
Ver un doctor		9-28	25-31	1-30	1-4			27-31	1-30	1		
Iniciar una dieta		9-28	25-31	1-16					7, 8			
Terminar una relación										6, 7		
Comprar ropa		3-8	5-31	1-5								
Hacerse un maquillaje									12-30	1-22		
Nuevo romance			25-31	1-5	3-28							
Vacaciones	10, 11	6, 7	5-7	2, 3, 29	19-31	2, 23-30	1-18, 20	16-18	13, 14	10, 11	6-8	4, 5, 31

ESCORPIÓN

El Escorpión
Octubre 23 a Noviembre 22

♏

Elemento:	Agua
Cualidad:	Fijo
Polaridad:	Yin/Feminino
Planeta regidor:	Plutón (Marte)
Meditación:	Puedo mostrar mis sentimientos
Piedra preciosa:	Topacio
Piedra de poder:	Obsidiana, ámbar, citrino, granate, perla
Frase clave:	Yo creo
Símbolo:	La cola del escorpión
Anatomía:	Sistema reproductivo
Color:	Marrón, negro
Animal:	Reptiles, escorpiones, pájaros de presa
Mitos/Leyendas:	El Fénix, Hades y Perséfone, Shiva
Casa:	Octava
Signo opuesto:	Tauro
Flor:	Crisantemo
Palabra clave:	Intensidad

Fortalezas y debilidades de su ego

Aunque tiende a ocultarlo, está lleno de sentimientos, sensaciones e impresiones que reflejan la vida a su alrededor. Esto tiene que ver con su naturaleza acuosa y fija. Es propenso a sepultar sus sentimientos porque cree que le da una ventaja al interactuar con el mundo exterior —es un instinto de supervivencia—. Al no revelar su condición, evita mostrar su mano antes de estar listo. Esto también le permite conservar el status quo, que es el objetivo de todos los signos fijos. Su trabajo es mantener las cosas como están, a menos que el cambio sea bueno y oportuno. Prueba todo y se reserva el juicio hasta estar bien convencido. Esto lo hace resistente, incluso testarudo, ante los ojos de los demás, pero esto también puede ser llamado lealtad y perseverancia si es aplicado sabiamente. Llevado demasiado lejos, podría obstruir el cambio. Puede parecer insensible ante los demás cuando está resolviendo lo que hace dentro de sí mismo. Aunque Escorpión es el signo de transformación, es probable que lo inquiete el cambio. Sin embargo, una vez que se convence de algo, lo lleva hasta el fin. En realidad, es bueno para enfrentar los constantes cambios que afectan el mundo, e incluso prosperar en ellos. Esto se debe a su lado acuoso, que le da la flexibilidad de moverse a través y alrededor de obstáculos sin cambiar su propia forma, lo cual lo convierte en el transformador que es. Esto también lo hace empático: capta los sentimientos de otros y es sensible a energías profundas que pueden desarrollarse en los sentidos psíquicos. Su mayor debilidad es el potencial de tomar personalmente lo que siente y percibe de los demás en lugar de ver ese conocimiento objetivamente, lo cual revelaría de inmediato que las energías no están dirigidas a usted.

Proyectando su luz amorosa

Es un compañero(a) tierno y apasionado una vez que derrumba las barreras. Sin embargo, le toma tiempo conocer bien a alguien para empezar a expresar sus sentimientos. Cuando lo hace, es porque ha probado la relación y eliminado sus propias defensas, escogiendo acercarse. Por esta razón, no es una persona que cambia lealtades fácilmente; prefiere permanecer mucho tiempo con la pareja porque requiere demasiado trabajo empezar de nuevo. Ignorará muchos defectos y debilidades para conservar lo que ha construido.

Aries es un reto para usted, pero lo disfruta porque saca a flote su lado alegre y competitivo. Tauro es su complemento, le brinda los impulsos constructivos que necesita para terminar los procesos transformativos que desencadena en sí mismo y otras personas. El nativo de Géminis lo alegra con halagos, y usted introduce a este signo de aire en las profundidades misteriosas de la conciencia. Cáncer, otro signo de agua, crea un nido para hacer que se sienta en casa, y se sentirán seguros juntos compartiendo su lado emocional. El entusiasmo de Leo puede en principio incitar cinismo en usted, pero aprenderá el valor del optimismo y la fe en sí mismo. Se siente bien con la constancia y dedicación de Virgo, lo cual hace más fácil construir un vínculo duradero. Libra parece poco sincero, pero tiene el mismo interés suyo en una relación íntima y se esforzará para que funcione. Sagitario probará sus límites, pidiéndole que siga un ritmo más rápido que el que tiene por naturaleza; podrá ayudar a este signo a profundizar la experiencia de la vida. Los nativos de Capricornio comparten su perspectiva seria, adicionando amplitud de visión a su profundidad para lograr juntos una experiencia significativa; explorarán el mundo exterior y sus cosas, tal vez construyendo estructuras de gran relevancia para la humanidad. El acuariano puede ser una constante molestia, hasta que se dé cuenta de que sólo está tratando de liberarlo de sus ataduras. Responderá especialmente bien a Piscis, otro signo de agua, con quien es fácil que baje sus defensas; le da la posibilidad de expresar sus sentimientos sin temor.

Su lugar en el mundo

Una forma de ver la transformación es como una capacidad curativa, y muchos nativos de Escorpión están involucrados en curación de algún modo, aunque distantes de sus evidentes manifestaciones. Esto puede ser expresado sanando personas en formas convencionales, tales como las artes médicas, pero también puede ser dirigido a curar el planeta o ayudar los animales. La mente puede ser el objetivo, a través de consejería psicológica o psiquiátrica, o el cuerpo, por medio de medicina convencional o naturopática. También podría dedicarse a la curación psíquica o espiritual. Si decide sanar el planeta, puede llegar a ser ecologista, químico, agricultor orgánico, especialista en limpieza de tóxicos, geólogo o geofísico. Con su interés en los misterios de la vida, tal vez le llame la atención ser investigador. Los científicos estudian los fenómenos del mundo que los rodea, mientras los investigadores de la ley resuelven crímenes. Escribir novelas policíacas o narrativas acerca de misterios de la ciencia, también podría ser una actividad que se ajusta a su estilo.

Lo mejor que puede hacer

Para estar en su mejor situación, Escorpión, debe expresar sus sentimientos. No se puede negar que es una persona profundamente sentimental pero se siente vulnerable cuando expresa esas emociones. Tal vez cree que revelar quién es por dentro compromete su fortaleza. Es consciente de las fuerzas que pueden alterar el delicado equilibrio de la humanidad y su entorno, y de cuán frágil es nuestra vida. Por esta razón, delibera cuidadosamente antes de tomar medidas; está pensando constantemente en lo que podría salir mal y en lo que haría si esto pasara. Su reticencia es el mejor ejemplo de retener energía, lo cual crea estabilidad y genera fuerza interior. Es menos probable que pierda el jugador que pone las cartas cerca del pecho. Sin embargo, llevada a extremos, tal actitud se convierte en una barrera; los demás se alejarán de usted porque no comprenden lo que sucede en su interior. Si no puede ser expresivo con sus amigos íntimos, es probable que confundan su comportamiento con frialdad. Recordando ser abierto con las personas en quienes confía —y construyendo confianza con los que la merecen—, aumentará su fortaleza por la red que desarrolla con más gente capaz—.

Herramientas para el cambio

Aunque se siente orgulloso de mantenerse en equilibrio en medio de la más fuerte tormenta, puede mejorar su experiencia y lograr más realización si cultiva su capacidad de dejar que el barco se balancee un poco con las personas en quienes confía. La preparación en comunicaciones le ayudará a desarrollar la habilidad de poner palabras a sus sentimientos y le enseñará formas de manejar el conflicto sin reaccionar exageradamente. También puede beneficiarse estudiando psicología —no sólo para conocer lo que mueve a otras personas, sino para entrar en contacto con sus propios sentimientos y motivaciones. Sería útil

que también llevara un diario, que puede darle un reflejo de sus emociones intensas y ayudarlo a desarrollar objetividad, que es esencial
para resolver conflictos. Recordar expresar sus sentimientos también
contribuye mucho a evitar desacuerdos. Su naturaleza sentimental
puede ser expresada creativamente. Las artes brindan una variedad
para que mantenga la energía moviéndose a través y fuera de su cuerpo
de forma positiva. En particular, escribir las situaciones más desafiantes de la vida, o usar medios visuales para expresarse de una manera no
verbal, apoyará su lado de Escorpión. Puede beneficiarse de los viajes,
especialmente a lugares del extranjero. Nuevas ideas, opiniones y perspectivas también serán de ayuda para lograr sus objetivos.

Tiene el maravilloso don de percibir los sentimientos de quienes lo
rodean —un don que puede surgir como capacidad psíquica pero también puede dejarlo sintiéndose nervioso—. Es de ayuda el ejercicio,
induce a un estado meditativo —una actividad individual en lugar de
una que involucre a otras personas—. Yoga, pilates, artes marciales,
caminatas, nadar y esquiar, para nombrar algunas, se ajustan a esta
categoría. Naturalmente, la meditación es otra forma de lograr paz y
limpiar su campo energético. Las prácticas orientadas a la respiración
son especialmente purificadoras. Ya que usted es un especialista del
cambio, saber cómo ocurren los cambios —y cómo son inducidos a
través de nuestras acciones, actitudes y creencias— le ayudará a cumplir su función como nativo de Escorpión. El libro de cambios chino
(I Ching) lo ayudará a sintonizarse con este sutil mundo.

Afirmación del año

Me estoy extendiendo en nuevas direcciones sin miedo al cambio.

Escorpión: el año venidero

Este es su año, ¡Escorpión! Una visión del futuro está desarrollándose dentro de usted y, si tiene fe en sí mismo, puede crearlo en los siguientes doce años. El tiempo es apropiado porque Júpiter está en su signo y su primera casa solar de nuevos comienzos, y ha tenido el toque de Midas desde el 25 de octubre del año anterior, cuando entró a Escorpión. ¡Está siendo inundado de ideas, y las posibilidades parecen interminables! Hay más opciones que las que puede llevar a cabo, pero tiene tres años para probarlas y ensayarlas. Durante este año, su visión del futuro será más clara que lo usual; se sentirá inspirado y optimista —tanto que podría estar tentado a correr mayores riesgos—. Sólo recuerde que su perspectiva alegre debe ser moderada con paciencia y sentido común, y encontrará el punto medio entre la cautela y el riesgo. El 23 de noviembre, Júpiter entra a Sagitario y su segunda casa solar, cuando naturalmente pondrá en acción sus planes y le dará forma a sus sueños. Primero deberá reunir sus recursos y colocar la base apropiada para las nuevas actividades. Continuará trabajando con esta energía hasta 2007.

Saturno pasará otro año en Leo y su décima casa solar. Su estrella ha estado ascendiendo si ha tomado la iniciativa responsablemente los últimos diez años. En tal caso, este es un pináculo para usted, un tiempo de ascenso, reconocimiento y liderazgo. Sin importar dónde se encuentre, estará trabajando duro y tal vez tiene más autoridad que en el pasado.

Quirón está en Acuario por segundo año, su cuarta casa solar. El año anterior, empezó a entrar en contacto con su naturaleza más profunda. Vio formas en las cuales podía crecer; éstas se relacionan con su pasado, especialmente la infancia y experiencias familiares. Se beneficiará al descubrir sucesos perturbadores y escribir de nuevo las lecciones aprendidas de ellos. Puede ayudar a su proceso de crecimiento buscando el apoyo de otras personas en este período de recuperación.

Urano en Piscis estimula su desarrollo personal desde la quinta casa solar. Urano apoya las energías de Júpiter, llenándolo de inspiración; ¡estará colmándose de ideas! También encontrará los romances muy estimulantes. Si tiene hijos, ellos serán las fuentes de innovación y conocimiento sorprendente; lo asombrarán con su talento y creatividad.

Neptuno está en Acuario por octavo año, disolviendo viejas formas de manejar asuntos privados. Ha estado experimentando la eliminación de viejas actitudes hacia el hogar, familia, emociones (y la expresión de éstas) y privacidad. Su casa podría ser una fuente de paz espiritual, y tal vez disfrute pasar tiempo solo con su propia energía creativa.

Plutón ocupa Sagitario —su segunda casa—. Sus recursos —tales como tiempo, dinero, energía y destrezas— están teniendo una transformación a largo plazo. Está cambiando el valor que le da a estas cosas, y lo más probable es que las use de manera diferente. Puede estar considerando cambiar la fuente de sus ingresos para ganar más, o reconfigurando su cartera financiera para asegurar su futuro.

Desde marzo 14, los eclipses empiezan a activar el eje Virgo-Piscis (su undécima y quinta casa). Estará enfocándose más en interacciones sociales durante los siguientes dieciocho meses. Tal vez esto incluya pasar más tiempo con los hijos, un nuevo romance, más actividades sociales en grupos, un nuevo hobby —en pocas palabras, más tiempo haciendo lo que más disfruta—.

Si nació entre octubre 27 y noviembre 18, Saturno en Leo trae una nueva estructura a su décima casa. Si ha usado bien la energía de Saturno durante los últimos veinte años, se encuentra en un período de recompensa que comenzó el verano pasado. Es un tiempo de éxito, y otros reconocerán su conocimiento y liderazgo. Si no está en posición de asumir usted mismo un rol de responsabilidad y autoridad, un nuevo jefe y supervisor podría entrar a su vida. Esto no es necesariamente malo, pero aprenderá nuevas formas de tratar personas con poder. Este año su carrera tendrá un papel más relevante en su vida en comparación de otras áreas. Como pasa con todos los tránsitos de Saturno, sus esfuerzos constantes serán recompensados. Si tiene un rol de liderazgo, aprenderá a manejar la forma en que otros reaccionan ante figuras de autoridad, pues ahora es una de ellas. También puede haber aumentado el contacto con sus progenitores, especialmente su padre. Los eventos influenciados por Saturno ocurrirán en o cerca de enero 27, febrero 19, abril 5 y 24, junio 20, agosto 7, noviembre 16 y diciembre 5.

Si nació entre octubre 30 y noviembre 9, Urano en Piscis está renovando las actividades de su quinta casa solar: deportes, romance, hijos, pasatiempos y cualquier cosa que haga por diversión. Puede encontrar parejas románticas poco comunes y muy seductoras. Es probable que sus hijos lo sorprendan con un nuevo talento. Tal vez se interese por un deporte o hobby único. Lo común y rutinario no se ajustará a usted ahora —quiere afirmar su individualidad—. Debido a que este es un contacto armonioso con su Sol, generalmente brindará una estimulación agradable a los pasatiempos que le dan alegría. Sin embargo, podrían ocurrir sucesos inesperados, tales como accidentes o pérdidas debido a actividades de alto riesgo. Si se dedica a oficios creativos como hobby o profesión, su estilo —incluso su trabajo— podría cambiar dramáticamente. Si no está contento con la dirección de su vida, este es el momento de cambiarla. La dirección en la vida es su más importante producto creativo y fuente de realización, y Urano le dará inspiración para orientarse este año. Los picos energéticos de Urano ocurrirán en marzo 1, junio 5 y 19, septiembre 5, noviembre 19 y diciembre 2.

Si nació entre el 8 y el 13 de noviembre, Neptuno en Acuario está retándolo a dejar atrás viejas formas de manejar su casa, familia y asuntos privados. Puede experimentar invasiones de su privacidad, o una disolución de patrones negativos al tratar a las personas cercanas a usted. Esto puede ser una bendición si su infancia fue conflictiva o desea hacer una separación completa. Otros pueden darle una retroalimentación que lo incita a mirarse más profundo en su interior para hallar las fuentes de su comportamiento. Es probable que tenga sueños que revelarán verdades acerca de su niñez, o a través del crecimiento espiritual descubra una mejor manera de expresar sus sentimientos. Algo en casa podría requerir un sacrificio —tal vez alguien está enfermo y necesita más atención, o su vivienda requiere reparaciones o remodelación—. Como consecuencia de sus esfuerzos su hogar podría volverse más espiritual en cierto modo. Sin importar el estímulo, probablemente se alejará un poco de las actividades del mundo exterior a fin de usar las energías de Neptuno para el mayor bien. Experimentará más las energías neptunianas alrededor de enero 27, febrero 5, marzo 15, mayo 10 y 22, agosto 10, octubre 29 y noviembre 9.

Si nació entre el 16 y el 21 de noviembre, Plutón en Sagitario está haciendo un ligero contacto con su Sol desde la segunda casa. Este año hará cambios significativos en lo que respecta a sus recursos —cambios que ha sentido venir—. Podría encontrarse haciendo una transición a una nueva fuente de ingresos. Tal vez decida que el tiempo es más importante que el dinero y disminuya el esfuerzo que pone en iniciativas para mejorar sus finanzas. En un nivel más profundo, está emergiendo una transformación en sus valores; está descubriendo lo que en realidad es importante para usted, y este conocimiento tendrá un impacto en toda su vida antes que el contacto de Plutón termine. Mientras se encuentre en medio de este tiempo de transición, tal vez decida reducir sus gastos o dirigirlos a la realización de objetivos diferentes. Este también es un buen período para que reorganice su cartera financiera a fin de que vaya al paso de sus necesidades cambiantes. No es un buen tiempo para correr un gran riesgo o involucrarse en un proyecto aventurado, pero una oportunidad realmente valiosa para invertir en algo seguro podría a la larga beneficiarlo mucho. El hilo de estos cambios se desarrollará alrededor de marzo 17 y 29, junio 16, septiembre 4 y 16, y diciembre 18.

Si nació entre octubre 22 y 25 o noviembre 21 y 23, ninguno de los planetas principales está contactando su Sol este año, lo cual sugiere que se sentirá menos forzado a seguir una dirección particular o tratar asuntos específicos. Su Sol está donde usted asume nuevos retos que requieren valor. También es menos probable que encuentre situaciones totalmente desconocidas o experimente grandes cambios. Puede considerar este un "tiempo libre", o al menos un período en el que escoge sus actividades con más libertad y menos obstáculos. Si los cuerpos celestes principales contactan sus otros planetas personales —la Luna, Mercurio, Venus o Marte—, su año será más activo. De otra manera, tome unas vacacioens prolongadas o haga algunas de esas cosas que nunca parece lograr pero hacen su vida más significativa.

Escorpión/Enero

Puntos planetarios clave

Este es el año del toque de Midas para usted, con Júpiter en su signo, pero hay algunos obstáculos en el camino —un hecho que empezó a emerger en septiembre del año anterior, cuando comenzó a formarse la gran cruz en el cielo—. Mientras dicha configuración está presente, usted mira lo que puede crear en los doce años siguientes. Júpiter se pone en contacto con Neptuno el 27 de enero, y usted necesita enfocarse en lo que lo hace sentir más realizado —los ideales que sostiene para su vida—, porque este es el tiempo de dar pasos audaces en esa dirección. Esto se relaciona con un camino que inició en 1997, y ya es tiempo de renovar su voto para seguir esa ruta —u otra que sea más prometedora—.

Salud y bienestar

Con los extremos del eclipse moviéndose a través de sus casas de salud, es importante que permanezca atento a sus rutinas en esta área, o aparecerán problemas en marzo y septiembre. No deje que lo distraiga su anhelo de crear el futuro.

Relaciones en la vida y el amor

Las relaciones con vecinos y hermanos pueden ser inestables este mes mientras Venus retrocede a través de su tercera casa. Use este tiempo para limar asperezas. En enero 17 las energías son armoniosas para arreglar las cosas y lograr acuerdos.

Finanzas y éxito

Picos de actividad ocurrirán en enero 15, 18, 23 y 27 en una época muy atareada para usted. Sin embargo, este podría ser un tiempo de gran oportunidad para seguir con el proceso y usar su voluntad para atravesar los intensos períodos.

Días favorables 3, 4, 12, 13, 14, 17, 18, 19, 22, 23, 24, 27, 28, 31

Días desafiantes 1, 2, 8, 9, 15, 16, 29, 30

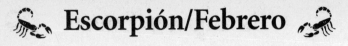 Escorpión/Febrero

Puntos planetarios clave

Si está pensando en grande, tendrá la oportunidad este mes cuando los planetas empiecen a salir de su patrón de gran cruz el día 6. Sí, hay obstáculos, pero si los usa para refinar sus objetivos y afirmar su resolución, se beneficiará de tales retos. Febrero 5 trae el inicio de un nuevo ciclo anual de Neptuno, dándole la posibilidad de poner en acción nuevas expresiones de creatividad e imaginación, además de crecimiento espiritual.

Salud y bienestar

Este mes disfrutará más sus actividades de buena salud y forma física si es acompañado por alguien. Ya sea juego de pelota, correr con un compinche o su usual rutina de pesas, la amistad hace el trabajo más fácil y satisfactorio.

Relaciones en la vida y el amor

Las dificultades con vecinos y hermanos se disiparán cuando Venus vuelva a su movimiento directo en febrero 3. Aunque las situaciones pueden requerir vigilancia y cuidado continuo, se encontrará libre de problemas. Estará ocupado, con la atención dirigida a su hogar y los proyectos que tiene ahí. Piense en lo que desea crear en su casa, porque el ciclo anual de Neptuno, que pone el enfoque en su hogar y familia, se inicia el 5 de este mes.

Finanzas y éxito

Este es un buen tiempo para comenzar nuevos programas educacionales y de extensión, además de proyectos que involucran comunicaciones, tales como escritura, clases o giras de conferencias. El comercio se reactiva después de febrero, y por consiguiente habrá mayores ingresos. Su dura labor en el trabajo puede seguir pasando relativamente desapercibida, pero eso no será para siempre.

Días favorables 1, 8, 9, 10, 13, 14, 15, 18, 19, 20, 23, 24, 27, 28

Días desafiantes 4, 5, 11, 12, 25, 26

Escorpión/Marzo

Puntos planetarios clave

Los proyectos creativos se topan con un obstáculo este mes, lo cual genera un retraso útil mientras Mercurio se mueve retrógrado a través de su quinta casa desde el 2 al 25 de marzo. Sin embargo, con el Sol y Marte activando a Urano, su espíritu innovador es estimulado en un nivel más profundo durante esta pausa. La presión está en ser más productivo cuando Júpiter inicie su movimiento hacia atrás en marzo 4. De aquí a cuatro meses, habrá progresado significativamente si hace un esfuerzo concentrado. Su énfasis debería ser probar y desechar las oportunidades que prometen muy poco o no son lo que en realidad quiere.

Salud y bienestar

Es posible que se lesione si hace deportes, especialmente en marzo 1, 2, 11 y 25. Si su creatividad se siente sofocada, tome un descanso; éste debe ser un día fuera de la ciudad o un viaje durante la noche, y no unas vacaciones largas.

Relaciones en la vida y el amor

Es tiempo de orientar su dirección, y esto incluye las relaciones. Las personas más cercanas a usted necesitan más espacio ahora, al igual que usted mismo para concentrarse en proyectos personales. Su atención es dirigida a circunstancias en casa en marzo 15, que están relacionadas con sucesos ocurridos alrededor de enero 27.

Finanzas y éxito

Ha estado desarrollando su fortaleza económica desde 1995, y la siguiente etapa de este proceso empieza el 29 de marzo, cuando el planeta involucrado, Plutón, cambia de dirección. Esto puede incluir un nuevo presupuesto, hacer otras proyecciones de ingresos y gastos, redistribuir la cartera o solicitar un préstamo. Sucesos e información críticos para dicho proceso también estimulan la acción en marzo 14 y dan pistas de lo que experimentará en esta área durante los siguientes cinco meses.

Días favorables 8, 9, 13, 14, 18, 19, 22, 23, 24, 27, 28

Días desafiantes 3, 4, 10, 11, 12, 25, 26, 31

Escorpión/Abril

Puntos planetarios clave

Los obstáculos de su progreso son removidos en abril 5, cuando Saturno recobra el movimiento directo. La carrera y los negocios pueden ahora alcanzar la cima por la que ha estado trabajando durante quince años. Hay tres meses más antes de que pueda agregar a la mezcla su actual proyecto, pero eso es sólo el toque final. Puede ver que se avecina un período de intensa actividad, los frutos de sus labores, así que es el momento de hacer preparativos. Esto podría significar cualquier cosa, desde terminar viejos proyectos hasta contratar nuevos empleados y tomar unas vacaciones a fin de volver renovado y listo para la acción.

Salud y bienestar

Ahora necesita un poco de diversión —es la mejor forma de cuidar su cuerpo y reducir el estrés—, pero de manera saludable. Eso significa correr en la playa, no estar de fiesta la noche entera. Disfrute una sesión de masajes y regrese a los deportes de equipo con sus amigos. El golf y otros deportes en compañía también podrían ser beneficiosos.

Relaciones en la vida y el amor

Los hijos o la pareja romántica pueden ser la fuente de retos económicos que surgen alrededor de abril 8, cuando Mercurio, Marte y Plutón cruzan caminos. La situación puede ser resuelta fácilmente cerca del 19 y 20 de este mes, cuando Mercurio y Venus armonizan con Saturno y Júpiter.

Finanzas y éxito

Este mes no es un buen período para correr riesgos económicos inusuales, porque su probabilidad de pérdida es muy alta. Esto es consecuencia del encuentro Marte-Plutón en abril 8, que es activado el resto del mes por Mercurio y Venus. Si debe ayudar a alguien financieramente, hágalo sólo dentro del límite de lo que puede dar como obsequio en lugar de préstamo. Las fechas clave son 13, 17 a 20, y 30.

Días favorables 4, 5, 9, 10, 14, 15, 19, 20, 23, 24

Días desafiantes 1, 6, 7, 8, 21, 22, 27, 28

Escorpión/Mayo

Puntos planetarios clave

Llegará al punto medio en su año de "toque de Midas" en mayo 4, cuando el Sol entra en oposición con Júpiter, que a su vez está en su signo. Ha tenido que trabajar duro este año, pero se encuentra en un punto crucial, y sus esfuerzos pasados se han integrado para hacer que su futuro sea brillante. Dos meses más y estará ubicado en un nuevo nivel donde sus talentos son mejor usados y recompensados. También es el tiempo apropiado para escardar oportunidades que no se ajustan a la dirección que quiere seguir. Si todavía no está seguro, emplee lo que tiene en sus manos. Tendrá tiempo para decidir, aunque entre más concentre sus esfuerzos hacia menos iniciativas, más centrado, tranquilo y exitoso será.

Salud y bienestar

Su salud es buena y su vitalidad está equilibrada mientras Venus transita por su sexta casa. Estará tranquilo a pesar de la actividad que borbotea a su alrededor, porque sabe que todo va bien en los niveles más profundos.

Relaciones en la vida y el amor

Recibirá retroalimentación, especialmente del 4 al 11 de mayo, que le ayudará a reorientar sus fuerzas más favorablemente. Tal vez no le guste todo lo que oiga, pero reconocerá su valor.

Finanzas y éxito

Fluye dinero alrededor de mayo 26 gracias a su trabajo duro y constante. Es posible que alguien diga algunas palabras en su favor que originan un contrato. Mayo 7 es un buen día porque un gran trino llega a una cúspide que incluye a su signo. El límite es el cielo ahora que las circunstancias convergen para apoyar sus planes y sueños. Esto se remonta a mayo de 2000, cuando empezó su actual ciclo de prosperidad.

Días favorables 1, 2, 3, 6, 7, 8, 11, 12, 13, 16, 17, 20, 21, 29, 30

Días desafiantes 4, 5, 18, 19, 24, 25, 26, 31

Escorpión/Junio

Puntos planetarios clave

Más pruebas de sus nuevos planes aparecen a comienzos de junio cuando se forma de nuevo el patrón planetario de la gran cruz el día 4. Algunos de estos retos provienen de la reacción de alguien cuya opinión le importa mucho a usted. La nueva perspectiva resulta invaluable, porque le brinda nueva inspiración y empuje para tener éxito. Necesitará esta energía para alimentar su esfuerzo, que es el punto débil en sus capacidades y planes.

Salud y bienestar

Puede combinar bienestar y placer haciendo actividades de fitness con un amigo. Se beneficiará de la alegría que esto brinda a su actitud, pues socializar genera optimismo y difunde su intensidad.

Relaciones en la vida y el amor

La vida en común es acentuada este mes, mientras Venus avanza a través de su séptima casa y contacta a Júpiter. La fecha clave es junio 6, pero aquí habrá actividad hasta el día 22. Algo de lo que experimenta será parte de un proceso de aprendizaje, pues logra ver sus relaciones desde la perspectiva de alguien más.

Finanzas y éxito

El mundo exterior requiere su tiempo con más urgencia hasta junio 22, y se verá forzado a descuidar de nuevo el hogar y la familia. Consultarles a ellos le ayudará a aliviar la situación. Los cambios financieros alcanzan un punto crucial en junio 16, cuando Plutón llega a la culminación de su ciclo anual. Esto podría traer una gran suma de dinero por un trabajo anterior, o tal vez requiera un considerable pago. De cualquier forma, es algo con lo que ha trabajado desde marzo 29.

Días favorables 3, 4, 8, 9, 12, 13, 16, 17, 18, 25, 26, 30

Días desafiantes 1, 2, 14, 15, 21, 22, 27, 28, 29

Escorpión/Julio

Puntos planetarios clave

Con Júpiter retornando al movimiento directo en su signo en julio 4, experimentará un correspondiente cambio de dirección en su propia suerte. Ha estado trabajando duro por los objetivos que identificó a finales del año pasado y comienzos de este. Si ha habido poco que mostrar, se debe principalmente a que el proceso todavía está en su parte inicial. Sin embargo, ahora tendrá las primeras señales de que algo está ocurriendo. Puede ver cuáles de sus ideas son las más fértiles y por consiguiente desarrollarlas. Tal vez termine descartando algunos de los conceptos que tenía, pero eso significa que puede poner más energía en aquellos con verdadero potencial.

Salud y bienestar

Ahora los planetas están dándole un descanso, y su actitud es más relajada. Aproveche este tiempo para dedicarse a actividades restaurativas —aquellas agradables, relativamente poco estructuradas y menos orientadas a metas—. Vaya a bailar en lugar de tratar de superar su mejor tiempo en la bicicleta estática. Duplique su placer llevando a un amigo —o más—. Si toma unas vacaciones este mes, espere lo inesperado. Mercurio estará retrógrado del 4 al 28 de julio, en su casa de "vacaciones". Esto no anula la diversión si usted es flexible —sólo lo hace más consciente de que viajar es una aventura donde cualquier cosa puede suceder—. Recuerde, las vacaciones donde ocurre algo inusual le dan las historias que contará el resto de su vida.

Relaciones en la vida y el amor

Sus relaciones también seguirán adelante este mes. Mientras su camino se despeja en otras áreas, su vida sentimental se activa. No reaccione exageradamente a cosas dichas alrededor de julio 30.

Finanzas y éxito

Los asuntos de la carrera quedan en segundo plano después de julio 22. Surgirán retos en el trabajo alrededor de julio 5 y 14, y podrían tornarse más estridentes el mes siguiente si los ignora.

Días favorables 1, 5, 6, 10, 11, 14, 15, 22, 23, 24, 27, 28, 29

Días desafiantes 12, 13, 18, 19, 25, 26

Escorpión/Agosto

Puntos planetarios clave

Su lado creativo se expresará a plenitud todo el mes si le da rienda suelta. Esto incluye gastar dinero para conseguir los implementos y provisiones que necesita para "jugar" con sus ideas. Lo que descubrirá puede ser la base de éxitos futuros, y por lo menos alimentará el fuego de la felicidad. La fecha clave para esto es agosto 29, pero sentirá la inspiración desde el comienzo del mes.

Salud y bienestar

Socializar es una buena forma de relajarse este mes —una manera de alejarse de las tensiones del trabajo y la vida familiar—. Haga ejercicio con un amigo; salga a comer con un grupo de personas. Evite tipos y niveles inusuales de actividad física, porque podría sufrir un accidente o una lesión, especialmente alrededor de agosto 13 y 29.

Relaciones en la vida y el amor

El dilema del trabajo versus el hogar se presenta de nuevo y requiere atención para que mantenga su equilibrio todo el mes. Notará que la tensión es mayor durante las últimas dos semanas, cuando será probada su capacidad para manejar situaciones críticas. Las fechas clave para el frente doméstico son agosto 14, 17 y 27.

Finanzas y éxito

La inspiración alimenta la empresa y ésta genera el éxito, o sucederá si lleva hasta el final las ideas que tiene ahora. En agosto 7, el inicio del ciclo anual de Saturno crea el tiempo apropiado para lanzar nuevos planes para el progreso en la carrera basado en sus ideas innovadoras. Verá lo que sucede en el lugar de trabajo con claridad excepcional, y esto impulsará sus planes. Es probable que otros le den el reconocimiento por logros pasados ahora y en el año venidero.

Días favorables 1, 2, 3, 6, 7, 10, 11, 19, 20, 24, 25, 29, 30

Días desafiantes 8, 9, 14, 15, 21, 22, 23

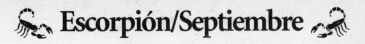# Escorpión/Septiembre

Puntos planetarios clave

Tendrá otra oportunidad de llevara a cabo sus ideales de realización alrededor de septiembre 24, cuando Júpiter y Neptuno hagan el último de tres contactos. Ahora está mucho más cerca de sus metas que en enero, pero este es sólo el comienzo de ocho años de expansión, así que es lógico que algunos de sus planes todavía estén incompletos. Ahora puede avanzar con menos interferencia y menos obstáculos mientras Júpiter pasa los últimos tres meses en su signo.

Salud y bienestar

Sentirá el deseo de alejarse un poco después de septiembre 6, y esto encaja con la necesidad de renovar su energía chi mientras se pone al día el trabajo retrasado en casa. El trabajo terminado trae paz interior, pero no olvide sacar tiempo para cosas que le gusta hacer. Unas vacaciones, horas adicionales para mejorar su condición física, masajes o un tratamiento de acupuntura, son formas en que puede consentirse.

Relaciones en la vida y el amor

Si las personas en su sitio de trabajo no son receptivas a sus nuevas ideas, los miembros de su red de amigos y colegas son más alentadores. Su proceso creativo será estimulado por las perspectivas que otros le brindan, así que entre más abierto esté a las sugerencias de aquellos en quienes confía, más importantes y valiosas serán sus ideas. Este proceso es especialmente fructífero a comienzos del mes.

Finanzas y éxito

Las ideas que ha propuesto este año son novedosas y deben ser probadas con el tiempo para verificar su valor. Empezarán a mostrar su utilidad el año siguiente, cuando los planetas estén en una configuración más armoniosa, y producirán resultados que puede poner en el banco.

Días favorables 2, 3, 4, 7, 8, 15, 16, 20, 21, 25, 26, 30

Días desafiantes 4, 5, 11, 12, 17, 18, 19

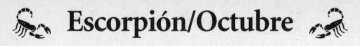

Escorpión/Octubre

Puntos planetarios clave

Este ha sido su año, con Júpiter en su signo, pero ahora ese período está concluyendo. Es tiempo de examinar bien la situación y hacer el mejor uso del tiempo hasta que Júpiter entre a Sagitario en noviembre 23. Podrá hacer grandes progresos hasta entonces, pero hay una falla en la forma en que percibe las cosas, o algo que necesita arreglo antes de tener la base firme que desca. El período retrógrado de Mercurio, que comienza en octubre 28, revelará el punto débil y lo guiará a la solución correcta para el problema.

Salud y bienestar

Puede evitar una gripe o resfriado inducido por el estrés tomando medidas preventivas a comienzos del mes. Con Mercurio retrógrado, un virus a menudo anda a través de la población. Haciendo una limpieza basada en dieta y hierbas, podría reforzar su sistema inmune. También es esencial dormir bastante.

Relaciones en la vida y el amor

Este puede ser un buen tiempo para hablar con consideración mientras Mercurio inicia su período retrógrado a través de su signo. Debido a que es una cualidad de Escorpión retener su punto de vista, tal vez hasta que sea demasiado tarde, hacerle saber a otros de forma relajada cuáles son sus necesidades podría ser un buen comienzo en una nueva dirección comunicativa para usted.

Finanzas y éxito

El período retrógrado de Mercurio le da una última oportunidad de rectificar situaciones y relaciones que han sido perjudicadas por conflictos antes de que los planetas se pongan en camino. Esto no significa que debe tomar un enfoque directo —en realidad, probablemente es mejor no hacerlo—. La bondad o el apoyo indirecto será sentido por quienes no comprendieron sus intenciones. Las medidas que tome durante octubre y noviembre promoverán esta causa, pero las mejores fechas son octubre 10 y noviembre 2, 14 y 22.

Días favorables 1, 4, 5, 12, 13, 14, 17, 18, 19, 22, 23, 24, 27, 28, 31

Días desafiantes 2, 3, 8, 9, 15, 16, 29, 30

 # Escorpión/Noviembre

Puntos planetarios clave

Con tantos planetas en su signo, podrá conseguir lo que quiera. Pero hay algo que se debe considerar: con Mercurio retrógrado ahí hasta noviembre 17, sus experiencias serán filtradas a través del lente de este planeta. Esto es bueno porque asegura que sólo las mejores ideas y situaciones han sobrevivido para ser cultivadas y embellecidas. En noviembre 23 Júpiter pasa de su signo a Sagitario. Las ideas que tiene ahora son semillas que aún deben ser sembradas para que crezcan. Tiene la tarea de escoger las semillas apropiadas —las que más le gusten— y cultivarlas. No hay prisa; cuenta con los siguientes ocho años para lograrlo.

Salud y bienestar

Influencias en casa podrían afectar su salud. Asegúrese de que las toxinas y gases sean bien manejados. Las fechas clave son noviembre 1, 8 y 11.

Relaciones en la vida y el amor

Las relaciones van bien ahora, pero algo necesita ser aclarado. Mercurio estará retrógrado hasta noviembre 17, y revelará asuntos y preguntas no mencionados. Estar dispuesto a hablar de lo que sucede afianzará su vínculo y también le ayudará a conocerse más. Una relación sólida podría entrar a un nuevo nivel de compromiso, o aclarará un compromiso existente para la satisfacción de ambas personas.

Finanzas y éxito

Una vez que Júpiter entre a Sagitario en noviembre 23, usted tendrá la capacidad de aumentar sus recursos. Ha estado trabajando en este proceso desde 1995, y sin importar cuál es su camino, recibirá un estímulo para seguirlo. Surgirán nuevas oportunidades alineadas con su enfoque, incluyendo algunas que lo harán extraviar —tal vez en una nueva y maravillosa dirección—. Usted elige cuál seguir; el peligro radica en comprometer demasiado sus recursos actuales para buscar el panorama más prometedor, creando futuras dificultades financieras. Todo se ve color de rosa bajo el resplandor de Júpiter, y así es si su respuesta es moderada por el sentido común.

Días favorables 1, 13, 14, 18, 19, 20, 23, 24, 28, 29

Días desafiantes 2, 3, 8, 9, 15, 16, 30

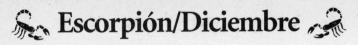 Escorpión/Diciembre

Puntos planetarios clave

Está entrando a un período de generación de riqueza, y lo que suceda este mes revelará mucho de lo que viene. Para construir riqueza debe estar dispuesto a invertir en algo, y eso es lo que está considerando hacer ahora. Lo que invierta debe relacionarse con los planes de largo alcance que lanzó el año pasado. Cuando Saturno inicie su período retrógrado en diciembre 5, usted sentirá una intensificación de las responsabilidades de la carrera o los negocios. Este es el comienzo de cinco meses en los que trabajará diligentemente por sus principales metas. Esto también se relaciona con los esfuerzos que hizo el año pasado, salvo que este año vienen de la mano con ingresos.

Salud y bienestar

Está rejuvenecido y lleno de energía después de la disciplina de los últimos dos meses. Debe poner su régimen en piloto automático, lo cual es bueno siempre que sus hábitos sean apropiados.

Relaciones en la vida y el amor

Otra vez necesita enfocarse más en su carrera, dejando en segundo plano el hogar y la vida familiar. Es esencial que comunique sus intenciones generales y el aprecio por sus seres queridos. De ese modo, se sentirán mejor haciendo sacrificios para que usted pueda realizar su trabajo, porque es para ellos también, y se verán incluidos en el proceso.

Finanzas y éxito

Este mes sentirá el deseo impulsivo de iniciar sus planes financieros recientemente diseñados, pero eso puede terminar en decisiones apresuradas. Si está concluyendo decisiones que ha considerado por mucho tiempo, tendrá el valor y optimismo de llevarlas a cabo.

Días favorables 6, 7, 11, 12, 16, 17, 20, 21, 22, 25, 26

Días desafiantes 2, 3, 8, 9, 10, 23, 24, 29, 30

Tabla de Acciones de Escorpión

Estas fechas reflejan los mejores —pero no los únicos— días para el éxito en dichas actividades, según su signo solar.

	ENE	FEB	MAR	ABR	MAY	JUN	JUL	AGO	SEP	OCT	NOV	DIC
Mudanza	22-31											27-31
Iniciar un curso	3-22											
Ingresar a un club								25, 27-31	1-12, 20			
Pedir un aumento				16-30				23-25	6-30	24-31	1-16, 18	
Buscar trabajo					1-19		1, 2	11-27				
Buscar ayuda profesional	9, 12-14	5, 8-10	3, 4, 8	1, 4, 5	1-3, 24-26	21, 22, 25	19, 22-24	14, 15, 19	11, 12, 15	9, 12-14	4, 5, 9	2, 3, 6, 7
Buscar un préstamo	10, 11	6, 7	5-7	2, 3, 29	27, 28	23, 24	20, 21	16-18	13, 14	10, 11	6-8	4, 5, 31
Ver un doctor				16-30	1-19				12-30	1-26	18-30	1-7
Iniciar una dieta				16-30	1-4					7, 8		
Terminar una relación											4, 5	
Comprar ropa		9-28	25-31	1-30	1, 2							
Hacerse un maquillaje										2-26	18-30	1-7
Nuevo romance		9-28	25-31	1-30	2, 29-31	1-23						
Vacaciones	12-14	8-10	8, 9	4, 5	1-3, 29	3-28	19-31	1-12	15, 16	12-14	9, 10	6, 7

El Arquero
Noviembre 22 a Diciembre 22

Elemento:	Fuego
Cualidad:	Mutable
Polaridad:	Yang/Masculino
Planeta regidor:	Júpiter
Meditación:	Puedo dedicar tiempo a explorar mi alma
Piedra preciosa:	Turquesa
Piedra de poder:	Lapislázuli, azurita, sodalita
Frase clave:	Yo entiendo
Símbolo:	La flecha del arquero
Anatomía:	Caderas, muslos, nervio ciático
Color:	Azul royal, púrpura
Animal:	Animales de patas planas
Mitos/Leyendas:	Atenea, Chiron
Casa:	Novena
Signo opuesto:	Géminis
Flor:	Narciso
Palabra clave:	Optimismo

Fortalezas y debilidades de su ego

Como signo mutable y de fuego, usted es un verdadero rayo en el cielo. Su ritmo rápido y mente ágil lo llevan de una experiencia a otra como una flecha que se dirige al blanco. Su mutabilidad le da una flexibilidad que se torna volátil cuando es combinada con su elemento fuego. Su mente busca la totalidad, deseando tener una visión de conjunto. Ya sea que esté explorando lo universal de la conciencia humana a través de la psicología, o examinando los impulsos unificadores de la humanidad visitando culturas extranjeras, está tejiendo un tapiz de entendimiento con los hilos que acumula de cada experiencia. Esta mutabilidad lo mantiene en movimiento, pero eso puede impedir que permanezca en algo suficiente tiempo para construir una base de éxito mundano —y aunque tiende a definir el éxito de forma no material, los logros tienen sus beneficios—.

Debido a que es un signo de fuego, posee la chispa de la vida y una inspiración insuperable que lo hace un ganador. Su mundo es alegre, y sus energías se esparcen en muchas direcciones porque se emociona por el potencial que ve. Puede motivar a otros hacia un objetivo porque visualiza el producto final claramente. Tiene altos ideales y ambiciones —un reflejo del hecho de que el fuego se mueve hacia arriba—. Esto le da un optimismo natural, por eso ningún obstáculo o problema lo abruma mucho tiempo. En un nivel más profundo, anhela la trascendencia; experimenta el entendimiento profundo de forma edificante e integradora, como si lo elevara por encima de las nubes. Sin embargo, su gusto por el movimiento y sed de conocimiento pueden llevarlo a evacuar situaciones y circunstancias tan rápido, que los demás no pueden seguirle el paso. Tal vez necesita recordar que debe cultivar la sensibilidad al tratar los sentimientos de otros, y emplear el pragmatismo necesario para cumplir con sus responsabilidades básicas.

Proyectando su luz amorosa

Sagitario, usted ve en la distancia. Esto no significa que es menos fiel que su pareja, pero sí que esa persona debe estar preparada y poder ir al paso de una constante serie de aventuras. La mejor pareja hace de su vida una aventura de descubrimiento dentro y fuera de la relación. A usted le gusta viajar y explorar nuevas esferas del conocimiento junto a su compañero(a), ya sea en los deportes extremos o la meditación.

Aries, otro signo de fuego, comparte su alegría en los retos de la vida e incluso será una fuerte competencia. Tauro le pone los pies sobre la tierra y le recuerda que manejar sus finanzas cuidadosamente le dará más libertad, pero no espere que este signo se ocupe de todos los asuntos prácticos. Al geminiano le gusta explorar tanto como a usted —y la preferencia de Géminis por la cultura y la civilización podría incluso amansar la bestia salvaje que mora en su ser—. Cáncer, amante del hogar, puede ser un aventurero renuente, pero ambos aprecian las cualidades de la naturaleza humana y disfrutan observar a otras personas en su vida cotidiana. El fuego de Leo lo convierte en un amante fiel y apasionado, cuya alegría por la vida se ajusta bien a su espíritu alegre y sentido del humor. Virgo tiene un sentido del deber y la responsabilidad del cual usted podría cansarse, pero este signo quiere crear un mundo mejor tanto como usted. Se llevará estupendamente con los nativos de Libra, cuyo encanto y gracia contrarresta su honestidad tosca. La intensidad de Escorpión puede alimentar su pasión por la vida, mientras usted aligera la seriedad de este signo. Otro sagitariano es una gran compañía mientras viaja por la vida, siempre que desarrollen concesiones mutuas al decidir cuál camino seguir. Capricornio puede construir sobre sus ideas e ideales, mientras usted logra la satisfacción de ver sus conceptos en forma concreta. El humor irónico y el sentido de la ironía del acuariano armonizan con su forma divertida de ver la vida: podrán reírse a su modo de una experiencia a otra. Piscis puede ver a través de usted, su alma; apreciarán el lado espiritual mutuo, el deseo de experimentar la unidad con toda la existencia.

Su lugar en el mundo

Sagitario, su deseo de aprender y diseminar conocimiento puede ser aplicado en muchas disciplinas. Si es un sagitariano cinéticamente orientado, le irá bien en el mundo de los deportes, la buena forma física, o salud y nutrición. Prefiere ayudar a que las personas sean más saludables o conserven su salud en campos tales como el entrenamiento personal, entrenamiento deportivo, o la terapia física o deportiva. También puede disfrutar trabajando con caballos o empleándolos en una de las muchas formas en que se utilizan en actividades humanas. Si está más inclinado a lo intelectual, podría ser profesor quintaesenciado, sumergiéndose en sus estudios académicos, ideando nuevas teorías, y enseñando en salones llenos de estudiantes jóvenes impresionables. También podría ser un escritor viajero, un fotógrafo o un periodista de asuntos exteriores. Dada su facilidad con los idiomas, puede dedicarse a una carrera que requiera capacidad bilingüe, desde el comercio internacional y la traducción, hasta brindar servicios turísticos para vacacionistas de lugares lejanos.

Lo mejor que puede hacer

Para usted, Sagitario, el pasto siempre es más verde al otro lado de la cerca —o al menos esa es la expresión potencial de su naturaleza—. Posee un gran don para desarrollar una visión de conjunto. Primero explora los fenómenos del mundo que lo rodea, mirando en lo profundo de cada uno para unificar principios. Estudia cosas que son diferentes, extrañas y únicas para asegurar que todos los aspectos estén incluidos en sus análisis. Luego crea una hipótesis de lo que cada factor tiene en común con los otros y la prueba. Así es que surge el conocimiento. Para hacer esto, tiene que ir de lugar a lugar y de experiencia a experiencia. No obstante, esto le impide colocar una base y cultivar los vínculos a largo plazo que brindan recompensas, a menos que varíe su patrón y desarrolle lazos arraigados en su vida. Puede partir antes de que los demás lleguen a conocerlo, antes de que entre a las etapas completas de un ciclo, donde los beneficios se acumulan, en su deseo de abarcar un nuevo territorio. Mientras valora el proceso sobre el producto, una cierta cantidad de éste hará que el proceso sea más fácil y divertido. Desarrolle vínculos duraderos en sus relaciones. Naturalmente, éstas requieren que se vuelva más consistente con quienes ama. Esto no debería ser difícil, porque es un camino de dos vías.

Herramientas para el cambio

Es el mejor en cuanto a ver claramente hasta la raíz de un asunto para descubrir el principio básico y la verdad subyacente. Su constante movimiento le permite observar la vida en toda clase de circunstancias, pero puede beneficiarse regresando a su centro. La casa es una forma de su centro —un nido que, incluso si lo mueve frecuentemente, puede ser un ancla en su vida—. Decorar la vivienda y llenarla de cosas que le gustan, ya sean libros, folletos de viajes o implementos deportivos, la hará más atractiva para usted, y deseará pasar un valioso tiempo restaurativo ahí. Las relaciones también pueden ser un eje alrededor del cual gire, y construir unas que duren le brinda un vital recurso emocional, mental y espiritual. Para conservar estas relaciones, debe tratar de resolver desacuerdos en lugar de evitarlos o tomar decisiones que no puede cambiar. La preparación para solucionar conflictos podría ser útil, no sólo en sus lazos personales, sino también como una capacidad comercial. Permanecer centrado es otro reto para usted, con su impulso a moverse hacia adelante y arriba. ¡Siempre está buscando el siguiente desafío! Sin embargo, cuidar cosas pragmáticas, tales como las finanzas y organizar la casa, son estructuras que brindan un trampolín para su aventura más reciente. Prepararse un poco en habilidades organizacionales puede ser útil e inspirador.

Con su inclinación hacia la trascendencia, ya está sintonizado con los reinos espirituales. Puede usar la meditación y la práctica espiritual para afianzarse. Específicamente, dirigir su energía a los chakras inferiores (el corazón y debajo) mantendrá sus pies sobre la Tierra y le ayudará a evitar accidentes y a que permanezca en el momento en lugar de adelantarse a los hechos como tan naturalmente lo hace. Criar una mascota estimulará su corazón y su hogar, haciendo que su casa sea un lugar más acogedor. Un perro es un buen compañero de viajes, mientras un gato imita su independencia. Establecer un horario regular es otra forma de crear más consistencia en su mundo. No se rija por él estrictamente, porque se sentirá limitado; desarrolle un equilibrio entre la rutina estructurada y el tiempo de elección libre, para que maneje sus responsabilidades de adulto pero no se sienta abrumado por ellas.

Afirmación del año

Me gusta sacar tiempo para descansar y restablecerme.

Sagitario: el año venidero

Este año emergerá su lado espiritual y colocará la base para hacer cambios retrasados. Júpiter en Escorpión y su duodécima casa solar lo lleva a su interior más que lo usual, pero esto no es algo desconocido para usted. La mayoría de gente no se da cuenta de que Sagitario no sólo es un signo de fuego que busca el éxito. También le emociona el paisaje interior que revela los misterios de la vida y conduce a la trascendencia que anhela. Su camino y prácticas espirituales pueden ser más significativos mientras Júpiter esté en esta casa, e incluso si la espiritualidad no es su tendencia, tendrá otros pasatiempos que lo incitan a contemplar la vida. Pronto descubrirá lo enorme que es el mundo interior, especialmente si está confinado de algún modo. Si se encuentra enfermo o limitado de otra manera, los viajes internos lo calmarán y liberarán los sentimientos expansivos que le dan alegría.

Una vez que Júpiter entre a su signo, el 23 de noviembre, la fuerte influencia del impulso creativo de este planeta originará una explosión de nuevas ideas e inspiraciones. Es un período para sembrar, así que siembre todas las semillas que quiera, teniendo en cuenta que deberá escardar algunas de ellas durante los siguientes dos años. Esto abre un ciclo de doce años de iniciativa, educación y expansión.

Saturno le brinda apoyo un segundo año mientras hace su tránsito por la segunda mitad de Leo y su novena casa solar. Los sistemas y estructuras del mundo apoyan sus esfuerzos al subir la escalera del conocimiento y el éxito. Ahora es tiempo de poner los toques finales en el ciclo preparatorio en el que ha estado los últimos seis años, porque alcanzará una cúspide que comienza en septiembre de 2007.

Quirón comparte discernimientos con usted, convirtiéndose en un mensajero de los dioses superiores mientras profundiza más en Acuario y su tercera casa. Está más sensible a las necesidades de otros ahora. Tal vez se siente inspirado a tener un enfoque más edificante en sus comunicaciones, o incluso podría prepararse en técnicas de curación. Su propósito a largo plazo de elevar la conciencia colectiva, será favorecido por este tránsito de cinco años.

Urano continúa su camino a través de Piscis y su cuarta casa solar, disolviendo esas formas que ya no son relevantes para que pueda eliminarlas. El enfoque estará en su familia y vida privada, además de su pasado —especialmente la infancia—. Se beneficiará enormemente poniéndole atención a esta área de su vida, porque tiene la clave para un gran proceso de entendimiento para usted.

Neptuno está en Acuario y su tercera casa solar, donde ha estado desde 1998. Ha experimentado un proceso de cambio sutil a largo plazo, donde viejas formas de pensar simplemente se están disolviendo. Heridas del pasado están casi olvidadas, y ahora es más fácil perdonar —especialmente a sí mismo—. Continúe liberándose mientras eleva su conciencia a un mayor entendimiento.

Una vez más Plutón ocupa su signo y la primera casa, así que todavía tiene otro año para más transformación en su vida. Por ahora esto puede parecer lejano, pero recuerde que esta es su oportunidad dorada para hacer cambios profundos que durarán el resto de su existencia. Su vida fluye ahora de un modo que otros envidian.

Los eclipses empiezan a apoyar el proceso de cambio haciendo un contacto desafiante con su Sol desde el eje de su cuarta y décima casa y los signos Piscis y Virgo. Una vez que este proceso empiece el 14 de marzo, experimentará cada seis meses sucesos culminantes que le ayudarán a decidir las renovaciones en el hogar y la carrera.

Si nació entre noviembre 26 y diciembre 17, Saturno en Leo está contactando su Sol desde su novena casa este año. Durante seis años se ha preparado para un nuevo punto culminante en su vida, y tiene veintiún meses antes de que la puerta se abra para usted. Tal vez está impaciente de que sea más pronto, pero la paciencia es lo que lo ha traído hasta aquí y lo llevará el resto del camino —porque la aplicación estable, paciente y constante del esfuerzo es lo que crea el éxito de Saturno—. Este éxito será sólido como una roca, así que siga inmerso en su tarea. Debido a la armonía con su Sol, ya está comenzando a cosechar el éxito, pero los efectos serán más notables mientras siga trabajando por sus objetivos más grandes. Podría encontrarse tomando más clases para adquirir capacidades, o enfocándose más en los viajes o las publicaciones como un trampolín para su ascenso. Si no ha empleado bien estas energías en años recientes, no es demasiado tarde para empezar. Los beneficios no serán tan grandes porque no han sido edificados durante un largo tiempo, pero de todos modos progresará. Saturno dará indicaciones de qué tanto está progresando en o cerca de enero 27, febrero 19, abril 5 y 24, junio 20, agosto 7, noviembre 16 y diciembre 5.

Si nació entre noviembre 29 y diciembre 7, Urano en Piscis lo despertará a nuevos potenciales mientras se conecta con su Sol desde la cuarta casa. Su vida familiar puede ahora ser inestable o incluso caótica. Sea cual sea la fuente, está haciendo que enfoque más la atención ahí, que sienta más tensión. Tal vez quiera liberarse, pero se beneficiará si usa el estímulo como una fuente de penetración en su pasado —especialmente su niñez—. Podría descubrir que los retos ahora están directamente relacionados con experiencias que tuvo antes de cumplir siete años de edad. Alguien más puede ayudarlo a extraer sus percepciones, tal vez un amigo o consejero. Entre más dispuesto esté a enfrentar las raíces de sus conflictos actuales, más beneficio tendrá de este tránsito. Es probable que alguien esté en el centro de la mayor tensión en el hogar. En tal caso, tal vez es necesario fijar límites o incluso tomar medidas más dramáticas para hacer de su casa un lugar seguro y tranquilo. Si es sensible a su ambiente, no tiene que esperar a que los sucesos se apoderen de su vida. Las medidas tomadas al inicio del ciclo, que comienza en marzo 1, pueden evitar mayores dificultades posteriormente. Otras fechas de máxima influencia de la energía de Urano son junio 5 y 19, septiembre 5, noviembre 19 y diciembre 2.

Si nació entre el 7 y el 12 de diciembre, Neptuno en Acuario y su tercera casa está haciendo una conexión de apoyo con su Sol. Ha estado experimentando una larga depuración de la forma en que percibe el mundo. Esto puede ser debido a un proceso educacional, desde cursos formales hasta terapia y formación espiritual. El impacto comunicativo de imágenes, desde fotografías hasta bosquejos, podría estar en su mente, y tal vez está usando o estudiando símbolos. Ahora las historias son más convincentes que los hechos, como lo es la poesía sobre la prosa. Si es escritor, su estilo puede contener más imágenes y símbolos, o es probable que tenga de algún modo una orientación más espiritual. Sin embargo, lo más importante es el cambio en la forma en que ve el mundo. Puede ser más consciente de las áreas grises de un asunto, donde antes veía las cosas en términos de blanco y negro. También podría sentirse confundido mientras atraviesa estos cambios, porque las viejas formas de procesar la información también se están descomponiendo. Mientras viejas ideas se disuelven, hay tiempo para que las nuevas tomen su lugar. Aunque sutiles, las energías de Neptuno serán más fuertes en enero 27, febrero 5, marzo 15, mayo 10 y 22, agosto 10, octubre 29 y noviembre 9.

Si nació entre el 15 y el 20 de diciembre, Plutón en Sagitario pone la transformación como enfoque central en su vida desde la posición que tiene en conjunción con su Sol. Usted ha sentido venir esto en al menos un par de años, y es tiempo de que ocurran los inminentes cambios. Las situaciones estancadas que generan mucha tensión están desequilibradas y serán rectificadas este año. El enfoque estará en el poder personal —en hacer lo apropiado para usted—. Es tiempo de comprender en dónde ha estado dando su energía a otros, y tomarla de nuevo para que la use en favor de su propia realización. Ya no es suficiente vivir a través de los demás. Aunque típicamente evita los problemas, es tiempo de encararlos de frente. Los cambios que haga no estarán completos en un día, o incluso un año, así que no se subestime buscando muy poco; atrévase a aspirar a los sueños más descabellados y trabaje bajo esa perspectiva. La actitud lo es todo, así que mantenga elevado el ánimo. Estará entrando a un territorio psicológicamente desconocido, y eso puede sentirse incómodo y a veces angustiante mientras se introduce en nuevas esferas mentales y emocionales. El hilo de estos cambios se desarrollará alrededor de marzo 17 y 29, junio 16, septiembre 4 y 16, y diciembre 18.

Si nació entre noviembre 22 y 25 o diciembre 21 y 22, ningún planeta principal está contactando su Sol este año. Esto puede ser un respiro del alto nivel de conexiones planetarias que ha estado experimentando los últimos años. Puede revisar e integrar lo que ha aprendido, dándole los toques finales a los cambios que aún estén incompletos. Si otros planetas personales —la Luna, Mercurio, Venus, Marte— están siendo activados por los movimientos lentos, este año todavía será activo. Aun así, encontrará circunstancias menos desafiantes, con menos obstáculos, que las que enfrentaría si el Sol estuviera involucrado. Este año promete ser un poco más relajado.

Sagitario/Enero

Puntos planetarios clave

Una gran cruz fija continúa una alineación que ha existido desde octubre del año anterior, atascándolo en detalles y viejas situaciones que le gustaría dejar atrás. Hay asuntos que requieren terminación, y si desea una pizarra limpia el año siguiente cuando empieza su nuevo ciclo de Júpiter, debe prepararse ahora ocupándose de estas cosas. Podría encontrarse vulnerable al estrés, pues tiene menos control que lo usual sobre lo que sucede cada día. Picos de actividad ocurrirán en enero 15, 18, 23 y 27.

Salud y bienestar

Su salud puede verse afectada por la falta de control que usted tiene sobre los acontecimientos en su vida ahora, ya que esto crea una tensión a la cual su cuerpo reacciona. Lo mejor que puede hacer es alejarse de la lucha periódicamente saliendo a correr o caminar, dando un paseo corto en auto o meditando. Darse un espacio es la forma más efectiva de reducir el estrés rápidamente. Cuídese bien especialmente en las fechas clave de enero 15, 18, 23 ó 27, pues estará más propenso a enfermarse.

Relaciones en la vida y el amor

Si ha cometido errores al manejar sus recursos, hágaselo saber a otras personas y enmiende las equivocaciones. Si las acciones de otros le cuestan dinero, puede perdonar, pero no los deje fuera del asunto. Las renegociaciones en las relaciones este mes involucrarán diferentes planes para manejar sus finanzas y otros recursos.

Finanzas y éxito

Puede haber una laguna en su flujo financiero este mes mientras Venus retrocede a través de su segunda casa. Esto podría crear desacuerdos con otros, ya sean acreedores que reciben pagos retrasados o seres queridos a los que les dedica poco tiempo. No hay problema con esto, siempre y cuando la restricción económica sea bien distribuida y asuma la responsabilidad de su rol.

Días favorables 1, 2, 5, 6, 7, 15, 16, 20, 21, 25, 26, 29, 30

Días desafiantes 3, 4, 10, 11, 17, 18, 19, 31

Sagitario/Febrero

Puntos planetarios clave

Los planetas le darán un descanso después de febrero 6, y puede recobrar su vida. Tendrá discernimientos en asuntos que persistieron en enero como consecuencia de nueva información recibida hasta febrero 5. Tendrá un proyecto de ensueño mientras el mes se inicia —algo que involucra escritura, enseñanza o comunicación—, el cual es parte de un proceso de desarrollo de años en esta área. Esto se relaciona con el ciclo anual de Neptuno que empieza el día 5 del presente mes.

Salud y bienestar

Accidentes, inflamaciones y virus son más probables de ser parte de su vida hasta febrero 16, e incluso no hay que descartar una cirugía. La clave es que se cuide. Aunque lo peor de esto ocurrió el pasado otoño, todavía puede verse afectado, especialmente los días 5 y 6.

Relaciones en la vida y el amor

Desde febrero 17, las relaciones requieren más atención porque Marte entra a su séptima casa. Tal vez note respuestas más airadas de los demás; si esto pasa, permanezca en calma sin dejar que nadie se sobrepase. Aunque no es necesariamente el caso, estas interacciones podrían estar mostrándole que debe ser menos intenso.

Finanzas y éxito

Su flujo financiero empieza a avanzar de nuevo con Venus, cuando Venus recobra el movimiento directo el 3 de febrero. Tal vez tome hasta comienzos de marzo volver a la normalidad, así que permanezca disciplinado. Tendrá más beneficios si puede convertir en un hábito este nuevo nivel de autocontrol. Los asuntos de la carrera siguen alejándolo de las otras cosas que encuentra satisfactorias, pero es para una buena causa. Si su carrera ya es exitosa, este es un período de gran felicidad para usted por el pináculo que ha alcanzado. Si siente una carga muy pesada, debe hallar formas de disfrutar más su profesión o pasar a un puesto en que se desempeñe mejor.

Días favorables 2, 3, 11, 12, 16, 17, 21, 22, 25, 26

Días desafiantes 1, 6, 7, 13, 14, 15, 27, 28

Sagitario/Marzo

Puntos planetarios clave

Este mes es un período crucial del año, cuando las decisiones y las respuestas a sus experiencias determinan en gran parte lo que traerá el resto del año. El Sol y Marte estimulan un cambio en el ambiente de su hogar, cuando se ponen en contacto con Urano en marzo 1 y 11. Esto es reiterado por Mercurio, que retrocede a través de su cuarta casa desde el 2 al 25 del presente mes. Esto puede revelar reparaciones necesarias relacionadas con agua y gas, que se pueden evitar tomando medidas preventivas. Las fechas clave son marzo 1, 2, 11 y 12. El eclipse lunar del día 14 también tiene un fuerte impacto, acentuando un cambio en su vida familiar y profesional en los siguientes seis meses.

Salud y bienestar

Necesita alejarse de otras personas regularmente —"miniretiros"— este año, mientras Júpiter avanza a través de su duodécima casa. Esto le dará tiempo para liberarse de energías a las cuales estará más vulnerable. Alrededor de marzo 4 será más consciente de esta necesidad y descubrirá una forma más efectiva de suplirla. Tal vez sólo deba cerrar la puerta de su oficina a fin de tener tiempo sin interrupción para trabajar en sus proyectos; o podría encontrar deseable dedicarse a la meditación o práctica espiritual más frecuentemente.

Relaciones en la vida y el amor

Quiere más libertad en su vida familiar, y su inspiración en cuanto a qué hacer al respecto estará fluyendo intensamente en marzo 1, cuando Urano inicie su ciclo anual. Puede sacar el mejor partido de esto enfocándose en una innovación positiva en lugar de negar la necesidad y aferrarse al pasado. Cambios en el hogar afectarán su vida laboral y viceversa en marzo 8, 14, y 29.

Finanzas y éxito

Sus finanzas están en equilibrio, y ya no siente abrumador el trabajo, lo cual es bueno porque gran parte de su atención es dirigida al hogar. Las medidas que tome en el trabajo en respuesta a sucesos alrededor de marzo 29, tendrán efectos de largo alcance.

Días favorables 1, 2, 10, 11, 12, 15, 16, 17, 20, 21, 25, 26, 29, 30

Días desafiantes 5, 6, 7, 13, 14, 27, 28

Sagitario/Abril

Puntos planetarios clave

Ha estado trabajando duro a fin de adquirir nuevas habilidades y conocimiento para aplicar en el camino de vida escogido, y en abril 5, cuando Saturno recobra el movimiento directo, algo toma el lugar indicado y usted entra a un nuevo nivel. Esto podría aplicarse a la universidad, estudios independientes o crecimiento personal. Si viaja, su adaptación a la cultura extranjera hace ahora un salto cuántico. Aunque todavía faltan tres meses para completar su actual proceso, ya ha pasado el punto más crítico.

Salud y bienestar

Si las actividades son reducidas debido a su situación o a la de un ser querido, busque formas de expresarse dentro de los límites en que se encuentra. Ahora tiende a querer alejarse, y si puede hacerlo, no lo piense dos veces. Si no tiene la posibilidad, haga "miniretiros" dentro de su cabeza. Esto puede ser hecho por medio de la meditación, o simplemente póngase en contacto con el centro de su ser. Desarrolle su ejercicio lejos de la gente —en el bosque o campo—.

Relaciones en la vida y el amor

Con Urano activado en su cuarta casa, su vida familiar y las relaciones son el enfoque principal ahora que alteraciones interrumpen las actividades planeadas. Es mejor que les dé una total atención, porque necesitan solución. Si sigue adelante como si nada sucediera, la situación se convertirá en un problema. Si es muy pronto para saber qué hacer, ponga atención a lo que ocurre hasta que su propósito sea claro. Las fechas clave son abril 8, 13, 17 a 20, y 30.

Finanzas y éxito

Los planetas incitan a dejar en segundo plano los asuntos del trabajo y la carrera para que pueda manejar situaciones personales. Espere hasta el mes siguiente para que personas que le deben dinero se lo paguen.

Días favorables 6, 7, 8, 11, 12, 13, 16, 17, 18, 21, 22, 25, 26

Días desafiantes 2, 3, 9, 10, 23, 24, 29, 30

Sagitario/Mayo

Puntos planetarios clave

Alrededor de mayo 8 surgirán asuntos relacionados con la forma en que maneja el comercio, la educación y las comunicaciones escritas, mientras Quirón entra a su período retrógrado de cinco meses. Esto es acentuado aún más por Neptuno, cuando inicie su retrógrado el 14 de mayo. Podría sentirse confundido, o descubrir la necesidad de encontrar un significado más profundo en su vida, a lo cual se dedicará en los siguientes nueve meses.

Salud y bienestar

Los tratamientos de salud preventivos serán útiles este mes, mientras Mercurio transita por su sexta casa de apoyo de la salud. Tal vez necesite hacerse un chequeo holístico y luego tratar lo que se presente con medios naturales, desde hierbas y homeopatía, hasta acupuntura y quiropráctica.

Relaciones en la vida y el amor

Situaciones con hermanos, vecinos y la familia se complican más, con eventos que ocurrirán alrededor de mayo 8 y 19. El 15 de este mes también será cogido por sorpresa por una situación familiar. La comunicación es la clave —tendrá apoyo de las relaciones más cercanas si habla de sus necesidades—.

Finanzas y éxito

Escribir proyectos podría confundirlo ahora que entra a una fase de menos agudeza mental. Esto se sentirá como una distracción alrededor de mayo 8, pero se convertirá en sentimientos de confusión o incertidumbre después de mayo 19. No puede detener el río. Use ese "período bajo" —que en realidad no lo es— para ocuparse de otros asuntos, o simplemente disfrutar el panorama.

Días favorables 1, 5, 6, 14, 15, 19, 20, 23, 24, 25, 28, 29

Días desafiantes 2, 3, 4, 9, 10, 16, 17, 18, 30, 31

Sagitario/Junio

Puntos planetarios clave

Plutón llegando al punto medio de su ciclo anual significa que usted alcanza una cima en el proceso de reinventarse a sí mismo que inició el pasado diciembre. Mientras se acerca a este crescendo en junio 16, sentirá que entra a un estado de mayor actividad para alcanzar su punto de referencia actual. Estará revelando una nueva parte de su naturaleza después de ese punto a través de la cual tomará el control de áreas que ha cedido a otros en el pasado. Esto podría presentarse como consecuencia de una interacción dramática con alguien cercano a usted.

Salud y bienestar

El estrés puede ser aliviado este mes buscando el apoyo de aquellos que poseen capacidades curativas en las que confía. Este es un buen tiempo para que se someta a un tratamiento de masajes o acupuntura casa semana. Asegúrese de alejarse de todo periódicamente, y no descuide su necesidad de sueño.

Relaciones en la vida y el amor

Cuando empiece el período retrógrado de Urano en junio 19, su atención se dirigirá hacia su casa. Siente que quiere liberarse de una restricción ahí, pero hay otras que debe considerar. Si puede resistirse al impulso de reaccionar en dicha fecha, en los siguientes cinco meses tendrá la posibilidad de no ser censurado y hacer una transición más armoniosa hacia lo que desea.

Finanzas y éxito

El trabajo se torna absorbente cuando los planetas fijos se contactan entre sí al unísono, trayendo episodios de lo que experimentó en el otoño anterior y en enero, febrero y mayo. Ahora la clave es la terminación, pues las condiciones están dadas para que situaciones de mucho tiempo cedan y se conviertan en algo más trabajable. La intensidad comienza en junio 4 y continúa hasta junio 22.

Días favorables 1, 2, 5, 6, 7, 10, 11, 14, 15, 19, 20, 27, 28, 29

Días desafiantes 3, 4, 16, 17, 18, 23, 24, 30

Sagitario/Julio

Puntos planetarios clave

Ahora se siente menos atrapado por sus circunstancias y puede ver la luz al final del túnel mientras Júpiter empieza a moverse hacia adelante en su duodécima casa en julio 4. Este ha sido un gran período restaurativo para usted, que comenzó el pasado 25 de octubre. Aunque todavía faltan cinco meses para que salga de su trampa, puede sentir que se está liberando. No apresure las cosas, porque el ciclo aún no se ha acabado. Sin embargo, puede continuar soñando y planeando.

Salud y bienestar

Los asuntos de salud también dan un giro favorable ahora con el cambio de dirección de Júpiter. Usted tiene más energía y optimismo —regresará a su antiguo ser—. Este es un buen mes para unas vacaciones, así que haga planes y comuníquelos a otros con anticipación para que puedan arreglárselas sin usted. Es mejor salir antes de julio 22.

Relaciones en la vida y el amor

Alrededor de julio 5 y 14 podrían ocurrir cosas en sus relaciones que presagian lo que sucederá el mes siguiente si no le da suficiente atención a ellas ahora. En la primera fecha, las circunstancias tendrán que ver con la carrera; en la segunda, sus relaciones —laborales y personales— estarán involucradas.

Finanzas y éxito

El período retrógrado de Mercurio, que comienza en julio 4, cae en la casa del dinero de otros. Esto significa que dineros que normalmente obtiene de otras personas tal vez no llegarán en el tiempo acostumbrado, o que otros pueden exigir más de usted. Esto podría venir de aquellos a quienes les debe o de su pareja. No obstante, no se convertirá en un problema mayor —sólo una pequeña reducción de sus planes—.

Días favorables 2, 3, 4, 7, 8, 9, 12, 13, 16, 17, 25, 26, 30, 31

Días desafiantes 1, 14, 15, 20, 21, 27, 28, 29

Sagitario/Agosto

Puntos planetarios clave

La energía inundará su mundo y su organismo cuando Marte interactúe con Urano en agosto 13 y Plutón en agosto 29. Esto acentúa sus asuntos de crecimiento personal expresados a través de la carrera y la vida familiar. Deberá responder a más situaciones críticas alrededor de estas fechas, y sentirá que son probadas las lecciones interiores en las que ha estado trabajando. Tendrá la oportunidad de evitar la situación al final del mes con medidas tomadas alrededor del día 17.

Salud y bienestar

Este mes estará más propenso a accidentes, especialmente alrededor de los días 13 y 29. En agosto 13, tal suceso sería inesperado y ocurriría en su casa o debido a algo en ella; en agosto 29, sería por algo que ha sabido pero todavía no ha podido manejar. Puede reducir este potencial haciendo una cosa a la vez y permaneciendo concentrado en ella cerca de esas fechas.

Relaciones en la vida y el amor

Este es un período ideal para unas vacaciones, aunque puede pensar en muchas razones para quedarse en casa. Lleve a otros con usted —tendrá más diversión— y vaya a lugares donde haya gente, en lugar de sitios rurales o solitarios. Podría divertirse particularmente recorriendo áreas donde hay restos de civilizaciones antiguas.

Finanzas y éxito

El nuevo ciclo de Saturno comienza en agosto 7, haciendo de esa fecha un buen momento para fijar las metas del año venidero. Éstas deberían relacionarse con preparativos y proyectos que le ayuden a alcanzar el pináculo de la carrera al que llegará en otra época del año. Incluso podrá disfrutar parte del éxito este año si está abierto a las posibilidades.

Días favorables 4, 5, 8, 9, 12, 13, 21, 22, 23, 26, 27, 28, 31

Días desafiantes 10, 11, 16, 17, 18, 24, 25

🏹 Sagitario/Septiembre 🏹

Puntos planetarios clave

Sucesos críticos a comienzos del mes dirigen su atención a equilibrar la carrera y el hogar. Cuando Plutón recobre el movimiento directo en septiembre 4, estará cerca de terminar otra etapa en su proceso de capacitación personal. Conserve su perspectiva y confianza en sí mismo al tratar la situación en casa o en el trabajo, que surge del 5 al 7 de septiembre. Los sucesos actuales se relacionan con los de marzo, junio, y agosto 13 y 29. Lo que sucede ahora aclara sus acciones durante los siguientes tres meses.

Salud y bienestar

Deportes de equipo y ejercicio social, como el baile, son más llamativos, al igual que actividades físicas que puede realizar con un compañero; lo sacarán de la casa o el sitio de trabajo y le permitirán descomprimirse.

Relaciones en la vida y el amor

Personas en la carrera o los negocios le dan una retroalimentación que lo ayuda a modificar su enfoque en el hogar y la familia, en especial a comienzos del mes. Las ideas llegan como un trueno en su mente, abriendo las puertas a nuevas posibilidades. Estos sucesos coinciden con el eclipse lunar de septiembre 7 y le dan discernimientos que lo impulsan a la acción con el eclipse solar el 22 de dicho mes. Ya ha visto los potenciales beneficios además de la necesidad de cambio, y ahora se da cuenta con mayor convicción de que tenía razón. Sin embargo, sus planes necesitan ajustes, y si antes tendía a no ser tan vigoroso al ejecutar sus ideas, es estimulado de nuevo a la acción de manera más productiva.

Finanzas y éxito

Su búsqueda silenciosa de desarrollo personal y espiritual lo ha llevado a pasar más tiempo en solitario en los meses anteriores, y empieza a ver el terreno fértil que está creando para la expansión del año siguiente. Siga trabajando con su realidad invisible, pues podrá ver con mayor claridad lo que será su próximo camino a la realización durante el curso del mes.

Días favorables 1, 5, 6, 9, 10, 11, 17, 18, 19, 22, 23, 24, 27, 28, 29

Días desafiantes 7, 8, 13, 14, 20, 21

Sagitario/Octubre

Puntos planetarios clave

Los planetas aflojan a comienzos del mes, y hay oportunidades para un contacto social agradable. Sin embargo, tendrá más que placer, en especial si está involucrado en el comercio o las ventas; también conseguirá negocios de sus contactos. La importancia de factores ocultos se hará evidente al final del mes, cuando Mercurio inicie su período retrógrado de tres semanas en su duodécima casa. Trate de ver lo que en realidad sucede en octubre 5, 15, 22 y 24. Habrá un hilo de entendimiento que necesita ser desenmarañado en noviembre.

Salud y bienestar

Es tiempo para relajarse, todo podría parecer abrumador. Ha estado muy ocupado en los últimos meses, y es el momento de alejarse. Incluso si tiene que disfrutar su soledad, ignorar este deseo porque tiene demasiadas cosas que hacer lo dejará indispuesto y fuera de base. Podría decir algo equivocado sin intención debido a su mal humor. Haga un corto viaje por carretera o al menos aléjese durante un día. Si puede hacer un retiro espiritual o concentrarse en el trabajo interior, sería mejor.

Relaciones en la vida y el amor

La familia está más conciliadora, en especial a comienzos del mes, así que aproveche la oportunidad de sanar heridas. Aquí habrá un proceso que entra en juego en octubre y noviembre, con fechas clave en octubre 10 y noviembre 1, 8, 14 y 22. Viendo esto como algo que requiere más de un encuentro para ser arreglado, y permitiendo que la otra parte observe la verdad por sí misma, estará respondiendo de la mejor forma.

Finanzas y éxito

Escribir, comunicar y publicar han jugado un papel importante en su carrera desde que empezó el año, y tal vez se ha sentido atrapado en dicho rol. En dos meses los planetas se moverán a un patrón más armonioso, y se sentirá liberado y aliviado. No tiene que terminar todo ahora, pero sentirá el impulso de completar lo que se ajusta al ciclo de este año. Esta urgencia aumentará al final del mes, y debe continuar con el ritmo estable que ha estado empleando hasta el momento.

Días favorables 2, 3, 6, 7, 15, 16, 20, 21, 25, 26, 29, 30

Días desafiantes 4, 5, 10, 12, 17, 18, 19, 31

🏹 Sagitario/Noviembre 🏹

Puntos planetarios clave

Cuando se inicie el mes, sentirá el "silencio" antes de que Júpiter comience a rejuvenecer su vida. Podría tener percepciones que le muestran los posibles futuros que pueden ser realizados en los siguientes doce años. Cuando Júpiter entre a Sagitario en noviembre 23, será introducido en ese campo energético y estará lleno de optimismo joviano. Es el tiempo para ver, soñar y planear el futuro. Júpiter le da la visión, pero no la desarrolla —Saturno lo hace—. Su futura dedicación determinará hasta qué punto realizará las ideas de ahora y qué tan exitosas serán.

Salud y bienestar

Para activar el nuevo ciclo, debe drenar, limpiar y purificar su vida. Ahora los planetas agrupados en su duodécima casa están posicionados para hacer eso, con un empuje adicional del retrógrado de Mercurio. Depurar el cuerpo es parte del proceso. Baños terapéuticos, masajes profundos, curación energética y realineación, una limpieza digestiva, yoga, meditación —todo contribuye a su experiencia de revivificación—. Aunque podría trabajar con esta energía todo el mes, espere hasta noviembre 17, mientras Mercurio todavía está retrógrado.

Relaciones en la vida y el amor

Desde 1995 ha tenido muchas lecciones sobre las concesiones mutuas de las relaciones con Plutón en Sagitario. Ha aprendido a ser sensible al poder que tiene y cómo dejar de darlo inconscientemente. Cuando Júpiter entre a su signo en noviembre 23, magnificará este proceso y todo lo que usted ha aprendido a través de él; aumentará su poder, y será desafiado por otros si lo usa mal. Si hay una gran tarea que desea realizar, no tenga miedo de iniciarla; se ha estado preparando para esto durante muchos años.

Finanzas y éxito

Es el momento para finalizar cosas inconclusas. Debe tener limpio su escritorio en noviembre 23 para empezar un nuevo ciclo de empresas. Vale la pena dejar a un lado otros proyectos que se encuentran en etapas iniciales o intermedias de su realización.

Días favorables 2, 3, 11, 12, 16, 17, 21, 22, 25, 26, 27, 30

Días desafiantes 1, 6, 7, 8, 13, 14, 15, 28, 29

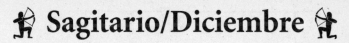 Sagitario/Diciembre

Puntos planetarios clave

Tiene mucha energía disponible porque los planetas energéticos se agrupan en su signo. Está lleno de inspiración y deseo de actuar, con oportunidades que encajan con las ideas. Otros están tan emocionados como usted por su visión de las cosas que vendrán, y se encuentran dispuestos a brindarle apoyo. Su nuevo ciclo de capacitación personal comienza en diciembre 18, cuando el Sol entra en conjunción con Plutón. Este es el tiempo de afirmar sus planes para el año venidero. Uno de esos planes debería ser el desarrollo de metas de gran alcance que tiene para el nuevo ciclo de doce años que se inició en noviembre 23.

Salud y bienestar

Lesiones y accidentes son posibles este mes, especialmente en los días 3, 11, 18 y 21. Esto se debe a su deseo de estar adelante de sí mismo. Si regula su ritmo y permanece en su centro, evitará que ocurran estos contratiempos.

Relaciones en la vida y el amor

Puede apaciguar la impaciencia usando su gran sentido del humor para reír en medio de las circunstancias y burlarse de sí mismo. De otra manera, podría terminar descargándola sobre otras personas, desalentándolas en lo referente a sus planes. En su rol de liderazgo, depende de usted fijar el tono.

Finanzas y éxito

Hay unos planes pasados que ha estado desarrollando y parecen impedirle llevar a cabo las nuevas ideas que ha soñado. Lo que siente es el retrógrado de Saturno, que se inicia en diciembre 5. Durante cinco meses necesitará invertir tiempo extra en este proyecto aparentemente menos productivo. A la larga, esto ampliará sus nuevos planes y dará resultados en su momento, aunque ahora se sienta como un obstáculo.

Días favorables 1, 8, 9, 10, 13, 14, 15, 18, 19, 23, 24, 27, 28, 29

Días desafiantes 4, 5, 11, 12, 25, 26

Tabla de Acciones de Sagitario

Estas fechas reflejan los mejores —pero no los únicos— días para el éxito en dichas actividades, según su signo solar.

	ENE	FEB	MAR	ABR	MAY	JUN	JUL	AGO	SEP	OCT	NOV	DIC
Mudanza		9-28	25-31	1-15								
Iniciar un curso	22-31	1-8										
Ingresar a un club									12-30	1, 19-21		
Pedir un aumento										1-23	17-30	1-5, 18-20
Buscar trabajo					5-31	1, 2		27-31	1-12			
Buscar ayuda profesional	10, 11, 15	6, 7, 11	5-7, 10-12	3, 6-8	4, 5, 27	1, 2, 23	20, 21, 25	16-18, 21	14, 17-19	10, 11, 15	6-8, 11	5, 8-10
Buscar un préstamo	12-14	8-10	8, 9	4, 5	1-3, 28	25, 26	22-24	19, 20	15, 16	12-14	9, 10	6, 7
Ver un doctor					5-31	1, 2				2-26	18-30	1-27
Iniciar una dieta					5-19						4, 5	
Terminar una relación												4, 5
Comprar ropa				16-30	1-28							
Hacerse un maquillaje							1-18				17-30	1-27
Nuevo romance			29, 30	16-30	1-31	2, 24-30						
Vacaciones	15, 16	11, 12	10-12	6-8	4, 5, 31	2, 27-29	25, 26	11-31	1-5, 17	15, 16	11, 12	8-10

CAPRICORNIO

La Cabra
Diciembre 22 a Enero 20

♑

Elemento:	Tierra
Cualidad:	Cardinal
Polaridad:	Yin/Feminino
Planeta regidor:	Saturno
Meditación:	Conozco la fuerza de mi alma
Piedra preciosa:	Granate
Piedra de poder:	Peridoto, diamante, cuarzo, obsidiana negra, onyx
Frase clave:	Yo utilizo
Símbolo:	Cabeza de la cabra
Anatomía:	Esqueleto, rodillas, piel
Color:	Negro, verde bosque
Animal:	Cabras, animales de coraza gruesa
Mitos/Leyendas:	Cronos, Vesta, Pan
Casa:	Décima
Signo opuesto:	Cáncer
Flor:	Clavel
Palabra clave:	Ambicioso

Fortalezas y debilidades de su ego

Capricornio, usted tiene empuje, ambición y energía —la combinación perfecta para obtener logros—. Esta es la marca registrada de su energía de tierra y cardinal. Como signo cardinal, su vitalidad es alta, a pesar de su lado terroso. Las ideas surgen en su mente sin esfuerzo, y tomar medidas es igual de natural. Le gusta estar a la cabeza, porque cuando tiene el control sabe que las cosas se harán bien. Es bueno para estimular y motivar, delegando y dirigiendo, pero no es un seguidor. Tampoco es el mejor para llevar hasta el fin las cosas: deja que otros manejen eso. Le gusta asumir el rol principal cuando es su idea, pero si alguien más sugiere una buena opinión, ya no siente tanto entusiasmo —al menos hasta que usa su gran capacidad de razonamiento para vencer el ego—.

Como signo de tierra, es muy práctico. Su naturaleza terrosa le merma el ritmo, haciendo sus acciones más efectivas. Esto también amplía su visión: le gusta mirar toda la situación, con anchura y profundidad. Quiere saber la historia de la situación, e incluso puede ser un estudiante de historia por la forma en que esto le permite pronosticar las tendencias del presente y el futuro. Le interesan las cosas imponentes en la vida, desde la arquitectura fina hasta las instituciones de la sociedad. Su gusto se inclina a lo clásico, y prefiere un artículo viejo bueno que una brillante novedad que puede no durar lo mismo. Tiene la capacidad de construir, pero es más probable que construya algo que esté en las estructuras ocultas de la sociedad, como un sistema o ley del gobierno, en lugar de una edificación física. El lado negativo de su naturaleza es la tendencia a aceptar que el fin justifica los medios. En su anhelo por alcanzar la cima o realizar sus objetivos, puede hacer algo que afecta a alguien más —no porque quiera hacerlo, sino porque no pone atención a las sutilezas en el proceso—.

Proyectando su luz amorosa

Usted es un amante apasionado, Capricornio, siempre que tenga el control. Sensual, cálido y comprometido, es un compañero(a) dedicado en el tiempo que pasa con la persona que ama. Esa es la clave: tiempo. Sus relaciones podrían ser descuidadas si la emoción por el trabajo que está haciendo eclipsa su vida sentimental. Una relación ignorada pronto muere, a pesar de su fidelidad y buenos sentimientos. Para usted, ir a trabajar es una forma de expresar su amor, pero debe recordar que otros necesitan una demostración más directa de sus sentimientos. Este no es su punto fuerte, pero le iría bien al cultivar la capacidad de expresar lo que siente.

Sentirá una ventaja competitiva con Aries y disfrutará hacer el juego de quién es el mejor y el primero. El enfoque metódico del nativo de Tauro es alentador; juntos pueden sostener un empuje equilibrado hacia sus objetivos. Se pregunta qué impulsa el lado social de Géminis, hasta que reconoce que este signo tiene su misma apreciación por las expresiones culturales. Cáncer expresa los sentimientos que usted tiene en su interior, mientras su influencia le brinda al canceriano una estructura alentadora. Leo compite con usted por la posición superior, porque a los leones también les gusta estar a la cabeza, pero una vez que reconocen que sus estilos son diferentes, pueden dirigir juntos. Aprecia la eficiencia y habilidades técnicas de los nativos de Virgo —harán mucho como equipo—. La objetividad del sociable Libra y su pragmatismo hacen que sean una gran combinación con una perspectiva variada. Escorpión comparte su enfoque serio en la vida —no tendrá que convencer a este signo de lo que es realmente importante—. El sagitariano tiene los principios para guiar sus acciones, mientras usted brinda un espacio para expresar ideales en forma concreta. Otro nativo de Capricornio comprende automáticamente su perspectiva y trabajará a su lado en sus planes más ambiciosos. Puede volverse un poco político con Acuario, pues se da cuenta del equilibrio de la responsabilidad y la libertad en su propio hogar y en el mundo. Tiene simpatía por Piscis, porque este signo nunca lo deja olvidar su lado sentimental, y de este modo aprecia la estructura que usted le da a la vida.

Su lugar en el mundo

Se sentirá bien en cualquier posición donde las cualidades de liderazgo sean importantes. Tendrá un desempeño ideal en la oficina de una gran corporación, especialmente si puede dar órdenes. Le gusta ver el impacto positivo de sus ideas puestas en acción. También posee un sentido para manejar las finanzas, especialmente a nivel general, lo cual lo convierte en un buen tesorero, contador o director financiero. Su potencial también puede ser utilizado para administrar cartera comercial, ser un corredor de bolsa o manejar transacciones de bienes raíces. Trabaja mejor en un ambiente donde es desafiado, y si no es demasiado renuente al riesgo, tendrá éxito administrando su propia compañía: tiene el espíritu empresarial, el don para estructurar su empresa, y la capacidad de pensar en grande. Otras ocupaciones en las que puede emplear sus capacidades incluyen administrar una sucursal o trabajar en el gobierno, especialmente en la rama legislativa.

Lo mejor que puede hacer

Usted es un profesional, sin importar lo que haga. Nada le gusta más que ponerse el uniforme de su campo escogido y "usar" el rol que ha aprendido a desempeñar. Ha trabajado duro para desarrollar su pericia, y ahora lo hace para cumplir con sus responsabilidades. Posee el don del profesionalismo y el liderazgo que surge de su talento para dejar a un lado los sentimientos personales cuando pesa las decisiones que se le presentan. Sin embargo, estas grandes cualidades pueden ser llevadas demasiado lejos. Si olvida quitarse la máscara comercial cuando llega a casa del trabajo, y no deja que salga su lado cálido con quienes quiere, corre el riesgo de ignorar la mejor parte de las relaciones cercanas —la interacción amorosa que puede compartir—. También tiene que dedicar tiempo para sí mismo y los que lo rodean a fin de disfrutar la vida. Cuando la barrera permanece erigida, se niega a sí mismo el aporte que los demás pueden darle, ese combustible que se genera de su éxito, lo cual hace que el logro sea menos valioso. Puede ser de ayuda programar tiempo con sus seres queridos, al menos hasta que ajustar el lado personal en su vida tenga su propia recompensa.

Herramientas para el cambio

Capricornio, usted ve que se debe hacer tanto en el mundo que nunca quiere descansar. Sin embargo, para ser una persona bien equilibrada y disfrutar la vida, necesita divertirse. Lo primero que puede hacer para mantenerse en equilibrio es reducir la responsabilidad que tiene.

Consiga el apoyo de otras personas para completar los trabajos que ve frente a usted delegando o pidiendo ayuda. También puede trabajar más rápido usted mismo: encuentre formas de ser más eficiente o elimine tareas que hace sólo por costumbre. Permanecer organizado es esencial, y si necesita ayuda para lograrlo puede contratar a alguien o prepararse en técnicas de organización. Una vez que haga esto, tendrá más tiempo libre.

Dada su naturaleza constructiva, puede convertir en trabajo cualquier actividad de juego. Para evitar esto, dedíquese a actividades que no tengan una recompensa diferente a la alegría de hacerlas —¡desde luego que no deben generar ingresos!—. También es importante pasar tiempo sin hacer nada. Además, debería enfatizar el elemento de espontaneidad y sorpresa en sus pasatiempos de libre elección yendo a un lugar inesperado o rompiendo su rutina.

Gran parte de su énfasis está en el mundo exterior, así que puede ignorar su mundo interior. Otra forma de equilibrar su carácter es desarrollar una conciencia de su salud interna. Primero que todo es importante que sepa qué está sintiendo. Clasificar sus emociones y saber cómo manejarlas le hará la vida más satisfactoria. Puede cultivar este lado de su naturaleza estudiando psicología o astrología, e incluso consiguiendo consejería si necesita ayuda para abrir su mente. También se beneficiará de tomar un curso de desarrollo psíquico, aunque encontrará más agradables y fáciles de manejar las capacidades que surgen si al mismo tiempo se enfoca en el desarrollo psicológico y espiritual. Todos estos enfoques le darán más sensibilidad ante los procesos y energías que pasan a través de usted y residen en su ser.

Afirmación del año

Estoy aumentando mi éxito agrandando
el círculo de mi conocimiento.

Capricornio: el año venidero

Acaba de completar un año de mucha actividad buscando un pináculo de éxito. ¡Ahora es tiempo de recoger los frutos! Júpiter estará en Escorpión, su undécima casa, hasta noviembre 23. En esta casa es donde se pone en contacto con otros que pueden ser de beneficio para usted, en su carrera o empresa. Los mercados colectivos y los auditorios serán su mayor fuente de crecimiento y fuerza durante este período, así que entre más personas conozca, más beneficios tendrá. Naturalmente, ayudará ser selectivo y no demasiado impaciente —un riesgo de Júpiter—, porque no alejará a la gente. Use su usual discreción y deje que los demás jueguen su papel. Es probable que este año también reciba reconocimiento por esfuerzos pasados, ya sea en forma de premios, un ascenso o un aumento. Grupos a los cuales pertenece también podrían recompensarlo dándole una posición que mejorará su reputación en la organización. Cuando Júpiter entre a Sagitario y su duodécima casa solar, empezará el período de un año de consolidación y terminación. Tal vez tiene un gran proyecto que lo aleja de la atención pública, o podría simplemente necesitar un tiempo de inactividad. Su espacio se expandirá interiormente, con matices espirituales. Mientras está alejado, tendrá tiempo para acumular energía que empleará en un nuevo período de doce años cuando Júpiter entre a su signo solar en 2007 y 2008.

Saturno pasa su segundo año en Leo y su octava casa solar. Usted se encuentra en medio de una reestructuración de su base económica —especialmente sus recursos personales—. Esto podría significar que reevalúa o vuelve a prorratear su cartera financiera, modificando coberturas de seguros, comprando y vendiendo acciones y bonos, o cambiando sus fuentes de ingresos.

Quirón está en Acuario y su segunda casa. Esto da el impulso para sus acciones bajo Saturno-octava casa. Ha decidido que la forma en que maneja sus recursos requiere un arreglo o tal vez una revisión completa. Desea crear mayor estabilidad y poder en sus recursos personales, desde las finanzas hasta su propiedad y bienes intangibles como tiempo y habilidades. Debajo de todo esto está el reconocimiento de que ha tenido prioridades equivocadas. Ahora puede corregir el camino, y Quirón le da cinco años más para hacerlo.

Urano está un cuarto año en Piscis y su tercera casa solar. Está experimentando un agradable proceso de entendimiento que sin embargo tiene sus sorpresas. Esta es la forma más suave de cambiar. No necesita una experiencia directa para aprender: es suficiente observar a otros y llevar la lección a su propio corazón. El trabajo, la interacción interpersonal o formación espiritual podrían estimularlo para este alegre crecimiento.

Neptuno continúa avanzando a través de Acuario y su segunda casa, donde ha estado desde 1998. Al igual que Quirón, está reformando su estado financiero. Para usted ya no es suficiente ganar dinero (mucho) en la forma que pueda; ahora está interesado en disfrutar la manera en que lo consigue. Aplicar sus ideales en su mundo lo hace sentir más realizado, y ahora es algo tan importante como el dinero que consigna en el banco.

Plutón permanece en Sagitario y su duodécima casa solar, donde ha estado desde 1995. En ese tiempo inició una transformación espiritual a largo plazo que ha estado abriendo su mente y corazón a una nueva conciencia y mayor sensibilidad. Este proceso continuará en 2006.

Los eclipses entran a Virgo y Piscis, su novena y tercera casa, el 14 de marzo. Esto acentuará el cambio de conciencia que ya ha estado experimentando, y le hará posible realizar algunos de sus sueños. Ya sea que esto llegue en viajes, educación superior o práctica espiritual, su vida cambiará de forma agradable.

Si nació entre diciembre 25 y enero 16, Saturno en Leo contacta su Sol desde la octava casa. Este es el tiempo de poner en orden su estado financiero. Desde la cartera de inversiones hasta la protección con seguros, ahora mismo es esencial una reevaluación. Este también es un buen período para considerar cómo quiere que sean manejados sus negocios después de que muera. No es el momento de invertir en empresas de alto riesgo o corto plazo, porque no tendrán éxito mientras Saturno tenga dominio en esta área. En lugar de eso, busque negocios seguros, estables y a largo plazo para poner su dinero. Los misterios de la vida también llamarán su atención ahora; se fascinará por lo que hace funcionar la psique humana, y descubrirá formas de explorarla que se ajustan a su estilo, ya sea a través de la psicología o estudios esotéricos. Es bueno tener una visión a largo plazo, porque esto es parte de un ascenso lento y constante hasta la cima por la que ha estado trabajando los últimos diez años. Con cuatro años más hasta alcanzar la meta, haga planes que le permitan maximizar sus resultados. Los eventos de Saturno ocurrirán en o cerca de enero 27, febrero 19, abril 5 y 24, junio 20, agosto 7, noviembre 16 y diciembre 5.

Si nació entre diciembre 28 y enero 6, Urano en Piscis está contactándose con su Sol desde la tercera casa. Su mente se encuentra en un período de renovación este año. Desde las noticias en televisión hasta un nuevo curso que está tomando y algo nuevo a lo que su hermana ha entrado, está consiguiéndolo todo en todas las direcciones. Estos sucesos están conspirando para darle una nueva forma de ver el mundo. Su intuición es más aguda y su mente trabaja con mayor rapidez. Sin embargo, no está obteniendo la información del mismo modo; no sólo recuerda realidades que ha conocido, está derivando discernimientos de la sabiduría que ha acumulado. No se sorprenda si el conocimiento no fluye de inmediato; puede tomar tiempo que las respuestas apropiadas salgan a la luz, pero aprenderá a ser más paciente con esta nueva y más satisfactoria forma de conocer. Sus hermanos y vecinos también podrían ser una fuente de sorpresas, y no se extrañe si hay una influencia perturbadora cerca de su casa, tal como un sitio de construcción o un nuevo sistema de alcantarillado que está siendo puesto en la calle donde usted vive. Este ciclo inicia en marzo 1, con más fechas de máxima actividad uraniana en junio 5 y 19, septiembre 5, noviembre 19 y diciembre 22.

Si nació entre el 6 y el 11 de enero, Neptuno en Acuario está impulsando sus ideales desde la posición que tiene en su segunda casa solar. Usted está cansado de hacer dinero sin significado; quiere imbuir sus actividades, y sus fuentes de ingresos, de más sentido espiritual para usted y más impacto en los demás. También está dispuesto a hacer un sacrificio por sus ideales, y eso podría significar tomar parte de los ingresos para hacer algo que le apasiona. Tenga el cuidado de ser realista respecto a sus necesidades para que no se endeude mientras hace su transición a un nuevo estado. Sus metas deben ser tan profesionales y realizables como antes, pero proyectadas con una nueva visión de cuáles son las posibilidades. Sólo usted sabe de qué es capaz, pero debe moderar sus sueños con una dosis de realismo —un plan B en caso de que el plan A no funcione como usted cree que lo hará—. La confusión e ilusión son posibles efectos secundarios del tránsito de Neptuno. No tome medidas apresuradamente o cuando no tenga claro qué hacer, y sólo acepte el consejo de aquellos con quienes ha construido una relación antes de este tiempo. Su imaginación también estará aguda, y es posible que cumpla sus sueños bajo este contacto, si es bien manejado. Las energías sutiles de Neptuno serán más fuertes en enero 27, febrero 5, marzo 15, mayo 10 y 22, agosto 10, octubre 29 y noviembre 9.

Si nació entre el 14 y el 19 de enero, Plutón en Sagitario está transitando por su duodécima casa solar. Ha estado sintiendo venir los cambios, pero ahora es tiempo de tomar medidas. Este año descubrirá influencias sutiles y ocultas en su vida que tienen un gran impacto sobre la forma en que ve el mundo. Es probable que esté incómodamente consciente de que algo no está bien, pero no sabe a ciencia cierta qué hacer. Plutón sacará a la superficie todos los asuntos importantes el año venidero —lo cual será un alivio porque podrá manejarlos—. Puede haber problemas con alguien cercano a usted que requiere un sacrificio. Tal vez está limitado, incluso atrapado, por las grandes necesidades de otros o de sí mismo. A veces una enfermedad a largo plazo juega un papel cuando Plutón hace este tipo de contacto. Hay muchas cosas más que nos limitan, y usted estará averiguando cuáles son. La mejor forma de tomar esto es como una transformación espiritual. Si sigue activamente esa transformación, podrá manejarla mejor que si espera que los sucesos ocurran. Esto no es algo que llamará su atención total o lo desconcertará; es un proceso que tomará lugar de manera furtiva y emergerá periódicamente. Los beneficios se darán al ser más sensible a las influencias ocultas en su vida. Los eventos de Plutón se presentarán alrededor de marzo 17 y 29, junio 16, septiembre 4 y 16, y diciembre 18.

Si nació entre diciembre 22 y 25 y enero 17 y 19, los planetas principales no están contactando su Sol este año. Esto no significa que su año será tranquilo, especialmente si otros planetas personales —la Luna, Mercurio, Venus o Marte— están siendo contactados. No obstante, con su Sol fuera de juego, se sentirá menos desafiado y más cómodo con lo que surja. No estará pisando un terreno desconocido, ni necesitará utilizar tan intensamente su valor y fuerza interior. Tal vez pueda sacar tiempo libre, relativamente hablando. Podría ser un buen período para tomar unas vacaciones prolongadas o disfrutar más la vida. También puede aprovechar este año para dedicarse a un proyecto que ha tenido que dejar a un lado en períodos más activos. No se sentirá tan presionado por las circunstancias, por eso es bueno aclarar cuáles son sus objetivos. Si quiere realizar algo grande, deberá presionarse a sí mismo.

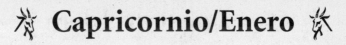 Capricornio/Enero

Puntos planetarios clave

Los cuatro planetas que se cuadran en el cielo este mes están influenciando sus finanzas y sentido de bienestar. Ha tomado medidas temporales de ajuste económico para realizar objetivos que son parte de una misión más grande. Sentirá la restricción más agudamente este mes mientras encuentra más lugares para activar sus planes. Se acentúa el contacto social y la actividad creativa. Las fechas importantes son enero 15, 18, 23 ó 27.

Salud y bienestar

Con Venus retrógrado en su signo, su cambio también podría extenderse a modificaciones en el régimen de salud. No hay mejor tiempo para renovar su plan nutricional y de fitness a fin de asegurar que sus cambios de apariencia ocurran de adentro hacia fuera. Para el tiempo en que Venus avance directo en febrero 3, puede tener sus nuevos hábitos bien establecidos.

Relaciones en la vida y el amor

Es tiempo de que examine bien sus relaciones y vea lo que necesita cambiar. Venus está retrógrado en su signo, y cambios importantes podrían presentarse en sus vínculos personales. Incluso si no se requieren grandes acciones, todas sus relaciones cercanas serán renegociadas de algún modo. Todo estará resuelto hacia febrero 3. Este también es un excelente tiempo para un cambio personal. Ahora es conveniente una revisión en el estilo, desde el cabello hasta la forma de presentarse a los demás, y estará especialmente inspirado.

Finanzas y éxito

Consolidar sus éxitos del pasado es una parte importante en el sostenimiento de resultados positivos. Cuando Júpiter contacte a Neptuno en enero 27, entrando a la fase final del ciclo de trece años que se inició en 1997, se realizarán los sueños que surgieron en ese entonces. Ahora es tiempo de empezar a construirlos como la plataforma para su siguiente bloque de empresas, mientras se asegura que lo beneficiarán durante los años venideros.

Días favorables 3, 4, 8, 9, 17, 18, 19, 22, 23, 24, 27, 28, 31

Días desafiantes 5, 6, 7, 12, 13, 14, 20, 21

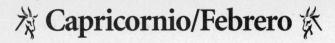 Capricornio/Febrero

Puntos planetarios clave

Su vida se torna mucho más fácil después de febrero 3, cuando Venus recupere el movimiento hacia adelante en su signo. Las seis semanas pasadas han traído lecciones personales extraordinarias, tal vez revelando la necesidad de ser más cálido y menos disciplinado que antes. Después de tanta autocrítica, estas nuevas cualidades están integradas a su naturaleza básica y requieren menor atención de su parte. El nuevo ciclo de Neptuno, que empieza el día 5 de este mes, lo enfoca hacia la espiritualidad y lo sintoniza en sus sueños de mayor realización. Incorpórelos en sus planes para el año venidero y será recompensado enormemente.

Salud y bienestar

Venus en su primera casa tal vez ha afectado su salud, pero es más probable que usted haya reconocido las formas en que podría ser más elegante. Siga experimentando con nuevas prendas, peinados y maneras de presentarse, incluyendo una actitud más optimista. Si se requieren nuevas rutinas de salud, este es un buen tiempo para incorporarlas en su vida cotidiana.

Relaciones en la vida y el amor

Venus también señala cambios en su vida sentimental. Si su relación principal no cambió completamente, al menos renegoció cómo está funcionando en su vida. Esto probablemente involucró una nueva perspectiva y auto-imagen, y tal vez cambios de comportamiento. Conserve el trabajo eficiente, y no crea ni por un segundo que todo es responsabilidad suya.

Finanzas y éxito

La atención se dirige a sus finanzas y el uso de recursos alrededor de febrero 5: ¿qué desea crear? ¿Qué quiere apoyar con sus inversiones? Estas son las preguntas a responder cuando Neptuno empiece su nuevo ciclo anual en su segunda casa. Los esfuerzos iniciados después de febrero 8 serán más efectivos.

Días favorables 1, 4, 5, 13, 14, 15, 18, 18, 20, 23, 24, 27, 28

Días desafiantes 2, 3, 8, 9, 10, 16, 17

✵ Capricornio/Marzo ✵

Puntos planetarios clave

Viejas ideas son desechadas y unas nuevas cambian su perspectiva mientras Mercurio retrocede a través de su tercera casa desde el 2 al 25 de marzo, con puntos críticos los días 2, 8, 12 y 25. Estará inspirado alrededor de marzo 1, cuando empieza el ciclo anual de Urano, dándole un nuevo impulso creativo. El cambio de dirección de Júpiter en marzo 4 señala un giro en sus interacciones con grupos y organizaciones. Tal vez es tiempo de reducir obligaciones y paseos sociales a fin de disminuir gastos.

Salud y bienestar

Marte en su sexta casa sugiere la posibilidad de cirugía u otros procedimientos médicos este mes, aunque si es posible sería bueno evitarlos alrededor de marzo 11. Este es un buen período para que reorganice su rutina de fitness, y estará más enérgico, pero es probable que haya lesiones si se excede.

Relaciones en la vida y el amor

Se sentirá compelido a hacer cambios en su vida familiar alrededor de marzo 29, cuando se presenta el último eclipse solar de Aries en esta serie. Esta es su última oportunidad de completar una transición que usted inició en octubre de 2004. Hermanos y vecinos lo sorprenderán, e incluso impactarán, alrededor de marzo 1 y 11.

Finanzas y éxito

Descubrimientos que hace mientras trabaja estimulan más su espíritu innovador cuando Marte hace contacto con Urano el 11 de marzo. Los cambios que ha estado haciendo para cumplir sus sueños llegarán a un punto crucial en marzo 4, con un evento significativo alrededor del día 15 de este mes cuando Júpiter se pone en contacto con Neptuno para el segundo de tres encuentros. Convierta sus dudas en soluciones y una resolución más firme. Los viajes podrían resultar difíciles alrededor de marzo 14.

Días favorables 3, 4, 13, 14, 18, 19, 22, 23, 24, 27, 28, 31

Días desafiantes 1, 2, 8, 9, 15, 16, 17, 29, 30

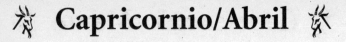 Capricornio/Abril

Puntos planetarios clave

Usted se ve apacible superficialmente, pero entre bastidores le ocurren muchas cosas. Con Marte opuesto a Plutón en su sexta y duodécima casa en abril 8, hay un factor oculto que cobra importancia; podría tener que ver con salud, trabajo, los sacrificios que hace por otras personas, o simplemente "karma". Esto creará mucha actividad en su vida el resto del mes mientras Mercurio y Venus activan estos planetas.

Salud y bienestar

Estará más vulnerable a enfermedades o lesiones con la interacción Marte-Plutón en abril 8. Puede evitar esto no esforzándose demasiado, ya sea en el trabajo o en su rutina de fitness. Permanecer concentrado durante la actividad física también es una buena técnica preventiva. Igual de importante es tomar descansos durante períodos estresantes y dormir lo suficiente.

Relaciones en la vida y el amor

Su atención es dirigida al hogar, donde tiene varios proyectos primaverales pendientes y un buen número de libros que anhela leer. Aunque más actividades lo llevan a otras partes, esta es su fuente de placer en el presente mes.

Finanzas y éxito

Las restricciones económicas que se ha impuesto serán aliviadas un poco en abril 5, cuando Saturno vuelve a su movimiento directo. Sin embargo, este es sólo el fin de la fase uno de su plan, así que conserve su resolución. Ahora está empezando a ver resultados. Los contactos que haga durante los siguientes tres meses aumentarán sus ingresos, pero no en seguida. No deje que la falta de respuesta rápida lo haga perder la fe en sus esfuerzos.

Días favorables 1, 4, 5, 9, 10, 14, 15, 19, 20, 23, 24, 27, 28

Días desafiantes 11, 12, 13, 25, 26

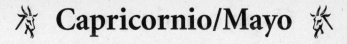 Capricornio/Mayo

Puntos planetarios clave

Los asuntos relacionados con su independencia económica son acentuados cuando Quirón y Neptuno cambian de dirección en su segunda casa en mayo 15 y 22. Esto trae el nuevo concepto de que debe mejorar su cartera, lo cual puede requerir un cambio considerable, y en este momento no está seguro de cómo realizarlo. Debido a que este es sólo el comienzo del proceso, puede reunir información y consejos para incorporarlos en el desarrollo de la toma de decisiones. Tiene cinco meses para resolver esto y establecer su nueva situación.

Salud y bienestar

Inflamaciones y lesiones son posibles este mes, pues Marte avanza a través de su sexta casa. Tal vez sea necesaria una cirugía, también regida por dicho planeta. Usted puede disminuir el potencial de estos sucesos permaneciendo concentrado, manteniendo bajo el nivel de estrés, tomando suplementos que reducen las inflamaciones, y durmiendo lo suficiente. Esta energía es más intensa en mayo 26.

Relaciones en la vida y el amor

Otros se comportarán más agresivamente con usted mientras Marte transita por su séptima casa, pero eso trae beneficios. Si escucha lo que ellos dicen, aprenderá lecciones importantes para usar en su vida social, con consecuencias positivas para los negocios. La búsqueda enérgica de contactos sociales hasta mayo 9 generará resultados inmediatos y a largo plazo. El conflicto que surge en casa el 23 de mayo, puede ser resuelto en favor de todos en los siguientes tres días.

Finanzas y éxito

Su meta a largo plazo de independencia económica requiere ahora una reducción de presupuesto pero posteriormente le traerá grandes recompensas. Este año y el siguiente son un período crucial en la implementación de su plan, pues Júpiter y Saturno avanzan por sus casas de dinero. Con Júpiter a medio camino en su ciclo anual en mayo 4, el progreso visible es evidente.

Días favorables 6, 7, 8, 11, 12, 13, 18, 19, 20, 21, 24, 25, 26

Días desafiantes 2, 3, 9, 10, 22, 23, 29, 30

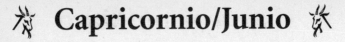

Capricornio/Junio

Puntos planetarios clave

Los negocios y las finanzas quedan en primer plano cuando los planetas retornan al patrón de gran cruz en sus casas de dinero del 4 al 22 de junio. El eslabón más débil en su vida es qué tan bien se ajusta su capacidad de ingresos con lo que realmente disfruta hacer. Inició un largo proceso de cambio de énfasis en 1998, y continúa avanzando hacia ese nuevo objetivo.

Salud y bienestar

Su capacidad para funcionar eficazmente podría mostrar señales de grave desgaste alrededor de junio 16, cuando Plutón alcanza la cúspide de su ciclo anual. Es probable que esto ocurra si usted tiene el hábito de ignorar las señales de su cuerpo y reducir constantemente sueño, ejercicio o nutrición. Esto agota los depósitos de energía del cuerpo, que toma mucho tiempo para fortalecerse de nuevo. Cuídese, y deje que los demás hagan lo mismo de vez en cuando.

Relaciones en la vida y el amor

Su vida sentimental será buena hasta junio 22 si saca tiempo para actividades sociales. Tener citas será especialmente agradable, y el romance puede percibirse. También es probable que conozca eventuales parejas románticas en eventos de grupo a lo largo de este tiempo, aunque ahora podrían haber obstáculos para relaciones a largo plazo.

Finanzas y éxito

Desde julio del año pasado ha sentido crecientemente que es tiempo de actuar o renunciar. Tarde o temprano tiene que entrar al ruedo y entregarse al nuevo proceso que ha iniciado. Este mes traerá resultados esperados de sus esfuerzos, pero creará una nueva situación para resolver en términos de logística, que llega a un punto decisivo el día 19 de junio.

Días favorables 3, 4, 8, 9, 12, 13, 16, 17, 18, 21, 22, 25, 26, 30

Días desafiantes 5, 6, 7, 19, 20

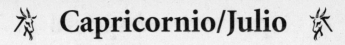

Capricornio/Julio

Puntos planetarios clave

Es posible que haya malentendidos todo el mes mientras Mercurio retrocede a través de su séptima casa. Es un buen tiempo para agudizar su capacidad de escucha y asegurarse de tener claridad acerca de lo que otros le dicen. El asunto clave para usted probablemente será su capacidad de escuchar a los demás, porque tendrán mucho que decir, incluso si no lo expresan. Trate de ser receptivo y haga que la persona hable si necesita estímulo para hacerlo. Si se encuentra en el lado receptor de una acusación o disputa, traiga un mediador que exponga un punto de vista objetivo, porque su "oponente" podría no ser demasiado emocional para escucharlo si se encuentra solo.

Salud y bienestar

Los contactos planetarios en julio 14 le darán la oportunidad de parar los desequilibrios de salud que ha estado intentando superar. No ignore los síntomas ahora, porque tendrá que ocuparse de más el mes siguiente, lo cual podría ser considerablemente más molesto. Responder a las necesidades de su cuerpo ahora será más fácil y sólo requerirá remedios suaves y preventivos.

Relaciones en la vida y el amor

Este es un período apropiado para salir y divertirse, para liberar la mente de los problemas. Tendrá una actitud festiva después de que Júpiter comience su camino hacia adelante en julio 4. Incluso podría haber algo que celebrar. Las oportunidades comerciales surgen en encuentros y reuniones sociales, pero no siempre tendrá que hacer un lugar, incluso si se trata de un evento comercial.

Finanzas y éxito

Alrededor de julio 5 y 14 ocurrirán alteraciones en el flujo de trabajo que deben ser arregladas. Es probable que los problemas sean electrónicos, y las comunicaciones pueden estar involucradas. No deje que esta situación pase, porque el mes siguiente se presentarán dificultades más tangibles si no se ocupa de esto ahora.

Días favorables 1, 2, 5, 6, 10, 11, 14, 15, 18, 19, 27, 28, 29

Días desafiantes 3, 4, 16, 17, 22, 23, 24, 30, 31

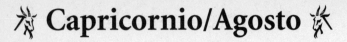 Capricornio/Agosto

Puntos planetarios clave

Vínculos que tiene con el mundo financiero —acciones, bonos, seguros, etc.— requieren mucha atención este mes y lo impulsan a reestructurar su cartera. Esto es parte de un proceso continuo que ha estado desarrollando para darle más significado a su vida y buscar un mayor éxito. Ha esperado pacientemente para hacer estos cambios, y aunque todavía no tienen la forma final que desearía, hará sustanciales progresos este mes.

Salud y bienestar

Es tiempo de alejarse de su entorno inmediato de sus rutinas de salud y buena forma física, para hacer cosas atípicas. Esto puede significar ir a un nuevo restaurante internacional, o caminar en el campo en lugar de ir al centro de fitness. Alejarse le dará una perspectiva más amplia y le permitirá priorizar de nuevo la larga lista de cosas que quiere realizar.

Relaciones en la vida y el amor

Las otras personas de su vida pueden no ser tan cooperativas como preferiría para hacer los cambios financieros que necesita —en realidad, tal vez son la fuente de algunas de las dificultades que lo han movido en esta dirección—. Ahora el potencial es alto para que llegue a un acuerdo con ellos respecto a los planes futuros.

Finanzas y éxito

Se le presentará una oportunidad proveniente de un colega o contacto social alrededor de agosto 17, la cual lo guiará exactamente en la dirección que quiere tomar. No podría estar más contento, porque es más de lo que esperaba y le dará la posibilidad de probar sus nuevas habilidades mientras expande la mente.

Días favorables 1, 2, 3, 6, 7, 10, 11, 14, 15, 24, 25, 29, 30

Días desafiantes 12, 13, 19, 20, 26, 27, 28

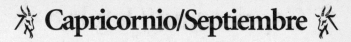

Capricornio/Septiembre

Puntos planetarios clave

Los eclipses en septiembre 7 y 22 acentúan la educación y las metas a largo plazo, trayendo a su escritorio un montón de papeles de trabajo administrativo. Es probable un viaje, y unas vacaciones a comienzos del mes traerán aventuras inesperadas. Iniciativas educacionales o de extensión que empezó alrededor de marzo 1 llegan a su punto culminante en septiembre 5. Tiene tres meses antes de que las considere acabadas.

Salud y bienestar

Los eventos se sentirán estresantes si se enfoca en su horario saturado y todas las cosas que necesita realizar. Si se concentra en el momento y acepta las circunstancias que ocurren, podrá responder más creativamente y conseguir algo bueno de sus experiencias, incluso si no son lo que planeó. Plutón ha estado enseñándole acerca de los obstáculos que se impuso al programar excesivamente su vida —esa rigidez genera estrés—. Será probado en esto una vez más cuando Plutón vuelva a moverse hacia adelante en septiembre 4. Su flexibilidad determinará qué tanto se beneficiará.

Relaciones en la vida y el amor

Conocerá muchas personas agradables y estimulantes en sus viajes, especialmente a comienzos del mes. Incluso es posible una relación romántica inusual. Estos encuentros cambiarán profundamente su perspectiva e inspirarán nuevas formas de ver el mundo. Situaciones continuas con hermanos también llaman su atención en este período.

Finanzas y éxito

Organizaciones y reuniones de grupo continuarán siendo un potencial de negocios, pero no puede acercarse a sus contactos directamente. Este no es tiempo de presionar, sino de construir relaciones. En diciembre podrá tomar medidas más directas, pero esto sólo será tan exitoso como sus esfuerzos ahora para crear un buen nombre basado en una interacción social relajada.

Días favorables 2, 3, 4, 7, 8, 11, 12, 20, 21, 25, 26, 30

Días desafiantes 9, 10, 15, 16, 22, 23, 24

⚹ Capricornio/Octubre ⚹

Puntos planetarios clave

Este es un tiempo activo y fructífero para usted, pues los planetas de movimiento rápido brindan apoyo en su segunda casa. Nuevos negocios y proyectos se le presentarán, lo cual significa dinero en el banco. Estas empresas encajan con sus planes a largo plazo de revitalizar y dar significado a las formas en que obtiene ingresos. Esta es la prueba de lo que ha llevado a cabo desde que Neptuno se tornó retrógrado en mayo 22. Puede retener algunos de estos negocios y adelantarlos en los meses y años venideros.

Salud y bienestar

Aunque los síntomas no son visibles, debería ser fiel al régimen de salud que inició cuando ese no era el caso. Hay factores ocultos en su cuadro de salud que necesitan atención constante, y si tuvo éxito al mantener la rutina, también lo tendrá mejorando su condición física.

Relaciones en la vida y el amor

Está reevaluando las formas en que se relaciona con los demás a través de su red de amigos, colegas, organizaciones y clubes. En la estela del crecimiento del año pasado en esta área, es tiempo de examinar lo que quiere llevar con usted en el próximo ciclo de Júpiter, que se inicia en noviembre 23. Mientras Mercurio se mueve retrógrado a través de su undécima casa desde octubre 28, puede reconsiderar responsabilidades que asumió y librarse de ellas. Si prepara a las personas involucradas antes de ese tiempo, sus noticias serán más fáciles de aceptar.

Finanzas y éxito

Ahora el dinero fluye a su cartera, pero este no será un estado permanente a menos que haga el esfuerzo de retener los negocios que se le presentarán. Estas oportunidades se relacionan con los esfuerzos que hizo durante los dos años pasados, y todavía se encuentra en la ola del éxito. Estará muy activo hasta octubre 22 con estos proyectos.

Días favorables 1, 4, 5, 8, 9, 17, 18, 19, 22, 23, 24, 27, 28, 31

Días desafiantes 6, 7, 12, 13, 14, 20, 21

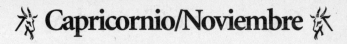# Capricornio/Noviembre

Puntos planetarios clave

Grupos y organizaciones consumirán mucho tiempo durante todo el mes. No sólo está Mercurio retrógrado en su undécima casa, pues ahí también se unen a Júpiter el Sol, Marte y Venus. Actividades voluntarias, reuniones y conferencias absorben su tiempo y atención. Con Mercurio retrógrado hasta noviembre 17, las cosas no saldrán como fueron planeadas, pero encontrará todas las fallas en el sistema. Tomar buenas notas evitará que las repita.

Salud y bienestar

Una vez que Júpiter entre a su duodécima casa en noviembre 23, usted inicia un año de terminación y resolución. Es apropiado para hacer una completa limpieza y curación de sí mismo en todo nivel. Para lo físico, reoriente su plan dietario y de ejercicios hacia uno que apoye más su salud a largo plazo. Puede incluir la reducción de sustancias como gluten, azúcar, alcohol y grasas saturadas, además de regularizar su rutina de fitness. Para lo emocional, son convenientes el trabajo con el niño interior, flores de Bach, y psicoterapia o astroterapia. Para el nivel mental, puede trabajar sus actitudes a través de la afirmación y el I Ching. Para lo espiritual, utilice la curación energética y con cristales, meditación, retiros espirituales y yoga. Tiene hasta diciembre 18 para hacer la tarea.

Relaciones en la vida y el amor

Es posible alterarse más de lo usual antes de noviembre 17 en grupos y organizaciones, y tal vez esto sea necesario para reorientar los esfuerzos de alguien hacia lo que debería estar haciendo. Incluso si usted se encuentra ocupado, las personas notan cuando saca tiempo para reconocer sus labores, y hacer esto ayuda a evitar un paso en falso.

Finanzas y éxito

Toda la atención que le está dando a las organizaciones no debería llevarlo a ignorar sus propios asuntos y necesidades. Lo primero que se compromete es su estabilidad económica; sea consistente al sacar tiempo para sí mismo, incluyendo el que necesita para administrar su cartera y pagar las cuentas.

Días favorables 1, 4, 5, 13, 14, 15, 19, 20, 23, 24, 28, 29

Días desafiantes 2, 3, 9, 10, 16, 17, 30

238 • Horóscopos y Predicciones 2006

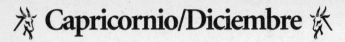 **Capricornio/Diciembre**

Puntos planetarios clave

Seis planetas están en conjunción en su duodécima casa, acentuando sus procesos de internalización durante todo el mes. Hay muchas cosas ocurriendo bajo la superficie y entre bastidores, y esto podría incluir influencias limitantes, tales como una enfermedad, un proyecto en el que trabaja en solitario, la atención que da a alguien más, o un retiro espiritual. Sin importar lo que sea, sacará el mejor partido si lo ve como una experiencia espiritual con lecciones que deben ser aprendidas. Sus sacrificios ahora lo beneficiarán en el año venidero.

Salud y bienestar

Este es un gran tiempo para iniciar su proceso de rejuvenecimiento mientras los planetas acentúan su duodécima casa. También es un período apropiado para planear la estrategia general que quiere seguir el año venidero. Ponga al comienzo de la lista lo que intuitivamente siente como más importante o efectivo en su proceso curativo, luego lance los planes este mes mientras todo ese poder planetario está a su disposición. Sus fechas fuertes son diciembre 7, 16 a 18, y 24 a 25.

Relaciones en la vida y el amor

Después de diciembre 11 sentirá más ganas de relacionarse con los demás, y su carisma estará brillando. Si necesita negociar algo con alguien, diciembre 19 es un día ideal para hacerlo.

Finanzas y éxito

Su plan de reestructuración financiera recibe un estímulo del trabajo que está haciendo entre bastidores, el cual lo motivará los cinco meses siguientes, mientras Saturno está retrógrado. Está entrando a una nueva fase que reduce sus ingresos disponibles en el corto plazo, pero a la larga los aumentará. Esto podría ser un aumento del dinero que está guardando par el retiro, o una reducción en una actividad comercial para promover otra.

Días favorables 2, 3, 11, 12, 16, 17, 20, 21, 22, 25, 26, 29, 30

Días desafiantes 1, 6, 7, 13, 14, 15, 27, 28

Tabla de Acciones de Capricornio

Estas fechas reflejan los mejores —pero no los únicos— días para el éxito en dichas actividades, según su signo solar.

	ENE	FEB	MAR	ABR	MAY	JUN	JUL	AGO	SEP	OCT	NOV	DIC
Mudanza			29, 30	16-30	1-							
Iniciar un curso		9-28	25-31	1-15								
Ingresar a un club										2-26	18-0	1-7
Pedir un aumento										24-31	1-16, 18-20	11-31
Buscar trabajo					19-31	1-27	29-31	1-10	12-30	1		
Buscar ayuda profesional	12-14, 17	8-10, 13	9, 13-15	4, 5, 9	1-3, 6-8	3, 4, 25	22-24, 27	20, 23-25	15, 16, 20	12-14, 17	10, 13-15	6, 7, 11
Buscar un préstamo	15, 16	11, 12	10-12	6-8	4, 5, 31	2, 27-29	25, 26	21-23	17-19	15, 16	11, 12	8-10
Ver un doctor					19-31	1-27	29-31	1-10				8-31
Iniciar una dieta					19-31	1, 2						4, 5
Terminar una relación	12-14											
Comprar ropa					5-19, 29	1-23						
Hacerse un maquillaje	3-22	3-28	1-4			3-27						
Nuevo romance				27, 28	5-19, 29	1-23	29-31	1-12				
Vacaciones	17-19	13-15	13, 14	9, 10	6-8	3, 4, 30	1, 27-29	25, 27-31	1-30	17-19	13-14	11, 12

ACUARIO

El Portador de Agua
Enero 20 a Febrero 18

Elemento:	Aire
Cualidad:	Fija
Polaridad:	Yang/Masculino
Planeta regidor:	Urano
Meditación:	Soy una fuente de creatividad
Piedra preciosa:	Amatista
Piedra de poder:	Aguamarina, perla negra, crisocola
Frase clave:	Yo se
Símbolo:	Corrientes de energía
Anatomía:	Sistema circulatorio, tobillos
Color:	Tonalidades de azul, violeta
Animal:	Aves exóticas
Mitos/Leyendas:	Ninhursag, Juan el Bautista, Deucalión
Casa:	Onceava
Signo opuesto:	Leo
Flor:	Orquídea
Palabra clave:	Inconvencional

Fortalezas y debilidades de su ego

Con su intelecto e interés por los sucesos actuales, comprende cómo funciona el mundo. Su naturaleza fija y de aire estabiliza su mente y le permite aplicarla hacia metas definidas. Su fijeza lo hace muy persistente, en especial en lo que se refiere a las ideas: su lado de aire. Estudia un tema y decide qué hacer, luego desafía a otros a cambiar su opinión. Disfruta el debate y discute un punto sólo por gusto. Al igual que los otros signos fijos, prueba las ideas para asegurarse que funcionan, y libremente renuncia a ellas si no es así. Esta fuerza de voluntad le permite desarrollar ideales, adherir a otros a su causa, y seguir trabajando hasta lograr sus objetivos. Sin embargo, su naturaleza fija podría llevarlo a oponerse a cambios necesarios o impedir que sus ideas sean modificadas de forma positiva.

Debido a su componente de aire, a menudo dirige los esfuerzos hacia la causa política o social. Se preocupa sinceramente por la paz, pobreza, hambre, genocidio y los otros problemas que atormentan el mundo moderno, porque ve cómo conducen al deterioro de las condiciones de vida en todas partes. Para usted no es suficiente ser inteligente o dotado y usar sus dones en favor de sí mismo; quiere ayudar a otros con sus capacidades. Por encima de todo se esfuerza por pensar de manera independiente, por eliminar el prejuicio y desequilibrio en sus opiniones. No quiere ser presa de una mentalidad de rebaño. De esta independencia surge su deseo de estar a la cabeza en las tendencias de la sociedad. Sus cualidades de liderazgo social se basan en parte en su cordialidad y capacidad de tratar a todos justamente —cualidades que le abren muchas puertas—.

Proyectando su luz amorosa

Como amante de toda la humanidad, no tiene dificultad para reunir gente a su alrededor. Prospera en energía colectiva, pero también disfruta la compañía de una persona especial. Siempre que tiene la libertad de continuar con sus otros vínculos sociales, es feliz y leal en su relación. Sin embargo, necesita una pareja que entienda esto —e incluso lo disfrute—. Aunque es bueno en las relaciones despreocupadas, debe recordar que es necesario compartir una cercanía especial con su pareja. Sólo cuando alimente su relación íntima, ésta crecerá y mejorará.

Aries tiene la necesidad de acción independiente tanto como usted, y traerá alegría para equilibrar su objetividad. Tauro parece oponerse a sus ideas, pero la racionalidad de este signo lo centrará y moderará sus ideas. Le gusta cómo se siente junto a un nativo de Géminis, otro signo de aire —hablarán hasta cansarse mientras disfrutan las maravillas de la cultura juntos—. Los cancerianos comparten su interés por los grupos, especialmente donde existe un sentimiento familiar, y traen a su vida una gran experiencia emocional. Leo equilibra su imparcialidad con pasión y entusiasmo, recordándole su deseo secreto de ser especial. El gusto por la tecnología de Virgo concuerda con el suyo; juntos pueden idear formas de ayudar a la comunidad que quieren. Libra es otro signo de aire que fluye con usted armoniosamente en fiestas y eventos culturales, disfrutando la belleza del arte y la discusión. Se sentirá desafiado por la voluntad emocional de Escorpión, quien le recuerda que los sentimientos son una fuerza intensa que se debe tener en cuenta, dentro de usted mismo y en su pareja. Sagitario aprecia la libertad tanto como usted, dándole independencia libre de culpa y haciendo de cada encuentro un placer; sus viajes y aventuras juntos enriquecerán su vida. Ayuda a equilibrar el enfoque sobrio de la vida de Capricornio, mientras aprecia la comprensión mundana de este signo; juntos pueden construir estructuras progresivas. Otro acuariano compartirá su vida en sociedad y será un gran compañero de equipo al defender la causa política o social más reciente. No pase por alto el valor de los nativos de Piscis: lo acercarán al mundo espiritual que lo inspira.

Su lugar en el mundo

Por lo sociable que es, le resulta fácil encontrar una ubicación conveniente en el mundo. Su especialidad son las actividades y la dinámica de grupo, y hay muchas formas en que puede usar sus talentos. Enseñar es una manera satisfactoria de abrir la mente de las personas a nuevos conceptos, lo cual es algo que le gusta hacer. También podría introducirse a la psicología organizacional, la rama que trata la dinámica de grupo. Puede aplicar su conocimiento de los grupos a un entorno comercial, donde grandes organizaciones necesitan funcionar bien como equipo. El manejo de equipo es vital en ventas y producción, y naturalmente en los deportes. Su mente innovadora también lo hace apto para investigación y desarrollo, pues cree firmemente en nuevas tecnologías para el mejoramiento de la humanidad. Le encanta cualquier campo donde el proceso de aprendizaje sea activo —donde siempre haya algo nuevo—, porque rápidamente se aburre con la rutina o repetición maquinal. El activismo político también podría llamarle la atención, especialmente con su sentido de justicia y el deseo de hacer un mundo mejor.

Lo mejor que puede hacer

Acuario, usted posee el don de la individualidad. Tiene un fuerte barómetro interno que le dice cuándo está sucumbiendo a las ideas ajenas y perdiendo su sentido de libertad y derecho a ser ló que es. Debido a su naturaleza fija, puede reaccionar dramáticamente a lo que perciba como controlador o autoritario. Es un jugador de equipo, y quiere que todo esté en un solo nivel. Ya sea que aplique esta maravillosa capacidad en una organización política o profesional, su lugar de trabajo o su familia, es sensible a la dinámica en el grupo y trata de ayudar a los demás a encontrar su equilibrio en el contexto colectivo. Sin embargo, puede terminar logrando exactamente lo contrario de su efecto deseado si usa tanto su poder de diferenciación que la reacción se convierte en rebelión. Las personas cambian de dirección por las reacciones fuertes, y olvidan los principios por los que usted lucha cuando las emociones están en juego. En lugar de escucharlo de manera receptiva, lo bloquean y experimentan resistencia interna. Si habla de sus principios sin introducir una actitud reaccionaria, será más fácil que otros acepten sus nuevas ideas.

Herramientas para el cambio

Acuario, usted es un ser tan social, que podría pasar del amanecer hasta el anochecer sin un momento para sí mismo. Sin embargo, esto es algo que necesita para mantenerse en equilibrio. Como signo de aire, puede pasar de un extremo a otro sin parar en el medio —su centro— suficiente tiempo para orientarse. Necesita tiempo para sí mismo y evitar ser tan disperso. Una de las mejores formas de hacer esto es crear un taller que pueda usar para expresar su creatividad tecnológica. Se puede beneficiar enormemente dejando fluir su inventiva —¡incluso es probable que piense en un nuevo aparato que podría comercializar!—. Cuando pasa tiempo en solitario, da a su mente rienda suelta para explorar las galaxias, reduciendo la intranquilidad y tensión nerviosa. Esta es en sí una forma de meditación, pero otros estilos de trabajo interior también son beneficiosos. Las prácticas que se enfocan en cantar son especialmente buenas, y se pueden apreciar los efectos vibratorios que surgen al usar cristales u otras herramientas de meditación tales como pirámides, incienso o tazones sonoros. Como signo mental, también tiende a vivir en su mente e ignorar el cuerpo físico. Puede compensar esto realizando una rutina de fitness constantemente. Tal vez encuentra más fácil permanecer motivado cuando hace ejercicio con un amigo o grupo. Los deportes de equipo también podrían atraerle. Actividades al aire libre tales como caminar, esquiar, montar a caballo y la jardinería lo regresarán al mundo real, lo cual le ayudará a permanecer enfocado y tranquilo. Naturalmente, el baile es más su estilo, satisfaciendo sus necesidades sociales, físicas y creativas. Aunque fluye en el trato social, puede huirle a la expresividad emocional requerida en una relación íntima. Hay numerosas formas de entrar en contacto con sus emociones, pero el solo hecho de estar interesado en hacer esto es un comienzo. Cuando se dé cuenta de lo importante que son para una relación armoniosa, y cuán satisfactoria puede ser ésta, se motivará a ser más consciente de sus sentimientos. La preparación en comunicaciones o llevar un diario, especialmente uno de sueños, puede ser útil.

Afirmación del año

Acepto mayor responsabilidad, reconocimiento y recompensa.

Acuario: el año venidero

Estará volando alto en 2006, Acuario! Júpiter avanza a través de la parte superior de su carta, moviéndolo hacia un crescendo en la carrera, los negocios y la reputación pública; está en Escorpión y su décima casa solar, ¡y el límite es el cielo! Siente que puede hacer cualquier cosa e ir a cualquier parte, y eso puede ser cierto si ha construido un imperio personal en los pasados nueve años. Sin embargo, Júpiter es el gran prometedor, pero no siempre entrega, especialmente si usted no ha unido su lado expansionista con su lado disciplinado y trabajador (Saturno). Si ha hecho su trabajo, descubrirá que este es un verdadero pináculo con resultados duraderos. Su carrera está en auge, con mayor visibilidad y reputación en comparación con su posición anterior. Podría ser ubicado en un rol de liderazgo, y es probable que también reciba aclamación o reconocimiento. No obstante, estos beneficios pueden ser temporales, especialmente si se duerme en sus laureles en lugar de ver estas oportunidades como otra etapa en un proceso en el que debe conservar el buen trabajo. Una vez que Júpiter entre a Sagitario el 23 de noviembre, iluminará su undécima casa de grupos. Esto le dará la posibilidad de consolidar los resultados de sus esfuerzos este año, además de proyectarlos a la comunidad en general.

Será retado por Saturno, que pasa un segundo año en Leo y su séptima casa de relaciones cercanas. La retroalimentación que está recibiendo de otros puede no ser del todo buena. Tal vez está descubriendo, para su consternación, que hay deficiencias en la forma en que se comunica con las personas más próximas a usted. Pesar lo que dice con sus propias percepciones le permitirá mejorar su interacción de la mejor manera.

Quirón aún sigue su camino a través de la rueda desde Saturno, en su propio signo y la primera casa. Esto enfatiza qué tanto debe crecer para satisfacer la imagen de sí mismo. Ahora podrían salir a la luz problemas de salud, respondiendo mejor a un enfoque holístico que reconoce el papel que su mente y emociones juegan en el desequilibrio.

Urano está en Piscis de nuevo este año, su segunda casa solar. Debajo de su supuesta visión cínica de la vida yace el más idealista de los valores. Ahora Urano está enseñándole cómo conseguir lo que pide. Refinando sus pensamientos puede desarrollar la capacidad de crear nuevos recursos (propiedad y dinero).

Neptuno está en Acuario otro año, suavizando su apariencia y los bordes más agudos de su ingenio. Sigue enfocado en ser más moderado mientras aprende a ver el mundo con matices de gris en lugar de blanco y negro.

Plutón en Sagitario ocupa su undécima casa solar. Sus asociaciones organizacionales siguen siendo una fuente de fortalecimiento para usted, y quiere continuar cultivándolas, pero de forma sincera. Sin embargo, esté atento a las maniobras ofensivas por parte de otras personas, porque podrían intentar usarlo en un juego político.

Sentirá un cambio de énfasis en marzo, cuando los eclipses empiecen a activar su octava y segunda casa, Virgo y Piscis. Esto acentúa más la renovación de su vida financiera —tal vez no tanto rectificando formas equivocadas de manejarla, aunque eso es posible, sino desarrollando modos más significativos de ganar dinero—.

Si nació entre enero 24 y febrero 15, Saturno en Leo está señalando sus interacciones con los demás para que supere enfoques que le impiden relacionarse. Tal vez descubra que no puede liberarse de algunos comportamientos que ha permitido durante años. De repente quienes lo rodean le están dando retroalimentación que no desea escuchar, pero es muy útil si la recibe. También podría encontrar que sus asociaciones requieren más esfuerzo que lo usual. Esto puede ser debido a que su compañero o socio necesita más de usted, o deben ser superados obstáculos para una relación de apoyo. También es probable que la otra persona se haya alejado, emocional o físicamente, debido a viajes o a obligaciones laborales adicionales. Este es un período fantástico para mejorar sus relaciones, pues de todos modos deberá trabajar en ellas. No obstante, es probable que sienta que sus esfuerzos son vanos hasta mucho después, porque en lo que a

Saturno se refiere el progreso se da lento o incluso no se presenta. Si sigue con esto, el progreso será evidente —pero recuerde que persistir en el resultado no requiere que permanezca en una asociación que no es sana—. Sentirá más la energía de Saturno en o alrededor de enero 27, febrero 19, abril 5 y 24, junio 20, agosto 7, noviembre 16 y diciembre 5.

Si nació entre enero 27 y febrero 5, Urano en Piscis entra en contacto con su Sol desde la segunda casa, activando un proceso de entendimiento; le enviará señales concernientes a cambios que hizo hace siete años cuando Urano atravesó su Sol. En ese entonces, se sintió compelido a una nueva realidad basada en las percepciones que tuvo en ese tiempo. Ahora, cuando sus discernimientos han madurado, es el momento de modificar su dirección ligeramente y centrar sus ideas en un plano más real. Esto incluirá pensar en las finanzas —el desembolso y los ingresos— inmediatas o eventuales. Es tiempo de elaborar un plan o mejorar el que ya tiene. No dude en usar el aporte de otros como un recurso. Reúna a las personas que pueden ayudarlo, porque las necesitará para poner en práctica su gran visión. Mientras adelanta sus planes, tendrá la oportunidad de promoverlos invirtiendo tiempo, dinero y esfuerzo en su realización. Esta es la forma en que se prueba a sí mismo que puede hacer realidad sus ideas. Este ciclo empieza en marzo 1, con sucesos de máxima energía uraniana en o alrededor de junio 5 y 19, septiembre 5, noviembre 19 y diciembre 2.

Si nació entre el 5 y el 10 de febrero, Neptuno en Acuario hace una conexión directa con su Sol desde la primera casa solar. Durante un año se sentirá influenciado por el enfoque rosa de la realidad de Neptuno, sintiéndose más romántico —y tal vez más confundido—. Su imaginación será más viva que antes, y esto es una gran noticia si está involucrado en una actividad creativa. Sus ideales tienen mayor relevancia, pero su visión de lo que puede ser eclipsará la realidad que normalmente ve. Es un buen tiempo para que tome nota de sus discernimientos y les dé un lugar en su vida. Nunca habrá una mejor época para soñar con su futuro. Lo que ahora ve puede ser la base para el resto de las actividades de su vida, la posibilidad de crear un mundo más significativo para usted y más útil para otros. Convierta sus visiones en planes y luego ejecútelos lentamente; esto mitigará las influencias que otras personas pueden tener sobre usted durante este período relativamente vulnerable y confiable. Ahora es probable que la espiritualidad también sea más importante para usted. Tal vez encuentre que la meditación y la práctica espiritual son esenciales para generar la paz interior que desea. Las sutiles energías de Neptuno tendrán mayor intensidad en enero 27, febrero 5, marzo 15, mayo 10 y 22, agosto 10, octubre 29 y noviembre 9.

Si nació entre el 12 y el 17 de febrero, Plutón en Sagitario hace un contacto armonioso con su Sol, revolucionando sus interacciones con grupos desde la posición que tiene en su undécima casa. La influencia que tienen sobre usted, colectiva e individualmente, lo llena de sentimientos de asociación o enajenación, dependencia o libertad, individualidad o igualdad. Esto afecta su sentido del destino, especialmente porque le fascina influenciar a otros a nivel de grupo. Con Plutón en juego aquí, es profundamente consciente de las luchas de poder y la política que a menudo se presentan en los grupos. Con toda seguridad, se encuentra atrapado en esas luchas o pasándola mal evitándolas. Sus experiencias le dan la oportunidad de elevar sus percepciones y acciones a un nivel superior. Puede dedicarse a una causa que sirve para el público en lugar de sus propios intereses y necesidades. Siguiendo el llamado a la acción que siente en su corazón, estará haciendo lo mejor con el contacto de Plutón. Sentirá más las energías de este planeta en marzo 17 y 29, junio 16, septiembre 4 y 16, y diciembre 18.

Si nació entre enero 20 y 23 o febrero 18 y 20, ninguno de los planetas principales contactará su Sol este año. Esto significa que no será tan desafiado como cuando su Sol está activado, ni deberá mostrar tanto valor o pisar un terreno desconocido para usted. Si los otros planetas en su carta tienen contactos con los poderosos de los cielos —Júpiter, Saturno, Urano, Neptuno y Plutón—, aún encontrará su vida muy activa. Sin embargo, los cambios que se le presentan no serán tan dramáticos como cuando el Sol está involucrado. Este puede ser un buen tiempo para relajarse y disfrutar la vida o tener un período de respiro después de muchos meses llenos de acontecimientos. También podría usar esta época constructivamente para hacer algo que siempre ha deseado pero no ha tenido tiempo de realizar. Este cambio de prioridad puede adicionar el matiz que marque la diferencia.

Acuario/Enero

Puntos planetarios clave

Su búsqueda de altos ideales ha estado siendo probada desde el verano pasado, con una dosis adicional de reto desde octubre. Estas circunstancias continuarán mientras los planetas principales, que han estado formando una gran cruz, mantengan sus posiciones relativas todo el mes. Sin embargo, ahora el camino está despejado para resolver algunos de esos asuntos y seguir adelante. Esto requerirá esfuerzo para responder a los altos niveles de actividad que se presentan en o alrededor de enero 15, 18, 23 ó 27.

Salud y bienestar

Estará más vulnerable que lo usual a los virus prevalecientes, mientras Venus se mueve hacia atrás a través de su duodécima casa. Podría sentirse más cansado, más soñador, y debería dejar que su imaginación fluya mientras escucha su cuerpo. Dormir más tiempo lo beneficiará a la larga, y la falta de sueño hará que se enferme. Después de este mes, su salud y vitalidad sentirán la repercusión.

Relaciones en la vida y el amor

Otros pueden requerir más atención y sacrificio que lo usual, con Venus retrógrado en su duodécima casa. Si hay alguien que necesita cuidado continuo, tal vez el nivel de necesidad está teniendo cambios que exigen más o menos de usted que antes. Si es menos, aléjese y dé a esa persona la independencia que puede manejar. Si se requiere más atención, quizás es el momento de conseguir más ayuda de otros para que usted pueda llevar su propia vida.

Finanzas y éxito

Está en un pináculo en su profesión, pero parece que otros factores están perturbándolo. Puede usar este período para fortalecer su posición, pero esto tomará tiempo y persistencia. Estos retos estaban aquí antes pero ocultos, por eso es mejor que los saque a la superficie para que puedan ser resueltos. También es una época para ver cómo le ha ido desde que inició su actual camino en 1997. Con cuatro años por seguir en este ciclo, puede continuar cosechando frutos durante todo ese tiempo.

Días favorables 1, 2, 5, 6, 7, 10, 11, 20, 21, 25, 26, 29, 30

Días desafiantes 8, 9, 15, 16, 22, 23, 24

Acuario/Febrero

Puntos planetarios clave

Aunque le está yendo bien en la vida pública, su vida privada parece estar sufriendo por todo el reciente esfuerzo intenso que ha puesto en su carrera. Esto se hizo evidente en enero, y se revelará más en los primeros seis días de febrero —suficiente para entender más cómo superar las dificultades—. Después del 6 de este mes, podrá ponerse al día y enmendar cosas. Con Neptuno en su signo, el inicio de su nuevo ciclo anual en febrero 5 activa en usted un renovado sentido de dirección que conducirá a una mayor realización. La espiritualidad, propósito en la vida, sueños e imaginación están asociados con Neptuno.

Salud y bienestar

Su atención ha estado más en la salud de otros que en la suya, y esto podría continuar, aunque de manera menos absorbente. Ahora la clave es que se cuide; comprometerá su bienestar si ignora necesidades básicas como sueño y ejercicio.

Relaciones en la vida y el amor

Alguien ha requerido más atención en su vida últimamente, y eso necesita ser menos intenso después de febrero 3. Este es un buen período para pasar más tiempo con sus seres queridos, o incluso planear un viaje o paseo especial para celebrar el afecto que se tienen.

Finanzas y éxito

Después de los primeros días del mes, la configuración planetaria de enero empieza a disiparse, y tendrá más tiempo de descanso en el trabajo y el hogar. Las decisiones financieras deben ser tomadas después de febrero 7, y un suceso crítico que afectará sus recursos, tal vez desencadenando gastos inesperados, ocurrirá el día 19.

Días favorables 2, 3, 6, 7, 16, 17, 21, 22, 25, 26

Días desafiantes 4, 5, 11, 12, 18, 19, 20

Acuario/Marzo

Puntos planetarios clave

La carrera y los retos financieros eclipsan otros asuntos en marzo, mientras Júpiter y Neptuno se reconectan el día 15, y Mercurio se mueve retrógrado a través de su casa de dinero del 2 al 25 de este mes. Sin embargo, los contactos de Marte y el Sol con Urano en marzo 1 y 11 lo inspirarán para que le dé nuevos enfoques a sus asuntos económicos, que arrojarán frutos desde noviembre si escoge el camino correcto para superar los obstáculos.

Salud y bienestar

Una vez que Venus entre a su signo en marzo 5, atraerá a las personas más que lo usual, y puede aumentar su carisma creando un brillo interior de salud y bienestar. Aunque no están de más algunos tratamientos de belleza y un nuevo corte de pelo, dormir lo suficiente, hacer ejercicio y comer bien ayudarán mucho más a conseguir los resultados deseados. Podría lesionarse practicando deportes, especialmente alrededor de marzo 11.

Relaciones en la vida y el amor

El romance podría florecer este mes, pues su simpatía y misterio son más evidentes desde el día 5. No deje que el aumento de actividad laboral le impida divertirse.

Finanzas y éxito

Las responsabilidades del pináculo en su carrera alcanzado recientemente empiezan a absorber parte de su vida en marzo 4, cuando Júpiter cambia de dirección para su período retrógrado de cuatro meses. Su mente se aclara respecto a cómo manejar la situación después del día 15 de este mes. Un gasto adicional surge alrededor de marzo 14, cuando el eclipse lunar acentúa su segunda y octava casa.

Días favorables 1, 2, 5, 6, 7, 15, 16, 17, 20, 21, 25, 26, 29, 30

Días desafiantes 3, 4, 10, 11, 12, 18, 19, 31

Acuario/Abril

Puntos planetarios clave

Tendrá un descanso de los retos en las relaciones después de abril 5, cuando Saturno recobra el movimiento hacia adelante. Desde noviembre 22 del año anterior ha estado llevando una carga extra, y aunque no está totalmente liberada, la presión es aliviada. Esto podría involucrar la creación de una sociedad comercial, donde los trabajos iniciales han sido absorbentes. Sus esfuerzos para estimular la empresa no se terminarán en otros tres meses, pero su capacidad para ver el progreso es vigorizante.

Salud y bienestar

Debe seguir cuidando más su salud, incluso si su susceptibilidad al estrés y los malos hábitos no es evidente ahora. Aunque Neptuno actualmente no está acentuado, sugiere la necesidad continua de prudencia.

Relaciones en la vida y el amor

Los retos económicos son sentidos por sus hijos y su pareja romántica, pues Mercurio, Venus, Marte y Plutón hacen contactos desafiantes desde abril 8. A veces la charla sólo empeorará la situación, y esto se aplica en abril 13, 17, 18 y 30. Haciéndose a un lado y dejando que la verdad se revele sola, logrará mejores resultados. Comunicaciones indirectas o no relacionadas podrían conducir a sentimientos más cálidos en abril 19 y 20.

Finanzas y éxito

Debido a la falta de regularidad en sus ingresos actualmente, es necesaria una pequeña restricción en los gastos. La situación no durará mucho tiempo —sólo un mes—, y los ahorros pueden ayudarlo si quiere acudir a sus reservas. Siga sacando el mejor partido del actual auge en los negocios que está experimentando. Esto generará el deseado aumento en la prosperidad al final del año.

Días favorables 2, 3, 11, 12, 13, 16, 17, 18, 21, 22, 25, 26, 29, 30

Días desafiantes 1, 6, 7, 8, 14, 15, 27, 28

Acuario/Mayo

Puntos planetarios clave

Si ha tenido preguntas acerca de la dirección de su vida, estarán en primer plano en mayo, cuando Quirón y Neptuno mermen ritmo para sus períodos retrógrados en su signo en mayo 15 y 22. Antes de esto, el patrón de la gran cruz se repite, reviviendo hilos de sucesos y circunstancias de ese tiempo, pero en un nivel mayor y mejor.

Salud y bienestar

El 15 de mayo también pueden surgir problemas de salud, cuando el sanador inicia su movimiento retrogrado. Están emergiendo nuevos patrones de salud que todavía debe comprender. Este es un buen período para examinarlos a profundidad y buscar formas de mejorar su salud y recuperar el equilibrio si es necesario.

Relaciones en la vida y el amor

Desde julio pasado ha tenido que asumir un poco más de responsabilidad en las concesiones mutuas de una relación, y el inicio de este mes no será la excepción. Sin embargo, la persona a la que ayuda puede tratar de "derrotarlo", aunque inconscientemente, con un punto de vista que en realidad no representa lo que sucede. Usted debe descifrar lo que esta persona puede hacer y negarse a suministrar la información faltante.

Finanzas y éxito

Parece que llevará una vida encantada en lo que respecta a los negocios y las finanzas, al menos a comienzos del mes, cuando Marte, Júpiter y Urano hacen un gran trino en sus casas de dinero y trabajo. Parte de esto es inesperado y se relaciona con innovaciones que ha podido implementar rápidamente en respuesta a una necesidad.

Días favorables 9, 10, 14, 15, 18, 19, 22, 23, 27, 28

Días desafiantes 4, 5, 11, 12, 13, 24, 25, 26, 31

Acuario/Junio

Puntos planetarios clave

El énfasis está en entregarse del 4 al 22 de junio, cuando los planetas, incluyendo a Quirón y Neptuno en su signo, una vez más forman una gran cruz en el cielo. Ha estado aprendiendo a no reaccionar exageradamente a estímulos que se le presentan desde 1998, y será probado en esto de nuevo, especialmente del 17 al 22 de junio y en julio 5. Los sucesos en estas fechas son parte de un tema que entró en juego el verano pasado y fue acentuado otra vez en enero, febrero y mayo. El proceso de entrega busca manifestar en su vida los ideales que defiende.

Salud y bienestar

Será más sensible todo el mes mientras su primera casa está acentuada, y podría presentarse una enfermedad o lesión, especialmente del 17 al 19 de junio. Evitar conducir impetuoso o hacer deportes que no está acostumbrado, además de permanecer concentrado, ayudará a que salga avante este período. El ejercicio moderado armoniza con el nivel de actividad que tendrá ahora; lo mantendrá alerta y con una mente ágil.

Relaciones en la vida y el amor

Tal vez experimente más agresividad que la usual por parte de quienes lo rodean del 17 al 19 de junio, cuando Marte se pone en contacto con Saturno, Quirón y Neptuno. Marte resalta conflictos enterrados, y usted podría sentirse menos capaz de ver los sucesos con su objetividad normal. Sin embargo, esto no lo hace culpable, aunque la otra persona trate de cargarle la responsabilidad. Ambas partes tienen que ver en el origen de la situación, pero tal vez es mejor mantener eso en la mente que expresarlo en el momento.

Finanzas y éxito

Experimentará un repentino cambio de suerte alrededor de junio 19, cuando Urano cambia de dirección. Durante los siguientes cinco meses tendrá la posibilidad de asimilar este evento en su vida. Esto no significa una pérdida de dinero, sino una inesperada gananacia si ha jugado las cartas sabiamente.

Días favorables 5, 6, 7, 10, 11, 14, 15, 19, 20, 21, 24, 25, 28, 29, 30

Días desafiantes 1, 2, 8, 9, 22, 23

Acuario/Julio

Puntos planetarios clave

En los cuatro meses pasados su actividad en la carrera ha sido intensa porque Júpiter lo ha apoyado a través de su décima casa. El 4 de julio, cuando este planeta recobra el movimiento directo, sus metas estarán cumplidas o muy cerca de cumplirse. Tendrá una sensación de alivio y liberación, además de realización. Ahora los frutos de sus esfuerzos podrán llegar a lo largo de los próximos dieciocho meses.

Salud y bienestar

El período retrógrado de Mercurio colorea el mes entero y cambia el ritmo de su rutina diaria. Esto puede presentarse como una enfermedad o procedimientos de salud menores. Estos últimos podrían ser voluntarios y preventivos, tales como acupuntura, terapia de masajes o incluso un baño de aromaterapia. Sin embargo, también pueden presentarse cirugías menores o tratamientos médicos tales como una prescripción o receta con hierbas. Es probable que haya trastornos digestivos, pero puede minimizar el potencial de esto comiendo moderadamente y siguiendo una buena dieta.

Relaciones en la vida y el amor

Los problemas de las relaciones pasan a un segundo plano, y en el fondo usted se siente más libre. Aunque no han desaparecido totalmente, puede contribuir más al proceso de construir confianza ignorándolos por un tiempo. Alrededor de julio 30, tendrá la posibilidad de dejar atrás una herida pasada. Tendrá más oportunidad de curarse el mes siguiente, pero deje que esto se desarrolle solo —no trate de crear el escenario—.

Finanzas y éxito

La primera parte del mes es apropiada para que ponga en orden su casa financiera. Después de julio 22, cualquier negocio sin acabar saldrá a la superficie y puede tornarse en situaciones que serán desagradables el mes siguiente. Pague sus facturas, equilibre sus cuentas y esfuércese por recuperar pagos perdidos.

Días favorables 1, 2, 3, 7, 8, 9, 12, 13, 16, 17, 20, 21, 30, 31

Días desafiantes 5, 6, 18, 19, 25, 26

Acuario/Agosto

Puntos planetarios clave

Tendrá una nueva perspectiva que le permitirá modificar su proceso continuo de cambio personal mientras el poderoso patrón planetario de enero, febrero, mayo y junio se repite de nuevo en todo el mes. Ha aprendido mucho durante este tiempo, y ahora puede seguir adelante con más conocimiento y seguridad. Incluso si quedan obstáculos, está mejor preparado para superarlos. Una fecha clave de este proceso es agosto 11, cuando Neptuno llega al punto medio de su ciclo anual. Esto acentúa sus ideales y la forma en que los cumplirá en el presente año.

Salud y bienestar

Tome precauciones adicionales este mes, pues está más vulnerable que lo usual a enfermedades transmitidas por otras personas. Las fechas clave son agosto 13 y 29.

Relaciones en la vida y el amor

Este es un buen período para enfrentar situaciones que involucran asociaciones, pues Saturno inicia un nuevo ciclo anual en agosto 7. No hay un mejor tiempo para sentarse con el ser amado o el socio comercial para negociar el rumbo de la relación (o el negocio) y lo que quieren individualmente y como pareja a corto y largo plazo.

Finanzas y éxito

Si otros le deben dinero, ahora no se beneficiará siguiéndolos enérgicamente, aunque sienta el impulso de hacerlo. Sin embargo, puede buscar nuevas fuentes de ingresos, y esta es la mejor forma de enfocar su atención en el momento. Es más probable que surjan contratos alrededor de agosto 17 y 29, pero el potencial está latente todo el mes.

Días favorables 4, 5, 8, 9, 12, 13, 16, 17, 18, 26, 27, 28, 31

Días desafiantes 1, 2, 3, 14, 15, 21, 22, 23, 29, 30

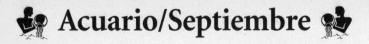 Acuario/Septiembre

Puntos planetarios clave

Las presiones que ha soportado de vez en cuando durante el año son liberadas alrededor de septiembre 15 y 23. Ha estado tratando de hallar formas de ajustarse a las necesidades de otros para ser más estructurado y responsable durante el año pasado. Mientras tanto, su carrera/oficio se ha tornado más desafiante y lucrativo, pero lo ha alejado de la atención que podría dar a su vida personal. La liberación de mediados de mes abre la puerta a una oportunidad que tomará tiempo construir, pero conducirá a opciones profesionales que son más satisfactorias para usted en el futuro.

Salud y bienestar

Todo esto tiene que ver con cumplir las necesidades y expectativas de alguien más —¿qué hay de las suyas?—. Ha estado aprendiendo cómo ubicar esta consideración en la lista de prioridades, y será puesto a prueba durante septiembre y octubre. Usted sigue el camino que es más satisfactorio para usted. Sólo cuando ignora su propio corazón es que se aturde y distrae, volviéndose vulnerable a desequilibrios de salud.

Relaciones en la vida y el amor

Aunque parece algo insignificante ahora, las demandas de alguien sobre usted podrían cobrar importancia en los meses venideros mientras Saturno avanza hacia el contacto con Neptuno. Aunque no es característico de su naturaleza, ha estado inclinado a complacer a esta persona, pero dándole una idea más realista de lo que está dispuesto a hacer —fijar límites—, podría aliviar parte de la presión después.

Finanzas y éxito

La energía puesta en su carrera este otoño es la base para los frutos del año siguiente, incluyendo mayores ingresos. Mientras no sacrifique el resto de su vida para la causa, podrá poner ahí más énfasis que lo usual. Las presiones para actuar son más intensas en septiembre 24.

Días favorables 1, 5, 6, 9, 10, 13, 14, 22, 23, 24, 27, 28, 29

Días desafiantes 11, 12, 17, 18, 19, 25, 26

Acuario/Octubre

Puntos planetarios clave

Los retos que ha enfrentado el año pasado están moderándose, y el año venidero, desde noviembre 23, será más armonioso —y será mucho más fácil alcanzar las metas—. Debería usar los dos meses siguientes para completar las iniciativas del año pasado, e incluso ahora el panorama será mejor. Tal vez sienta que ha tomado más de lo que puede manejar a finales del mes, cuando Mercurio merma el ritmo para tornarse retrógrado. Enfrentará retos después de octubre 28, pero todo es para una buena causa.

Salud y bienestar

Podría hacerse daño cumpliendo con los deberes de su carrera después de octubre 27, posiblemente debido a estrés repetitivo. Variar sus actividades y tomar descansos frecuentes prevendrá esto. También es importante que evite forzar articulaciones sensibles en las semanas previas a esa fecha. Unos días lejos, o incluso unas vacaciones, son el mejor curativo. Tendrá más tiempo disponible a comienzos del mes.

Relaciones en la vida y el amor

Con su atención puesta principalmente en la carrera, podría pasar por alto situaciones sensibles en las relaciones y decir algo equivocado, especialmente cuando las tensiones aumenten al final del mes. Estar atento a los puntos de vista de los demás mantendrá en equilibrio las comunicaciones. Las fechas críticas son 5, 15, 22 y 24.

Finanzas y éxito

Las oportunidades llegarán a comienzos de este mes, probando su conocimiento en la carrera y las elecciones personales que ha hecho. Habrá más después de que Neptuno recobre el movimiento directo en octubre 29. Sus sueños se están haciendo realidad.

Días favorables 2, 3, 6, 7, 10, 11, 20, 21, 25, 26, 29, 30

Días desafiantes 8, 9, 15, 16, 22, 23, 24

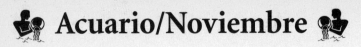 Acuario/Noviembre

Puntos planetarios clave

Las actividades y obligaciones en la carrera amenazan con abrumarlo hasta noviembre 17, cuando los planetas se agrupan en su décima casa. Es como si el éxito que ha buscado todo el año se acumulara en diecisiete días, con los riesgos y problemas menores que ello implica. Ya es demasiado tarde para organizar más las cosas, pues debe atender actividades inaplazables. Sin embargo, otras personas están disponibles para ayudarlo, y ahorrará tiempo si les indica cómo hacer la tarea en lugar de realizarla usted mismo.

Salud y bienestar

A pesar de lo ocupado que está, necesita cuidarse, o sufrirá consecuencias a largo plazo que pesarán más que los beneficios obtenidos. Debe comer regularmente, hacer al menos ejercicio suave y dormir lo suficiente. Será más vulnerable en noviembre 1, 8, 11 y 28.

Relaciones en la vida y el amor

Las relaciones en el trabajo podrían tornarse difíciles cuando todos se cansen de su carga laboral. Es probable que el ambiente se sature de emociones y exploten tensiones internas. Usted puede apaciguar los ánimos y hacer que todos cooperen expresando el aprecio que tiene por lo que hacen otros. Entre más se ocupe de la situación, más podrá mostrar agradecimiento con buen efecto. Esto también puede adoptar una forma tangible, tal como un almuerzo o incentivo económico por el trabajo bien hecho.

Finanzas y éxito

El auge en los negocios este mes tiene un brillo dorado —es el oro que cubre su cartera—. Está obteniendo muchos más ingresos, o pronto lo hará —en forma de la recompensa que ha estado buscando desde el año pasado—.

Días favorables 2, 3, 6, 7, 8, 16, 17, 21, 22, 25, 26, 27, 30

Días desafiantes 4, 5, 11, 12, 18, 19, 20

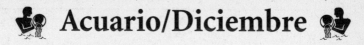# Acuario/Diciembre

Puntos planetarios clave

Parece como si fuera invitado a todas las fiestas en la ciudad —o tal vez que es el anfitrión de las mismas—. De cualquier modo, su calendario está lleno, y así quiere tenerlo. De esta forma conoce a las personas de las cuales depende su éxito, especialmente ahora que Júpiter está en su undécima casa. Puede maximizar su placer y sus posteriores resultados si escoge bien las reuniones y evita ser atado a sólo un grupo. Después de diciembre 26, deseará intensamente retirarse a su propio espacio, y ese es el tiempo apropiado para hacerlo.

Salud y bienestar

Es difícil hacer ejercicio estando cansado por la falta de sueño y lento por demasiada comida o bebida no adecuada. Si puede limitar estas interrupciones en sus ritmos, estará mucho más feliz consigo mismo cuando termine la época festiva.

Relaciones en la vida y el amor

Entrará a una nueva etapa de desarrollo en las asociaciones en diciembre 5, cuando Saturno inicie su período retrógrado de cinco meses. Esto es parte de la segunda etapa de un proceso que empezó en julio de 2005. Si ha estado enfrentando lo que es real desde entonces, este año será más fácil que el anterior. Hay la probabilidad de una transformación profunda, incluso si parece que el cambio es imposible. Mantenerse abierto a las posibilidades le permitirá mejorar sus relaciones en formas que antes sólo soñaba. Después de diciembre 26, vacaciones de una semana con el (los) compañero(s) de su elección se ajustarán a su estado de ánimo.

Finanzas y éxito

Los contactos hechos ahora son semillas sembradas para el nuevo año y los venideros. Puede dar una impresión duradera sin esfuerzo. Es posible la atención de los medios de comunicación, especialmente si les hace un guiño.

Días favorables 1, 4, 5, 13, 14, 15, 18, 19, 23, 24, 27, 28, 31

Días desafiantes 2, 3, 8, 9, 10, 16, 17, 29, 30

Tabla de Acciones de Acuario

Estas fechas reflejan los mejores —pero no los únicos— días para el éxito en dichas actividades, según su signo solar.

	ENE	FEB	MAR	ABR	MAY	JUN	JUL	AGO	SEP	OCT	NOV	DIC
Mudanza				27, 28	5-19							
Iniciar un curso			29, 30	16-30	1-4							
Ingresar a un club	1-3											8-26
Pedir un aumento	29, 30		5-31	1-5							17-30	1-10, 18-20
Buscar trabajo						3-30	1, 29-31	1-27		2-26	18-30	1-7
Buscar ayuda profesional	15, 16, 20	11, 12, 16	10-12, 15	6-8, 11-13	4, 5, 9, 10	1, 2, 5-7	2-4, 25	21-23 26	17-19, 22	15, 16, 20	11, 12, 16	8-10, 13
Buscar un préstamo	17-19	13-15	13, 14	9, 10	6-8	3, 4, 30	1, 27-29	23-25	20, 21	17-19	13-15	11, 12
Ver un doctor	3-31	1-8				3-30	1, 29-31	1-27				27-31
Iniciar una dieta	12-14					3-27	29-31	1-10				
Terminar una relación		11-13										
Comprar ropa					19-31	1, 2, 24-31	1-18					
Hacerse un maquillaje	3-22	3-28	1-4			24-30	1-18, 25	12-31	1-5			27-31
Nuevo romance					27, 28							
Vacaciones	20, 21	16, 17	15-17	11-13	9, 10	5-7	2-4, 30	26-28	12-30	1-23	16, 17	13-14

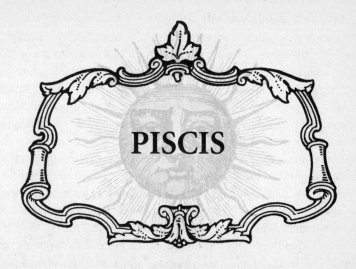

PISCIS

El Pez
Febrero 18 a Marzo 20

Elemento:	Agua
Cualidad:	Mutable
Polaridad:	Yin/Feminino
Planeta regidor:	Neptuno
Meditación:	Navego con éxito los mares de mis emociones.
Piedra preciosa:	Aguamarina
Piedra de poder:	Amatista, piedra de sangre, turmalina
Frase clave:	Yo creo
Símbolo:	Dos peces nadando en direcciones contrarias
Anatomía:	Pies, sistema linfático
Color:	Verde marino, violeta
Animal:	Pez, mamíferos marinos
Mitos/Leyendas:	Afrodita, Buda, Jesús de Nazareth
Casa:	Doceava
Signo opuesto:	Virgo
Flor:	Lirio de agua
Palabra clave:	Trascendencia

Fortalezas y debilidades de su ego

Con su energía acuosa y mutable, es el más flexible de los signos. Es sensible a los cambios más leves en el tono emocional o la conciencia en cualquier nivel. Su mutabilidad le da la capacidad de fluir cuando las circunstancias lo requieren. Naturalmente busca la integridad —la conexión— que existe entre todas las cosas. También es un integrador que desea reunir fenómenos separados en un todo unificado, ya sea en la rutina de trabajo de un hospital o las etapas finales de un proyecto. Puede unir a las personas con su visión e ideales además de su capacidad para hallar un terreno común. Cuando se siente desafiado o abrumado, su lado mutable puede llevarlo a perder enfoque y confundirse. Para reducir la presión tiende a evitar la energía ofensiva o hacer promesas que no puede cumplir.

Su enfoque fluido del mundo aumenta su flexibilidad pero también lo sintoniza con el "radio psíquico" que todos los signos de agua utilizan. De este modo, se conecta con señales y realidades internas tanto como las externas. Sus estados interiores son para usted señales de lo que está sucediendo (o puede suceder) afuera, y esta es la fuente de su enfoque visionario de la vida. Puede literalmente ver las posibilidades, y sostener una antorcha para guiar el camino a un nuevo futuro. Puede "leer" su entorno, que está lleno de arquetipos, signos y símbolos. Para usted a menudo es más fácil vivir por el mañana, cuando las cosas serán mejores, que manejar el presente. Esto puede conducir a la tristeza si compara sus condiciones actuales con las que desea crear, y luego se enfoca en lo que hace falta. Sin embargo, no tiene miedo de sacrificar sus propias comodidades para crear un mundo mejor, incluso si esto es sólo por otra persona.

Proyectando su luz amorosa

Con su sensibilidad, es la pareja más atenta. Le encanta el lado romántico del amor, pero también busca el espiritual. Quiere una persona que no se desconcierte por su conexión con el mundo invisible ni por su capacidad de saber cosas que la mayoría de gente ignora. Encuentra fácil identificarse en la imagen de su pareja, pero no tan fácil afirmar su propia naturaleza —si puede hallarla una vez que se ha sumergido en un nuevo molde—. Valora en especial el amor espiritual, y podría terminar amando a alguien que sólo puede querer en ausencia debido a algún obstáculo. Aunque esto es puro, no es muy satisfactorio; trate de concentrarse en el aquí y ahora.

Se la pasará adivinando en una relación con Aries; la espontaneidad y naturaleza divertida de este signo le dará alegría, pero recuerde alejarse cuando sea necesario. Se siente confortado y contenido por Tauro, tranquilizado por la estabilidad de este signo; usted le ayudará a desarrollar fluidez y a ver el lado sutil de la vida. Géminis tiene una naturaleza tan flexible como la suya, le brinda intelecto a su enfoque emocional, creando un contraste estimulante. Habla la misma lengua sentimental que Cáncer, otro signo de agua, quien ve el mundo invisible con un enfoque ligeramente distinto. El amor por la vida del nativo de Leo es contagioso, le ayuda a concentrarse en sus ideales para seguir el deseo de su corazón. Virgo le ayuda a darle forma a la verdad interior que usted percibe, demostrando el vínculo que siente entre el cielo y la tierra; comparten un deseo de servir a otros que pueden desarrollar juntos. Libra brinda compañerismo e imparcialidad para complementar su enfoque emocional; apreciará el arte y la cultura que forman el mundo de este signo. Escorpión es otro signo de agua, absorto en su mundo de sentimientos e impresiones psíquicas; pueden avanzar en la vida juntos compartiendo sus percepciones de factores invisibles. Los bordes ásperos de Sagitario pueden ser difíciles de aceptar hasta que se dé cuenta de que este signo comparte su idealismo por la vida y no implica daño alguno. El capricorniano le da estructura a su enfoque, apoyando una vida estable juntos. Puede relacionarse con la excentricidad de los acuarianos —una característica que comparten—; las habilidades sociales de Acuario influirán en su comportamiento, y usted le traerá compasión a la perspectiva de este signo. Otro Piscis de seguro le encantará, pues disfrutan de una comunicación sin palabras.

Su lugar en el mundo

Su deseo de servir a otros puede ser expresado de muchas formas, pues en el mundo actual hay un gran número de personas necesitadas. La profesión médica, desde enfermero hasta doctor y técnico, le permitirá expresar este impulso. Con su enfoque espiritual, tal vez prefiera campos de la curación que sean más holísticos y menos mecánicos, tales como la hipnosis, curación energética-corporal, o reiki. Tal vez desee curar un espacio, como se hace con el feng shui. Es probable que sienta las energías cuando se mueven o quedan estancadas en una casa o empresa. Debido a su empatía por los demás, especialmente los menos favorecidos, podría atraerle trabajar con una organización sin ánimo de lucro o un programa que apoye el bienestar público. Esto podría venir a través del gobierno, la iglesia y organizaciones no gubernamentales. Generalmente prefiere trabajar entre bastidores, pero si su actividad lo pone frente a un auditorio, incluso pequeño, debería sacar tiempo para restablecerse.

Lo mejor que puede hacer

Usted es visionario y futurista. Su realidad es parte lo que ve, oye, siente y toca, y parte las energías que percibe fluyendo a través y alrededor de su cuerpo. Se encuentra entre dos mundos, es el último signo del zodiaco en un extremo del ciclo, y tiene una visión en el futuro de lo que todavía no ha sido creado en el nuevo ciclo. Su impulso natural es responder a lo que no ha sido revelado. Con el riesgo de ser inoportuno, se siente compelido a compartir su visión con los demás. No obstante, hay un gran trecho entre el mundo espiritual que percibe y el mundo físico con el que puede estar seguro que las otras personas se relacionan. Esto funciona mejor si encuentra formas de hacer su visión relevante para quienes escuchan su mensaje. Para hacerlo, debe relacionar lo que ve en los planos internos con lo que otros ven. Use hechos, circunstancias "reales" y sucesos para mostrar una trayectoria hacia el resultado que percibe. La lógica y el espíritu práctico son sus soportes más poderosos en este proceso, y brindarán un camino seguro para la comunicación clara.

Herramientas para el cambio

Su sensibilidad del mundo interior es un don maravilloso, pero no es conducente para manejar el mundo exterior. Su mayor reto es controlar el delicado equilibrio entre lo interno y lo externo, y hay muchas formas de hacer más fácil esto. La clave es externalizar su fuerza interior. Una de las mejores maneras de hacer esto es dedicarse a actividades creativas; las artes visuales son buenas, además de la música, porque son extensiones de su naturaleza acuosa en sus formas no verbales. Sin embargo, puede extenderse a ocupaciones menos piscianas tales como la escritura u oficios prácticos como la jardinería, cerámica o costura. Podría redecorar su casa, restaurar muebles o diseñar un nuevo traje.

También es importante que siga una rutina de ejercicios, especialmente una que desarrolle fortaleza en los grupos musculares centrales y externos. Actividades que pueden servir incluyen la natación, yoga para acondicionamiento, baile, aeróbicos con steps o regulares, y pilates. No obstante, dos enfoques que serían especialmente buenos para usted son las artes marciales, que le enseñarán a ser más agresivo mientras desarrolla fuerza física, y el tai chi, que le ayudará a aprender a manipular y equilibrar su campo energético.

Las meditaciones dirigidas a inducir paz y liberar energía acumulada o estancada, le ayudará a ser usted mismo disipando emociones y pensamientos que ha absorbido de otras personas. Esto es más beneficioso cuando se hace en la noche. Puede reforzar su mente y la capacidad de comunicarse, otro vínculo hacia el mundo exterior, por medio de la educación. La educación superior enseña habilidades analíticas e induce una perspectiva amplia. En particular, el estudio de las matemáticas y la lógica disciplinan la mente, desarrollando la capacidad de seguir una progresión del pensamiento. El estudio de la filosofía abrirá su mente a nuevos puntos de vista acerca del mundo en el sentido más amplio. La psicología le enseñará lo referente a las expresiones de la naturaleza humana en el mundo real —la conexión entre el ser interior y exterior—. No obstante, las finanzas son el área que más refleja su capacidad de relacionarse con el mundo exterior. Si se enfoca en aprender a manejarlas exitosa y consistentemente, trabajando por la riqueza e inversión prudente, se probará a sí mismo que puede crear un puente entre el universo invisible y el mundo "real".

Afirmación del año

Me gusta ampliar mis horizontes y aceptar nuevos retos.

Piscis: el año venidero

Su vida estará llena de alegría y creatividad —tal vez romance— este año! Júpiter está transitando su novena casa solar, donde ha estado desde el 25 de octubre del año anterior. Esta es su escalada final a una cima por la que ha trabajado durante ocho años. Puede hacer los últimos preparativos para este pináculo incluso mientras empieza a verlo como una realidad. El énfasis estará en la difusión, tal vez a través de viajes o publicaciones. Descubrirá que sus elecciones son numerosas, pero es importante permanecer concentrado porque perderá energía. Sin importar la fuente, tendrá mayor movimiento, más contacto con otras personas. También podría encontrar nuevas culturas o tener razón para repasar un idioma extranjero. Cuando Júpiter entre a Sagitario el 23 de noviembre, pasa a su décima casa solar. Usted iniciará un período especial por el que ha trabajado desde 1998; estará en el escenario central, jugando un papel importante, incluso público. Este será un ciclo exitoso de un año para usted.

Saturno pasa su segundo año en Leo, su sexta casa. Es tiempo de que continúe su duro trabajo en busca de sus metas a largo plazo. También es buena idea ocuparse ahora de asuntos de salud y el estilo de vida. La aplicación disciplinada de hábitos saludables generará beneficios durante años.

Quirón está en su duodécima casa solar y el signo de Acuario. En esta casa, Quirón es el mensajero de los reinos espirituales; saca a la luz circunstancias misteriosas, tal vez enfermedades, para que sean sanadas. Podría beneficiarse al usar una perspectiva espiritual para buscar la fuente de bloqueos en su cuerpo o personalidad.

Urano está en Piscis y su primera casa solar. Usted se encuentra en el cuarto año del tránsito de Urano a través de su signo. Ha sido despertado a nuevos aspectos de su naturaleza, incluyendo su audacia e independencia. Continuará en su camino de liberación, que tal vez incluye renunciar a sus intereses personales en favor de un ideal más grande.

Neptuno está en Acuario y su duodécima casa solar, aumentando su experiencia de los reinos espirituales. Usted se ha interesado más en la realidad espiritual desde 1998, y puede estar siguiendo un camino con más dedicación, o sacando a la superficie su espiritualidad. La meditación es clave para este proceso.

Plutón continúa su tránsito a través de Sagitario y su décima casa. Ha estado experimentando un proceso de capacitación personal, que ha sido especialmente evidente en su ascenso al éxito profesional. Ahora es más importante y más público, y ha asumido roles de liderazgo. Debido a sus cambios rápidos, también ha tenido que liberarse de situaciones que ya no eran útiles. Si continúa dejando atrás lo viejo mientras adopta lo nuevo, vivirá el potencial pleno del contacto de Plutón.

Los eclipses entran a Virgo y Piscis, su séptima y primera casa, el 14 de marzo. Esto abre la puerta para algunos de los cambios que ha sentido interiormente y tienen un efecto exterior, en especial con respecto a la presentación personal y las relaciones.

Si nació entre febrero 22 y marzo 13, Saturno en Leo está contactando su Sol desde la sexta casa. Ahora tiene mucho que hacer en el trabajo y el hogar. Es tiempo de organizarse, de dar pasos significativos para reestructurar su vida laboral, y dirigirse hacia las metas que se trazó hace doce años. Tiene un par de años más antes de recibir el reconocimiento que realmente merece. Mientras tanto, continúe preparándose para el momento en que más deberes públicos le dejarán poco tiempo para consolidar la base. Puede colocar parte de este cimiento mejorando su salud; ahora debe alinear sus hábitos con la persona en que se está convirtiendo. Una vez que Saturno entre a Virgo en dos años, estará más expuesto y deberá manejar las presiones que surgen de estos contactos. Un minucioso chequeo médico y un curso de tratamientos de salud complementarios, tales como la acupuntura o los masajes, es justo lo que necesita. Rutinas de mantenimiento tales como el yoga y el entrenamiento aeróbico también contribuirán mucho en mejorar su condición física. Las energías de Saturno serán más fuertes en su vida en o alrededor de enero 27, febrero 19, abril 5 y 24, junio 20, agosto 7, noviembre 16 y diciembre 5.

Si nació entre febrero 25 y marzo 3, Urano en Piscis ha contactado su Sol desde la primera casa solar. Ha sentido venir los cambios y es tiempo que los viva. Primero necesita agudizar su visión de las cosas para que sepa lo que quiere. Póngalo por escrito y planéelo tan detalladamente como pueda, trabajando en ello regularmente. Luego debe mantener su atención en lo que desea, en lugar de lo que teme, usando afirmaciones. Tenga a los amigos y colegas que lo apoyan cerca de usted mientras hace el cambio, alejándose de las personas que podrían bloquearlo. Le irá mejor sintonizándose en Urano, actuando con ingeniosidad y alegría mientras la vida gira. El siguiente año habrá aterrizado su avión en un nuevo terreno, así que no se sienta consternado si la vida parece caótica en ocasiones. Su auto-imagen también atravesará un proceso de cambio; se verá a sí mismo de otra forma mientras desarrolla su nuevo camino. La retroalimentación que recibe de otros reforzará esto. Podría cambiar su cabello, estilo personal e incluso la forma de su cuerpo para ajustarse a donde se dirige ahora. Este ciclo comienza en marzo 1, con eventos de máxima influencia uraniana en o alrededor de junio 5 y 19, septiembre 5, noviembre 19 y diciembre 2.

Si nació entre el 3 y el 8 de marzo, Neptuno en Acuario está contactándose con su Sol desde la duodécima casa. Desde 1998, ha estado experimentado el toque sutil de la espiritualidad en su vida. Este año se intensificará su proceso de crecimiento espiritual. Aumentará su sensibilidad psíquica, además de su capacidad para usarla —especialmente a través de métodos visuales como la clarividencia—. Sentirá y tal vez verá los intercambios de energía mientras las personas interactúan. Será particularmente consciente del tono de la dinámica colectiva, en el que aprenderá a confiar con la experiencia. Las clases de meditación y desarrollo espiritual le ayudarán a entender lo que está sucediendo y a canalizar las energías. Su nueva realidad puede ser confusa en ocasiones, pero se adaptará a una conciencia más amplia al final del año. Su imaginación también será aguda y sus sueños vívidos. Tal vez desee pasar más tiempo solo para ser creativo y asimilar todo lo que está aprendiendo en los niveles interiores. También podría querer sacrificarse por otros durante este tiempo. Las energías sutiles de Neptuno son más intensas en enero 27, febrero 5, marzo 15, mayo 10 y 22, agosto 10, octubre 29 y noviembre 9.

Si nació entre el 11 y el 16 de marzo, Plutón en Sagitario hace de este su año debido a un energizante contacto con el Sol desde su décima casa solar. El sentimiento será intenso cuando empiece a subir varios peldaños en la escalera del éxito. Éste se ha estado construyendo durante los últimos años, y si usó bien la energía, el progreso es grande. El problema este año va a ser cómo manejar toda la actividad que ha creado, llevar hasta el fin los potenciales éxitos que generó. Ha estado encontrando, y seguirá descubriendo, puertas que se abren para usted. Esto se da porque otros están reconociendo su perspicacia, el dominio que tiene en su campo. Ahora los demás lo ven como una autoridad, y esto requerirá que modifique su conducta. Algunos pueden envidiarlo o considerarlo como una amenaza o un superior contra el cual deben rebelarse. El resultado serán luchas de poder a menos que los reconozca pronto y se distancie. Con el tiempo todos lo aceptarán en este nuevo nivel, y su mundo será más tranquilo y estable en una nueva posición. Las energías de Plutón serán más intensas alrededor de marzo 17 y 29, junio 16, septiembre 4 y 16, y diciembre 18.

Si nació entre febrero 19 y 21 o marzo 17 y 20, ninguno de los planetas principales estará conectándose con su Sol este año. Esto le da más libertad de acción en cuanto a cómo conduce sus asuntos; incluso podría ver este período libre de un alto nivel de desafío. Es un buen tiempo para tomar unas vacaciones prolongadas o dedicarse a un proyecto que anhela hacer sólo por placer. Su vida puede estar igual de ocupada, o tal vez tenga tiempo para holgazanear; de cualquier modo, será más su elección que lo usual. Por otra parte, podría ser difícil salir de la rutina si lo desea. Sin contacto solar, no es fácil iniciar una gran actividad si eso es lo que tiene en mente. Sin embargo, contactos de los planetas lentos —Júpiter, Saturno, Urano, Neptuno y Plutón— pueden presentarse con sus otros planetas personales. Estas conexiones desencadenarán eventos y le darán el espacio de acción que necesita para hacer los cambios deseados.

Piscis/Enero

Puntos planetarios clave

Factores sutiles afectan su vida, con el mayor impacto en las actividades destinadas a cumplir sus metas a largo plazo. Se encuentra muy cerca del pináculo de su camino, que emprendió en 1997, y estará en su mente hacia enero 27, cuando Júpiter se conecta con Neptuno como parte de un ciclo de 13 años. Aunque alcanzará la cima el año siguiente, tendrá éxito parcial en los meses venideros. Use este tiempo para hacer modificaciones mientras busca la culminación de sus actividades.

Salud y bienestar

Los esfuerzos adicionales para terminar su trabajo pueden afectar su sistema inmune mientras es activado Saturno en su sexta casa. Enero 15 es un potencial punto bajo, pero enero 18, 23 ó 27 también podrían traer enfermedad. El sueño y la comida son lo más importante para su fortaleza continua, pero mantener la objetividad al enfrentar los retos cotidianos de la vida también reducirá el estrés y aumentará su vitalidad.

Relaciones en la vida y el amor

Con Venus retrógrado en su undécima casa, observará desacuerdos en los miembros de su red social y profesional. Estas luchas no tienen que afectarlo directamente. En realidad, tal vez podrá mediar en algunos conflictos, pero sólo si se lo piden. Tendrá la oportunidad de reevaluar las organizaciones con las que está asociado y escoger su rol además de sus afiliaciones. Esto le ayudará a maximizar su éxito venidero.

Finanzas y éxito

Con Saturno activado en su sexta casa, hay mucho trabajo que hacer, pero eso no significa que para usted es bueno hacerlo todo. Fije prioridades, delegue tareas y elimine trabajos innecesarios. También es importante que tome el control de su día escogiendo las horas en que responderá a otros. Deje que la maquina contestadora reciba mensajes y llame después.

Días favorables 3, 4, 8, 9, 12, 13, 14, 22, 23, 24, 27, 28, 31

Días desafiantes 10, 11, 17, 18, 25, 26

Piscis/Febrero

Puntos planetarios clave

Será atraído a su mundo interior alrededor de febrero 5, cuando comience el nuevo ciclo anual de Neptuno en su duodécima casa. Use este tiempo para fijar una dirección espiritual que lo lleve a una mayor paz y equilibrio, porque cuando se encuentre en este espacio, hará frente a todo sin estrés. La intensidad del mes pasado se disipa después de febrero 6, aliviando el ritmo frenético que la vida ha tomado últimamente.

Salud y bienestar

Debido a que los planetas entran a su duodécima casa, este es un buen tiempo para alejarse del mundo y restablecerse. Quédese en casa y trabaje en un proyecto o hobby que desea realizar, o vaya a un lugar donde nadie lo conozca y pueda experimentar la vida sin interrupción. Un viaje corto, incluso unas vacaciones, renovará sus depósitos energéticos para los meses venideros. No tiene que ir lejos (aunque puede) —simplemente no responda el teléfono ni lea su correo electrónico—.

Relaciones en la vida y el amor

Mientras Venus avanza directo en su undécima casa, las amistades son especialmente importantes para usted. Será recompensado al pasar tiempo con los amigos por la perspectiva y el conocimiento que le ofrecen. Aunque anhela estar solo este mes, habrá una o dos reuniones que serán especialmente fructíferas para usted si asiste a ellas.

Finanzas y éxito

Continúe preparándose para su siguiente triunfo, incluso mientras conserva sus actuales actividades basadas en logros anteriores. Después de una presión al comienzo del mes, puede tener una vida más rutinaria —menos emocionante pero le da espacio para sus actividades personales usuales—.

Días favorables 1, 4, 5, 8, 9, 10, 18, 19, 20, 23, 24, 27, 28

Días desafiantes 6, 7, 13, 14, 15, 21, 22

Piscis/Marzo

Puntos planetarios clave

Experimentará sucesos especiales en marzo, pues varias interacciones planetarias involucran a su signo. Mercurio estará retrógrado en Piscis del 2 al 25 de este mes, acentuando sus relaciones y comunicaciones. El ciclo de Urano comienza en marzo 1 en su signo, dándole nuevas ideas sobre cómo liberarse de su antiguo enfoque. Marte lo incita a la acción cuando se pone en contacto con Urano el 11 de marzo.

Salud y bienestar

Este mes podría sentirse abrumado por demandas e interrupciones que originan un estrés que termina en una enfermedad viral porque se ve afectado su sistema inmune. Es tiempo de tomar medidas preventivas: estimular este sistema durmiendo lo suficiente, con suplementos herbales y buena comida; emplear la acupuntura; y continuar la rutina de fitness. Los mayores retos para su salud se presentarán en marzo 2, 11, 14 y 25.

Relaciones en la vida y el amor

Alrededor de marzo 11, sucesos en casa lo impulsan hacia sus objetivos de mayor independencia y expresión de la personalidad propia, aunque tiene dudas y está inseguro respecto a cómo alcanzará sus metas. Esto puede involucrar su carrera, pero también tiene que ver con su identidad y lo que es para las personas que ama. Es consciente de dar un ejemplo además de desear los cambios para sí mismo.

Finanzas y éxito

Tiene la posibilidad de hacer movimientos concretos hacia sus objetivos en marzo 14 y 29, mientras el eclipse lunar pasa a su signo. Este es el comienzo de una ventana de oportunidades para generar los cambios que ha deseado. Su esfuerzo concentrado durante los siguientes cinco meses lo llevará a un nuevo nivel a comienzos de septiembre.

Días favorables 3, 4, 8, 9, 18, 19, 22, 23, 24, 31

Días desafiantes 5, 6, 7, 13, 14, 20, 21, 27, 28

Piscis/Abril

Puntos planetarios clave

Retos para su serenidad surgirán desde abril 8, cuando Marte y Plutón se conecten en su cuarta y décima casa, generando una lucha decisiva entre la carrera y el hogar que deberá mediar. Las fechas clave para esto son abril 13, 17 a 20, y 30. Sin embargo, las oportunidades coinciden con esta situación —especialmente las relacionadas con viajes y enseñanza—.

Salud y bienestar

Problemas de salud persistentes se empiezan a solucionar cuando pase abril 5 y el período retrógrado de Saturno. Todavía tiene cuatro meses para solidificar resultados, pero ahora está viendo un progreso significativo. Siga las mismas rutinas que estableció el pasado otoño y perfeccionó a comienzos de este año; estará satisfecho de lo enérgico y realizado que se siente. Podrían sugir tensiones del 13 al 20 de abril, así que tome las cosas con calma durante ese tiempo.

Relaciones en la vida y el amor

Es probable que este mes tengan éxito las propuestas que hace a otros, pues Venus pasa por su signo desde abril 5. Sus peticiones serán más acogidas del 18 al 20 de este mes, cuando Venus se pone en contacto con Júpiter.

Finanzas y éxito

Tal vez se ha sentido forzado a dejar que el trabajo eclipse el resto de su vida desde noviembre 22, pero esto será algo del pasado después de abril 5, cuando Saturno retorna al movimiento directo. No obstante, todavía está construyendo un futuro maravilloso, así que deberá continuar sus esfuerzos concentrados durante los siguientes tres meses, aunque con menos urgencia. Esto es parte de un ascenso largo y gradual hacia el éxito, hacia un pináculo que llegará en aproximadamente diez años.

Días favorables 1, 4, 5, 9, 10, 14, 15, 19, 20, 23, 24, 27, 28

Días desafiantes 2, 3, 16, 17, 18, 29, 30

Piscis/Mayo

Puntos planetarios clave

El proceso de cambio que ha estado desarrollando desde 2003 recibe un gran estímulo hasta mayo 7, mientras Marte y Júpiter forman un trino con Urano, su estrella guía. Esto viene de lugares del extranjero, parejas románticas y sus propios esfuerzos creativos. Tal vez tendrá la oportunidad de publicar, enseñar, o de otra manera divulgar su mensaje a una gran audiencia. Es posible el cubrimiento positivo de los medios de comunicación.

Salud y bienestar

Quirón y Neptuno lo impulsan a su interior cuando empiezan sus períodos retrógrados en mayo 15 y 22. Es un buen tiempo para aclarar sus motivaciones y propósitos, y recibir tratamientos curativos —especialmente aquellos que se enfocan en toda la persona o trabajan en su campo de energía, tales como acupuntura y la curación energética—.

Relaciones en la vida y el amor

Es probable que se vea limitado económicamente cuando vaya a satisfacer los deseos de sus hijos alrededor de mayo 26, pero no deje que eso lo inquiete. Puede resolver algo si es importante, y si es necesario pida la ayuda de otras personas.

Finanzas y éxito

Comunicación, comercio y terminación también están en el panorama mientras se repite el patrón planetario de enero. Es tiempo de evacuar más cosas de su escritorio y su lista de trabajos pendientes. Los planetas dirigen su atención a estos asuntos en la primera mitad del mes, y lo dejan que haga lo que quiera después de mayo 15. Ahora tiene la oportunidad de revisar cómo le va en la realización de las metas que fijó en mayo de 2000, y hacer las correcciones necesarias en los siguientes meses.

Días favorables 1, 2, 3, 11, 12, 13, 16, 17, 20, 21, 24, 25, 26, 29, 30

Días desafiantes 6, 7, 8, 14, 15, 27, 28

Piscis/Junio

Puntos planetarios clave

Acción es la palabra clave este mes mientras Urano y Plutón se activan en el cielo y hacen contacto dinámico con su Sol. En junio 19 es tiempo para la segunda etapa del proceso de perfeccionamiento personal de este año, cuando Urano empieza su movimiento hacia atrás. Esto inicia un período de cinco meses de esfuerzo concentrado de su parte para cumplir los sueños que activó en marzo 1. El punto medio en el ciclo de Plutón, alcanzado en junio 16, conduce a un punto culminante en la carrera y las empresas. Ahora puede ver el potencial total de lo que ha iniciado, que se desarrollará durante los siguientes seis meses con sólo seguir las cosas como van.

Salud y bienestar

Una vez más la actividad en su vida es vertiginosa, y se requieren formas de ejercicio tranquilizantes, al igual que meditación, sueño y alimentos con alto valor nutritivo. Podría estar propenso a lesiones del 16 al 19 de junio, así que tenga más cuidado de permanecer concentrado en estas fechas. Sacar tiempo para divertirse lo renovará más de lo que cree y hará más productivas sus horas de trabajo.

Relaciones en la vida y el amor

Este es un buen mes para disfrutar los placeres simples de la vida con las personas que ama. Vaya con un amigo a un museo o teatro. Se sorprenderá de cómo esto llenará su espíritu y le dará alegría.

Finanzas y éxito

Sus esfuerzos laborales están floreciendo, y necesita responder a la actividad que ha generado. Esto significa pasar mucho más tiempo en el trabajo que el que preferiría, pero este pico se nivelará después de junio 20. Está avanzando hacia una vida donde trabajará más rápido, no más duro, pero este es uno de esos períodos en que definitivamente hará ambas cosas.

Días favorables 8, 9, 12, 13, 16, 17, 18, 21, 22, 25, 26

Días desafiantes 3, 4, 10, 11, 23, 24, 30

Piscis/Julio

Puntos planetarios clave

Asuntos en casa que surgieron en marzo 1 y 11, abril 18 y junio 19 pasarán a primer plano de nuevo alrededor de julio 5. Haga lo que pueda para dispersar la dificultad ahora, porque el mes siguiente esto podría estallar con más intensidad. Sus esfuerzos por crear su nuevo ser y un nuevo mundo reciben un estímulo cuando Júpiter vuelve al movimiento directo en julio 6. Esto armoniza con Urano en su signo hasta mediados de septiembre, dándole mucho tiempo para adelantar sus planes. Generalmente se sentirá estimulado, así que saque el mejor partido de este periodo de alta energía, optimismo y concentración.

Salud y bienestar

Salir de vacaciones es una de las mejores cosas que puede hacer para su bienestar ahora. Esto despejará su mente, le ayudará a fijar sus prioridades, y hará sus esfuerzos más inspirados y eficientes cuando regrese. En realidad ahorrará tiempo a la larga y mejorará la calidad de su trabajo en formas que no pueden medirse. Su carga laboral disminuirá después de julio 4 y le hará más fácil salir.

Relaciones en la vida y el amor

Alrededor de julio 5 actuará de manera contraria a las expectativas de otros, pero es parte de la forma en que está reformando su carácter y presentación. Es mejor introducir estos cambios ahora en lugar de esperar hasta el mes siguiente, cuando serán descubiertos bajo circunstancias más volátiles.

Finanzas y éxito

Su camino hacia el éxito incluye ahora devolverse algunos pasos en los nuevos productos y procesos que está desarrollando. No se trata de una completa reconfiguración de sus planes, sólo unos pocos retoques. Este será un tiempo valioso cuando, aunque no tendrá mucho progreso visible, estará colocando el cimiento para un gran avance después de julio 28.

Días favorables 5, 6, 10, 11, 14, 15, 18, 19, 22, 23, 24

Días desafiantes 1, 7, 8, 9, 20, 21, 27, 28, 29

Piscis/Agosto

Puntos planetarios clave

Aunque es probable que se presenten sucesos inesperados este mes, se sentirá bendecido por la buena suerte. Una situación beneficiosa se desarrollará al transcurrir el mes, culminando en agosto 29. Esto podría surgir de una sensación general de bienestar y optimismo que inconscientemente atrae nuevas oportunidades. Este "carisma espiritual" parece mágico y puede ser creado en cualquier momento que nos sintonicemos con el universo, pero en este período es fácil para usted. No obstante, existe el potencial de ansiedad y tensión que eclipsa su actitud positiva. Tal agitación es más probable que ocurra en agosto 13 y 29, pero si enfrenta todas las situaciones con paz y equilibrio interior, podrá conservar la magia dentro de usted.

Salud y bienestar

Ahora reconoce la importancia de la salud y la buena forma física —suficiente para tener el plan que está siguiendo—. Es tiempo de reformar ese plan alrededor de agosto 7, de modificarlo para el año venidero. Puede reducir las sensaciones de tensión y ansiedad que son probables alrededor de agosto 13 y 29, manteniendo una práctica constante de ejercicios para equilibrarse y meditaciones, incluyendo el yoga. Fortalézcase con refuerzo positivo y asegúrese de apoyar la actitud optimista durmiendo lo suficiente y consumiendo alimentos nutritivos.

Relaciones en la vida y el amor

Si otros actúan más agresivamente que lo usual, es porque se sienten competitivos, o, tal vez, porque le envidian su buena suerte este mes. Las tensiones surgirán en agosto 13 y 29, y luego se disiparán. Si evade los problemas en lugar de enfrentarlos, desaparecerán por sí solos y podrán ser discutidos en un tiempo más relajado.

Finanzas y éxito

Su plan para el año venidero que inicia en agosto 7 debería incluir una carga laboral más liviana, de tal forma que trabaje más rápido, no más duro. Esto incluye delegar cosas donde sea posible y eliminar tareas que no contribuyen lo suficiente al producto final.

Días favorables 1, 2, 3, 6, 7, 10, 11, 14, 15, 19, 20, 29, 30

Días desafiantes 4, 5, 16, 17, 18, 23, 24, 25, 31

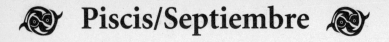 Piscis/Septiembre

Puntos planetarios clave

Su vida llega a un punto culminante a comienzos del mes cuando chocan varios eventos planetarios. El cambio de dirección de Plutón, Urano en el punto medio de su ciclo, y un eclipse lunar estimulan su carta y abren la puerta a nuevas posibilidades. Éstas llegarán a través de sus relaciones, existentes o nuevas. Con su actual enfoque en introducir nuevas oportunidades en su vida, está listo para aceptarlas. Los eventos de ahora se relacionan con los ocurridos alrededor de marzo 1 y junio 19.

Salud y bienestar

La salud podría ser un problema si trabaja duro y demasiado tiempo en respuesta a la intensidad de eventos. Su vitalidad es buena en general, pero si se "adelanta a sí mismo" podría sufrir una lesión o accidente, en especial hacia septiembre 3 ó 9. Este es un buen tiempo para recibir consejos de profesionales de la salud respecto a cómo están afectando su organismo los cambios en el estilo de vida que inició hace un año.

Relaciones en la vida y el amor

Sus relaciones son tan emocionantes como su vida, y la palabra clave es "inesperado". Recibirá una reacción que es respuesta a los esfuerzos por cambiar su vida —otro punto de vista para introducir en la persona en que se está convirtiendo—. Esto surgirá del 5 al 7 de septiembre.

Finanzas y éxito

Las actividades para promover la carrera que inició el pasado diciembre llegarán a un punto decisivo en septiembre 4, cuando Plutón vuelve al movimiento directo. Usted puede ver los beneficios de los proyectos y las iniciativas que comenzó en marzo, pues toman vida propia. Ahora es el momento de asimilarlos más profundamente en su vida laboral, terminándolos mientras espera que surjan nuevas ideas. Sentirá el impulso de hacer donaciones a sus causas preferidas después de septiembre 7, pero no sea generoso hasta el punto de sacrificar su estabilidad económica.

Días favorables 2, 3, 4, 11, 12, 15, 16, 25, 26, 30

Días desafiantes 1, 7, 8, 13, 14, 20, 21, 27, 28, 29

Piscis/Octubre

Puntos planetarios clave

Ahora las cosas fluyen mientras los planetas empiezan a moverse en armonía con su signo. En octubre 1 Mercurio entra a Escorpión, y esto inicia un período de mayor eficacia y progreso que durará hasta finales de noviembre. Sin embargo, Mercurio se torna retrógrado en octubre 28, revelando retos relacionados con sucesos ocurridos en los días 5, 15, 22 y 24 de este mes. Aunque esto podría originar algunos contratiempos menores, también prolongará el período armonioso para usted, y conseguirá más de la experiencia que si el retrógrado no estuviera ocurriendo. Durante este tiempo, el énfasis está en sus planes de crear más libertad personal y realización en su vida.

Salud y bienestar

Toda la facilidad que está experimentando liberará mucha energía almacenada, y estará muy ocupado. Aunque es un período de mucha energía para usted, si olvida establecer un ritmo y se salta comidas o no duerme, terminará gastando sus reservas energéticas cuando no es necesario. Cuídese y asegúrese de tomar descansos regularmente; un corto tiempo lejos de la rutina diaria lo ayudará a mediados del mes, cuando puede haber una tregua en la actividad.

Relaciones en la vida y el amor

Nunca se ha sentido mejor respecto a su dirección en la vida, y las personas cercanas a usted lo apoyan un cien por ciento. No olvide expresar su aprecio. Ha pasado un período desafiante, y no lo hubiera hecho sin ellas.

Finanzas y éxito

Tendrá el apoyo de otros, e incluso la atención de los medios de comunicación, en todas partes, y esto puede incluir una recompensa económica. Si dicha situación no se presenta este mes, ya se está fabricando. Las oportunidades llegarán a través de sus contactos con personas en grupos hasta octubre 15, así que este no es un tiempo para quedarse en casa.

Días favorables 1, 4, 5, 8, 9, 12, 13, 14, 22, 23, 24, 27, 28, 31

Días desafiantes 10, 11, 17, 18, 19, 25, 26

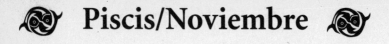

Piscis/Noviembre

Puntos planetarios clave

Logrará resultados este mes cuando Urano recobre el movimiento directo en su signo en noviembre 19. Sin embargo, requerirá un esfuerzo llegar a ese punto. Mercurio retrógrado se une al Sol, Venus, Marte y Júpiter en su novena casa de exploración y realización de objetivos. Estos armonizan con su signo, haciendo de este un tiempo satisfactorio a la larga. Estará ocupado, incluso retrocediendo, hasta noviembre 17; sin embargo, verá avances después de noviembre 8.

Salud y bienestar

Aunque tal vez siente que el trabajo lo tiene esclavizado, en ocasiones debería liberarse. Ahora puede satisfacer este fuerte deseo tomando descansos cortos periódicamente. Escoja un día en la semana para dar una larga caminata; salga a comer con un amigo en un horario fijo; haga algo que le gusta antes de acostarse cada noche. Unas vacaciones son posibles después de noviembre 19.

Relaciones en la vida y el amor

Los cambios que ha estado haciendo han alterado el flujo en sus relaciones personales. Compartir sus éxitos con aquellos que lo han acompañado es la mejor forma de agradecerles por ser parte de un equipo. Usted sabe cuán importante ha sido el apoyo que brindaron, y puede hacérselos saber celebrando con ellos.

Finanzas y éxito

Cuando Júpiter entre a Sagitario en noviembre 23, empieza una expansión de un año de su carrera y empresas comerciales. Este es un buen tiempo para que se extienda en direcciones que ha deseado seguir desde 1995, cuando Plutón entró a Sagitario. Estará fijando objetivos que habían sido dejados a un lado ahora que surgen oportunidades para realizarlos. Piense en grande: ¡con la influencia de Plutón puede aspirar a la Luna!

Días favorables 1, 4, 5, 9, 10, 18, 19, 20, 23, 24, 28, 29

Días desafiantes 6, 7, 8, 13, 14, 15, 21, 22

Piscis/Diciembre

Puntos planetarios clave

Los planetas tejen una red de intrincadas interconexiones, mientras el grupo del mes anterior entra a Sagitario y su décima casa. Esto estimula su carrera, y su atención se enfoca aquí casi exclusivamente hasta diciembre 19. Aunque no todas las experiencias son armoniosas, está regocijado por el reto y emocionado porque una nueva serie de sueños está siendo habilitada. Las fechas clave son diciembre 3, 11, 16, 18 y 21.

Salud y bienestar

Aunque hay mucho de qué estresarse ahora, usted es naturalmente resistente a las tensiones. Esto se debe a que está haciendo lo que le nace. Siempre que mantenga su enfoque en los sucesos del momento y actúe basado en el reconocimiento de lo que el universo le está permitiendo hacer, estará feliz y en paz. El día más desafiante del mes será diciembre 21, cuando alguien que tiene autoridad sobre usted tal vez trate de hostigarlo. No pierda el tiempo respondiendo del mismo modo.

Relaciones en la vida y el amor

Su muy visible papel en el mundo exterior lo hace menos visible en casa. Puede enfrentar mejor esto si reduce sus expectativas de sí mismo durante los días de fiesta, además de las de otras personas. Omita las decoraciones y ponga a alguien a mandar las tarjetas. Aun mejor, envíelas en el año nuevo con una nota y una foto.

Finanzas y éxito

Plutón en Sagitario es el planeta indicador para su carrera u ocupación. Cuando inicie su nuevo ciclo en diciembre 18, usted estará sembrando las semillas del año venidero. Puede ayudarse siendo consciente de lo que hace alrededor de esta fecha y fijando su intención para lo que desea crear. Este año es especialmente poderoso porque Júpiter también está en Sagitario. Esto le permitirá construir un nuevo nivel de éxito extraordinario, uno que ha estado buscando desde 1995, incluso si entonces no sabía qué forma tomaría.

Días favorables 2, 3, 6, 7, 16, 17, 20, 21, 22, 25, 26, 29, 30

Días desafiantes 4, 5, 11, 12, 18, 19, 31

Tabla de Acciones de Piscis

Estas fechas reflejan los mejores —pero no los únicos— días para el éxito en dichas actividades, según su signo solar.

	ENE	FEB	MAR	ABR	MAY	JUN	JUL	AGO	SEP	OCT	NOV	DIC
Mudanza					20-31	1, 2						
Iniciar un curso				27, 28	5-19							
Ingresar a un club	3-22											27-31
Pedir un aumento		3-28	1-4	6-30	1-3						17-30	1-10, 18-20
Buscar trabajo								11-31	1-12			
Buscar ayuda profesional	17-19, 22	13-15, 18	13, 14, 18	9, 10, 14	6-8, 11-13	3, 4, 8, 9	1, 6, 27-29	1-3, 23-25	20, 21, 25	17-19, 22	13-14, 18	11, 12, 16
Buscar un préstamo	20, 21	16, 17	15-17	11-13	9, 10	5-7	2-4, 30	26-28	22-24	20, 21	16, 17	13-15
Ver un doctor	22-31	1-18	25-31					11-31	1-12			
Iniciar una dieta						28-30		12-27				
Terminar una relación			13, 14									
Comprar ropa						3-27	29-31	1-12				
Hacerse un maquillaje	22-31	1-8	5-31	1-5								
Nuevo romance						26, 27	29-31	1-11, 23	6-30			
Vacaciones	22-24	18-20	18, 19	14, 15	11-13	8, 9	5, 6	1-3, 29	25, 26	22-31	1-30	1-7, 16

Glosario astrológico

Aire: Uno de los cuatro elementos básicos. Los signos de aire son Géminis, Libra y Acuario.

Ascendente: Signo ascendente. El grado del zodiaco en el horizonte oriental en el momento y lugar para el cual es calculado el horóscopo. La cúspide de la primera casa.

Aspecto: La relación angular entre planetas, puntos sensibles o cúspides de casas en un horóscopo. Las líneas trazadas entre los dos puntos y el centro de la carta, que representa la tierra, forman el ángulo del aspecto. Los aspectos astrológicos incluyen la conjunción (dos puntos con 0° de separación), oposición (dos puntos separados 180°), cuadrado (dos puntos separados 90°), sextil (dos puntos separados 60°) y trino (dos puntos separados 120°). También pueden indicar armonía o reto.

Astrología electiva: Rama de la astrología relacionada con la elección del mejor momento para iniciar una actividad.

Astrología mundana: Se relaciona con eventos políticos y económicos, y las naciones involucradas en los mismos.

Carente de curso: Un planeta está carente de curso después que ha hecho su último aspecto en un signo, pero antes de haber entrado a otro signo.

Carta natal: Carta de nacimiento de una persona. Es esencialmente una "instantánea" que muestra la localización de cada uno de los planetas en el momento exacto del nacimiento de una persona.

Casas: División del horóscopo en doce segmentos, empezando con el ascendente. La línea divisoria entre las casas es llamada cúspide de la casa. Cada casa corresponde a ciertos aspectos de la vida cotidiana, y está regida por el signo astrológico que gobierna la cúspide, o línea divisoria entre la casa y la anterior.

Conjunción: Un aspecto o ángulo entre dos puntos en una carta que está lo suficientemente cerca para que las energías se unan. Puede ser considerada armoniosa o desafiante, dependiendo de los planetas involucrados y la ubicación de éstos.

Cualidades: Además de categorizarlos por elemento, los astrólogos ubican los doce signos del zodiaco en tres categorías o cualidades adicionales: cardinales, mudables o fijos. Cada signo es considerado una combinación de su elemento y cualidad. Mientras el elemento describe su naturaleza básica, la cualidad señala su modo de expresión.

Eclipse: Cubrimiento total o parcial del Sol por parte de la Luna —vista desde la tierra—. Un eclipse lunar es el cubrimiento total o parcial que hace la propia sombra de la tierra sobre la Luna.

Efemérides: Una lista de las posiciones del Sol, la Luna y los planetas e información relacionada para propósitos astrológicos.

Elementos: Los signos zodiacales están divididos en cuatro grupos de tres, cada uno simbolizado por uno de los cuatro elementos de los antiguos: fuego, tierra, aire y agua. Se dice que el elemento de un signo expresa su naturaleza esencial.

Equinoccio: Noche igual. Punto de la órbita terrestre alrededor del Sol en el cual el día y la noche tienen la misma duración.

Fuego: Uno de los cuatro elementos básicos. Los signos de fuego son Aries, Leo y Sagitario.

Gobierno planetario: El signo en el cual un planeta se localiza más armoniosamente. Como ejemplo tenemos al Sol en Leo, Júpiter en Sagitario y la Luna en Cáncer.

Lagna: Término usado en la astrología hindú o védica para el ascendente, el grado del zodiaco en el horizonte oriental en el momento del nacimiento.

Nodo: Punto donde los planetas cruzan la eclíptica, o la aparente trayectoria de la tierra alrededor del Sol. El nodo norte es donde un planeta se mueve hacia el Norte, desde la perspectiva de la tierra, mientras cruza la eclíptica; el nodo sur es donde se mueve en esta dirección.

Planetas: Los planetas usados en astrología son Mercurio, Venus, Marte, Júpiter, Saturno, Urano, Neptuno y Plutón. Para propósitos astrológicos, el Sol y la Luna también son considerados planetas.

Planetas exteriores: Urano, Neptuno y Plutón. Debido a su distancia del Sol, duran mucho tiempo en completar una sola rotación.

Todos los nacidos dentro de unos pocos años a cada lado de una fecha dada, tendrán localizaciones similares de estos planetas.

Quirón: Cometa que viaja en órbita entre Saturno y Urano. Aunque aún no está completa la investigación sobre su efecto sobre las cartas natales, se cree que representa una clave o puerta, curación, ecología, y un puente entre los métodos tradicionales y modernos.

Sextil: Dos puntos en una carta separados 60 grados.

Signo cardinal: Una de las tres cualidades o categorías que describen cómo se expresa un signo. Aries, Cáncer, Libra y Capricornio son los signos cardinales, considerados como los que inician la actividad.

Signo solar: El signo del zodiaco en el cual se localiza el Sol en un momento dado.

Signos femeninos: Cada signo zodiacal es masculino o femenino. Los signos de tierra —Tauro, Virgo y Capricornio— son masculinos, y los de agua —Cáncer, Escorpión y Piscis— son femeninos.

Signos fijos: Fijo es una de las tres cualidades o categorías que describen cómo se expresa un signo. Los signos fijos son Tauro, Leo, Escorpión y Acuario. Se dice que estos signos están predispuestos a patrones existentes y son un poco resistentes al cambio.

Signos masculinos: Cada uno de los doce signos del zodiaco es "masculino" o "femenino". Los signos de fuego —Aries, Leo y Sagitario— y los de aire —Géminis, Libra y Acuario— son masculinos.

Signos mutables: Mutable es una de las tres cualidades o categorías que describen cómo se expresa un signo. Los signos mudables son Géminis, Virgo, Sagitario y Piscis. Se dice que se adaptan fácilmente y a veces son variables.

Tierra: Uno de los cuatro elementos básicos. Los signos de tierra son Tauro, Virgo y Capricornio.

Zodiaco tropical: El zodiaco tropical empieza en los cero grados de Aries, donde el Sol está localizado durante el equinoccio de primavera. Este sistema es usado por la mayoría de astrólogos occidentales y en todo este libro.